高等学校应用型“十二五”规划教材·经济类

国际贸易

主　编　吴春娜

副主编　吴胜辉

参　编　归秀娥　李喜梅

主　审　申亚民

西安电子科技大学出版社

内 容 简 介

本书以国际贸易成因—国际贸易理论—国际贸易政策—国际贸易措施为主轴，系统介绍了国际贸易的基本理论；阐述了不同国家采取的对外贸易政策和措施，并对有关贸易政策、措施进行了经济效应分析；说明了当今国际贸易的宏观世界经济环境及国际贸易体制。

为便于读者掌握国际贸易的知识脉络，本书涵盖了国际贸易最新理论、最新动态、最新数据和资料，尽可能地吸收了该领域的最新成果。同时，本书注重理论联系实际，突出应用型人才培养的特点，章后配有相关案例和训练，旨在强化学生分析和解决实际问题的能力。

本书体系完整、理论深刻、知识新颖，既可作为应用型本科国际贸易专业和其他经管类专业的教材，也可作为相关专业专科生及成人高等学历教育的教材。

图书在版编目(CIP)数据

国际贸易/吴春娜主编. —西安：西安电子科技大学出版社，2015.1
高等学校应用型“十二五”规划教材
ISBN 978-7-5606-3575-0

Ⅰ. ① 国… Ⅱ. ① 吴… Ⅲ. ① 国际贸易—高等学校—教材 Ⅳ. ① F74

中国版本图书馆 CIP 数据核字(2014)第 307691 号

策　　划　李惠萍
责任编辑　李惠萍　雷露深
出版发行　西安电子科技大学出版社(西安市太白南路 2 号)
电　　话　(029)88242885　88201467　　邮　　编　710071
网　　址　www.xduph.com　　电子邮箱　xdupfxb001@163.com
经　　销　新华书店
印刷单位　陕西华沐印刷科技有限责任公司
版　　次　2015 年 1 月第 1 版　　2015 年 1 月第 1 次印刷
开　　本　787 毫米×1092 毫米　1/16　印　张　11.5
字　　数　266 千字
印　　数　1～3000 册
定　　价　20.00 元
ISBN 978-7-5606-3575-0/F
XDUP 3867001-1

前　言

当今世界经济已进入空前全球化的时代，各国相互依存日益加深。在此背景下，商品与要素的国际流动、全球化与区域性集团、新贸易保护主义、产品与服务外包、新兴市场和发展中国家在全球经济中举足轻重的地位等，成为国际贸易领域理论研究和实践创新的主题。

为了适应时代发展的需要，同时满足应用型本科院校对教材"广基础，重应用"的要求，特编写本书。本书的特点包括：第一，面向应用型本科实际，按需设计教材内容的深度和广度，突出应用实效；第二，体系完整，以国际贸易成因—国际贸易理论—国际贸易政策—国际贸易措施为主轴进行编写，便于读者掌握知识脉络；第三，反映学科时代前沿，涵盖了国际贸易最新理论、最新动态、最新数据和资料；第四，内容丰富，每章穿插"章首阅读"、"资料卡"、"案例分析"和"拓展训练"等部分，课后辅以思考题，旨在培养读者的创造性思维及理论联系实际的能力。同时，本书在相关章节中还增加了与中国经济贸易发展相关的内容，有助于读者运用所学知识，观察和分析中国的现实经济。

本书由吴春娜担任主编，吴胜辉担任副主编。吴春娜对全书进行整体设计和拟定各章写作大纲，并负责统稿和定稿工作。具体章节编写分工如下：第一、二、三、四、九、十章由吴春娜编写，第五、六、七、八章由归秀娥编写，吴胜辉参与了第五、九章的编写工作，李喜梅参与了第七章的编写工作。

本书参阅、使用和引证了大量的文献资料，谨对其作者、编者和出版社表示诚挚的谢意。编者尽最大的努力，在遵循国际贸易学理论与实践的一般构架的基础上，使本书在结构上和内容上趋于时代性、应用性和灵活性，但由于编者水平有限，书中难免存在疏漏和不足之处，敬请同行专家和读者提出宝贵的意见和建议。

编　者

2014 年 7 月

目　录

第一章　导论 ······ 1
第一节　国际贸易的产生与发展 ······ 1
一、国际贸易的产生和发展 ······ 2
二、国际贸易的作用 ······ 6
三、国际贸易与国内贸易的异同 ······ 8
第二节　国际贸易的概念和分类 ······ 8
一、国际贸易的基本概念 ······ 8
二、国际贸易分类 ······ 12
第三节　国际贸易理论的研究对象与方法 ······ 14
一、研究的对象与内容 ······ 14
二、研究方法与假设前提 ······ 15
本章小结 ······ 16
案例分析 ······ 16
练习题 ······ 17

第二章　国际分工与世界市场 ······ 19
第一节　国际分工 ······ 19
一、国际分工的形成和发展 ······ 19
二、影响国际分工发展的因素 ······ 22
三、国际分工的类型 ······ 24
四、国际分工与贸易利益 ······ 24
第二节　世界市场 ······ 26
一、世界市场的形成和发展 ······ 26
二、当代世界市场的构成 ······ 26
三、当代世界市场发展的主要特征 ······ 28
四、进入世界市场的方式 ······ 29
第三节　世界市场价格 ······ 30
一、世界市场价格的决定 ······ 30
二、世界市场价格的影响因素 ······ 30
三、世界市场价格种类 ······ 31
本章小结 ······ 33
案例分析 ······ 33
练习题 ······ 34

第三章　国际贸易理论 ······ 36
第一节　传统国际贸易理论 ······ 36
一、重商主义 ······ 36
二、绝对优势理论(绝对利益学说) ······ 38
三、相对优势理论(比较利益学说) ······ 41
四、生产要素禀赋理论 ······ 43
五、里昂惕夫之谜及其解释 ······ 46
第二节　当代国际贸易理论 ······ 48
一、产业内贸易理论 ······ 48
二、产品生命周期理论 ······ 52
三、战略性贸易理论 ······ 56
四、国家竞争优势理论 ······ 57
本章小结 ······ 60
拓展训练 ······ 60
练习题 ······ 62

第四章　国际贸易政策 ······ 64
第一节　国际贸易政策概述 ······ 64
一、对外贸易政策的含义 ······ 65
二、对外贸易政策的内容与类型 ······ 65
三、对外贸易政策制定的影响因素 ······ 67
第二节　保护贸易政策 ······ 67
一、重商主义 ······ 68
二、资本主义自由竞争时期的保护贸易政策 ······ 68
三、超保护贸易政策 ······ 71
四、新贸易保护主义 ······ 73
五、战略性贸易政策 ······ 74
六、21世纪金融危机后的新一轮贸易保护主义政策 ······ 75
第三节　自由贸易政策 ······ 75
一、资本主义自由竞争时期英国的自由贸易政策 ······ 75
二、“二战”后至20世纪70年代的贸易自由化政策 ······ 76
三、20世纪90年代的贸易自由化趋势 ······ 77

本章小结 ······ 78
案例分析 ······ 78
练习题 ······ 79

第五章　进口保护政策：关税 ······ 80
第一节　关税概述 ······ 81
一、关税的概念 ······ 81
二、关税的特点 ······ 81
三、关税的作用 ······ 81
第二节　关税的主要种类 ······ 83
一、按照征收的对象或商品流向分类 ······ 83
二、按照差别待遇和特定的实施情况分类 ······ 85
第三节　关税的征收方法和海关税则 ······ 88
一、关税的征收方法 ······ 89
二、关税的征收依据 ······ 90
三、关税的征收程序 ······ 91
第四节　小国征收关税的局部均衡分析 ······ 91
第五节　关税结构理论 ······ 93
一、关税水平 ······ 93
二、名义保护率 ······ 94
三、有效保护率 ······ 94
四、关税结构 ······ 95
本章小结 ······ 95
拓展训练 ······ 96
练习题 ······ 96

第六章　进口保护政策：非关税措施 ······ 98
第一节　非关税措施概述 ······ 99
一、非关税措施的概念 ······ 99
二、非关税措施的特点 ······ 99
第二节　非关税措施的种类 ······ 100
一、传统非关税措施 ······ 100
二、现代非关税措施 ······ 106
本章小结 ······ 109
案例分析 ······ 109
练习题 ······ 111

第七章　出口鼓励与出口管制政策 ······ 112
第一节　鼓励出口措施 ······ 113
一、出口补贴 ······ 113
二、出口信贷 ······ 115
三、出口信贷国家担保制 ······ 117
四、商品倾销 ······ 118
五、外汇倾销 ······ 119
六、促进贸易发展的组织措施 ······ 120
第二节　出口管制措施 ······ 121
一、出口管制的原因 ······ 121
二、出口管制的商品 ······ 121
三、出口管制的形式 ······ 123
四、出口管制的方式 ······ 123
本章小结 ······ 123
案例分析 ······ 124
练习题 ······ 125

第八章　区域经济一体化 ······ 126
第一节　经济全球化 ······ 126
一、经济全球化的含义 ······ 127
二、经济全球化的成因 ······ 127
三、经济全球化对发展中国家的影响 ······ 128
第二节　区域经济一体化 ······ 130
一、区域经济一体化的含义和形式 ······ 130
二、区域经济一体化理论 ······ 132
第三节　世界主要的区域经济一体化组织 ······ 133
一、欧洲联盟 ······ 133
二、北美自由贸易区 ······ 135
三、亚太经合组织 ······ 136
四、东南亚国家联盟 ······ 137
第四节　区域经济一体化对国际贸易的影响 ······ 138
一、对世界经济贸易的影响 ······ 138
二、对成员国内部经济贸易的影响 ······ 139
三、对非成员国的影响 ······ 141
本章小结 ······ 142
拓展训练 ······ 142
练习题 ······ 143

第九章　国际服务贸易与国际技术贸易 …… 144
第一节　国际服务贸易 …… 145
一、国际服务贸易概述 …… 145
二、国际服务贸易的发展 …… 150
三、国际服务贸易壁垒与自由化 …… 151
第二节　国际技术贸易 …… 153
一、国际技术贸易概述 …… 153
二、我国政府对国际技术贸易的管理 …… 157
本章小结 …… 157
案例分析 …… 157
练习题 …… 159

第十章　国际贸易组织 …… 160
第一节　关贸总协定与“乌拉圭回合” …… 160
一、关贸总协定 …… 160
二、关贸总协定的多边贸易谈判 …… 161
三、“乌拉圭回合”谈判 …… 162
第二节　世界贸易组织 …… 163
一、世界贸易组织的地位、宗旨和职能 …… 164
二、世界贸易组织的组织结构 …… 164
三、世界贸易组织的基本原则 …… 166
四、世界贸易组织的运行机制 …… 168
第三节　世界贸易组织与中国 …… 170
一、中国复关与入世的历程 …… 170
二、中国加入世贸组织后的权利与义务 …… 172
本章小结 …… 173
案例分析 …… 174
练习题 …… 175

第一章　导　论

本章教学目标

通过本章的学习，读者应掌握国际贸易的含义，了解国际贸易产生的原因和发展历史，认识国际贸易与国内贸易的区别，熟练掌握国际贸易的基本类别和常用术语，并熟悉本书的研究内容和学习方法等。

章首阅读

生活中的国际化

哈佛大学经济学教授 N·格里高利·曼昆在其著作《经济学原理》中曾有这样一段描述：想想你日常生活中的某一天。你早上起床，给自己倒了一杯佛罗里达产的橘子汁和巴西产的咖啡。早餐时，你从日本产的电视机上看纽约播放的新闻节目。你穿上用佐治亚生产的棉花做原料而在泰国工厂缝制的衣服。你开着用来自全世界十几个国家生产的部件组装的车去上学。然后你打开经济学教科书，这本书由一位住在麻省的学者所写，由位于俄亥俄州的一家公司出版，并印在用俄勒冈生长的树制成的纸上。

你每天都依靠全世界的许多人向你提供所享用的物品与劳务，而其中绝大多数人你根本不认识。这种相互依存之所以可能，是因为人们相互交易。那些为你提供物品与劳务的人并不是出于仁慈或对你福利的关心而这样做的，也没有某个政府机构命令他们生产你所需要的东西并给予你。相反，人们向你和其他消费者提供他们生产的物品与劳务是因为作为回报，他们也得到了某些东西。

第一节　国际贸易的产生与发展

一般意义上的国际贸易(International Trade)是指世界各国(或地区)之间商品、服务和技术的交换活动。它是世界各国(或地区)之间在国际分工的基础上相互联系的表现形式，反映了世界各国在经济上的相互依存和联系。国际贸易是一种世界性的商品、服务和技术的交换活动，所以又称为世界贸易(World Trade)。

一、国际贸易的产生和发展

1. 国际贸易产生的必要条件

国际贸易属于历史范畴，是在一定的历史条件下产生的。随着人类社会生产力的发展，出现了分工和不同的产品占有，又有可供交换的剩余产品的存在，这样就产生了商品生产和商品交换的经济现象，也相应产生了实现商品交换的场所——市场。随着人类社会生产力的发展，社会分工进一步扩大，商品生产和商品交换必然超越出一国的界限，产生对外贸易。

原始社会初期，人类处于自然分工状态，生产力极其低下，人们集体劳动，平均分配，产品只能维持公社成员最简单的生活需要，没有剩余产品和私有制，也就没有商品生产和商品交换，更谈不上什么贸易行为。

人类历史上的三次社会大分工，一步一步地使贸易产生的必要条件得以满足。人类历史的第一次社会大分工，即畜牧业和农业的分工，促进了生产力的发展，使产品有了剩余，在氏族公社的部落之间出现了偶然的剩余产品的物物交换。人类历史的第二次社会大分工，手工业从农业中分离出来，产生了直接以交换为目的的生产——商品生产。商品生产和交换的不断扩大，出现了一般等价物，产品交换逐渐演变为以一般等价物为媒介的商品流通。这些直接导致了第三次社会大分工，即出现了商业和专门从事贸易的商人。原始社会末期出现了阶级和国家，商品流通超出国界，国家之间的贸易便产生了。

可见，国际贸易的产生需要同时具备两个基本条件：第一，社会生产力的发展，出现可供交换的剩余产品；第二，社会分工的扩大和国家的产生。从根本上说，社会生产力的发展和社会分工的扩大是国际贸易产生和发展的基础。

2. 国际贸易的发展历程

1) 资本主义社会以前的国际贸易

奴隶社会中私有制的产生促进了生产力的进步，也使得对外贸易有了一定程度的发展。在这种社会中，自然经济占统治地位，生产的直接目的是为了消费，商品生产在整个生产中微不足道，进入流通领域的商品很少，加上生产力水平低下及生产技术落后，交通工具简陋，国际贸易的规模和范围都受到很大的限制。奴隶社会最早出现于埃及、西亚、中国和印度，继而在希腊和意大利等地产生。当时奴隶以及粮食、酒和其他供奴隶主阶级消费的奢侈品是主要的贸易商品，如宝石、丝绸、香料等。

封建社会时期的国际贸易有了更大的发展。虽仍然是自给自足的自然经济，农业在各国经济中占主导地位，商品生产处于从属地位，国际贸易规模较小，但商品的种类增多了，贸易范围也扩大了。在封建社会中期，随着商品生产的发展，封建地租由劳役和实物形式转变为货币地租，商品经济得到进一步发展；到封建社会末期，随着城市手工业的发展，商品经济和国际贸易都有了更大的发展，产生了资本主义萌芽，商品经济和国际贸易较之以前发展更快。

2) 资本主义时期的国际贸易

(1) 资本主义生产方式准备时期的国际贸易。

16 至 18 世纪中叶是西欧各国资本主义生产方式的准备时期，资本的原始积累、工场手工业的广泛发展，使得劳动生产率得到提高，地理大发现使得世界市场初步形成，促进了近代国际分工的萌芽。国际贸易大规模扩展的前提条件已初步具备。欧洲国家为了占领殖民地和争夺国际贸易霸权，从16世纪起发生了多起争夺海上霸权的战争。他们对殖民地区进行掠夺性贸易，使参加国际贸易活动的国家和民族迅速增加，国际贸易范围空前扩大，交换的商品种类增多，工业原料和城市居民的消费品成为贸易的主要商品。这个时期，国际贸易为资本主义生产方式形成提供了 3 个条件，即货币资本的积累、市场及劳动力。

(2) 资本主义自由竞争时期的国际贸易。

18 世纪后期至 19 世纪中叶是资本主义的自由竞争时期：随着蒸汽机的发明，欧洲国家先后发生了产业革命和资产阶级革命，建立了资本主义的大机器工业。生产力迅速提高，社会产品大大增加，国际分工开始形成。产业革命是资本主义发展的里程碑，它不仅是一场生产技术上的巨大变革，也是一场深刻的社会变革，使资本主义社会以前所未有的速度和规模飞速发展。它们为国际贸易的发展提供了空前丰富的物质基础。同时，交通运输和通信联络工具得到了巨大的发展和广泛的应用，缩短了各国间的距离，便利和推动了国际贸易的发展。

(3) 垄断资本主义时期的国际贸易。

19 世纪末到 20 世纪初，资本主义国家进入垄断时期，即帝国主义阶段。由于生产和资本高度积聚和集中，各资本主义国家的垄断组织控制了国际贸易，形成并占据支配地位，对外扩张已由商品输出转向资本输出，世界各个角落都卷入了错综复杂的国际经济联系之中，形成了资本主义的世界经济体系。19 世纪末的垄断资本主义使国际分工进一步发展，加上欧洲和美洲发生了以电和内燃机为代表的第二次科技革命，大大推动了工业的迅速发展，贸易额迅速上升，内燃机的发明和应用，更加快了交通运输业的发展。这个时期，国际贸易额绝对数量显著增长，但其增长速度较自由竞争时期相对下降，贸易格局发生了变化；垄断开始对国际贸易产生严重影响；垄断组织把商品输出和资本输出直接结合起来；各主要资本主义国家普遍建立了关税壁垒；周期性的生产过剩危机的加深，国际贸易额呈现出不稳定发展的状态。

3) 第二次世界大战后的当代国际贸易

第二次世界大战以后，世界政治经济形势发生了深刻变化。在世界范围内发生了第三次科技革命，这次革命涉及信息技术、新能源技术、新材料技术、生物技术、空间技术和海洋技术等诸多领域，特别是电子计算机的生产和广泛使用，创造了机器控制机器的生产自动化装置，在很大程度上代替了人的体力劳动，部分地代替了人的脑力劳动，从而形成了崭新的生产格局。同时，运输和通信也得到了长足的发展。科技革命的发展，使国际贸易在世界经济中的地位得到了进一步提高，再次出现了飞速增长。随着世界经济的增长、科学技术的进步、国际投资的活跃、国际经济合作的加强、各国市场的进一步开放，世界贸易的发展呈现出了新的活力，世界经济进入了全新的繁荣发展时期。

(1) 国际贸易波动增长，增速超国际产出的增长速度。

“二战”后，国际货物贸易发展迅速，进出口额呈明显上升趋势，且增长速度比产出增长速度快。世界年均产量增长速度在 20 世纪 60 年代为 6%，70 年代为 4%，80 年代为

2.1%，而同期世界货物贸易量年均增长速度分别为8.5%、5.5%和3.9%[①]。20世纪90年代以来，世界贸易的增长率连续超过世界生产的增长率，世界生产每增长1%，世界贸易量在1960—1969年、1970—1979年、1990—1994年之间分别增长1.42%、1.25%、2%[②]。货物贸易额增长速度非常快：1950年仅为607亿美元，1999年超过了50 000亿美元。1990—1995年间平均增长8%，而同期生产的增长只有1.5%，GDP的增长更低，只有1%。制成品贸易的增速更高于世界产出，而且有加速度的趋势。二者年均增速的比例在1950—1964年为1.3∶1，1964—1974年为1.6∶1，1974—1984年为1.8∶1，1984—1994年上升至3.2∶1[③]。

(2) 国际服务贸易迅速发展。

国际贸易包括商品贸易、服务贸易和技术贸易。国际商品贸易(又称国际货物贸易)、国际服务贸易和国际技术贸易是当今国际贸易的三大领域，其中，国际商品贸易是国际贸易最早、也曾经是最主要的形式，然而随着经济全球化的广泛深入和各国服务业的发展，服务贸易正在成为国际贸易中越来越重要的贸易方式。GATT(关税及贸易总协定)和WTO(世界贸易组织)已将服务贸易纳入多边贸易体系中，充分说明了服务部门在经济发展和经济增长、贸易和投资中的重要作用。此外，技术贸易在国际贸易中的地位日益重要，根据联合国有关资料统计，“二战”以来，世界技术贸易额的平均增长率高达15%，大大超过一般商品贸易年增长率3.3%的发展速度，其增长速度之快使一般有形商品贸易望尘莫及。

服务贸易从20世纪70年代以来才逐步受到人们的重视，从而得到了很大的发展。1970年，全球服务贸易总额只有710亿美元，而到1980年则达到了3 830亿美元，10年间增长了5倍多。1980年以后，国际服务贸易依然保持着迅猛增长的势头，年平均增长率约为5%，是同期国际货物贸易年平均增长率2.5%的两倍。进入20世纪90年代后，服务贸易由原来作为货物贸易的补充一跃成为独立而重要的贸易方式，1993年，世界服务贸易额达到1.03万亿美元，在全球贸易总额中的比重超过1/4，并成为各国贸易竞争的新领域。目前，发达国家在世界服务贸易中占绝对优势，尤其是在金融、电信、设计咨询、软件开发等知识密集型领域更是胜出一筹。未来世界服务贸易的发展将会如火如荼。据世界贸易组织统计数据显示，2012年世界服务贸易进出口总额为85 022亿美元，比2011年增长2.4%。其中，出口43 499亿美元，同比增长2.2%；进口41 523亿美元，同比增长2.7%。运输、旅游和其他商业服务这三大服务贸易类别的进出口额比上年分别增长了1.9%、4.6%和1.6%。

(3) 跨国公司在国际贸易中的作用增强。

“二战”后，生产国际化的高速发展，推动了生产资本国际化的迅猛前进，国际资本贸易得到了空前发展。1984年至1989年，国际金融市场净融资额从1450亿美元猛增至4450亿美元，年递增率达25.2%，企业通过生产资本的输出，在国外直接投入生产资本，并控制国际生产，从而出现了跨国公司。

---

① 数据来源：WTO International Trade Statistics 2000.

② 佟家栋. 1996年世界经济发展报告. 太原：山西人民出版社，1997：39.

③ 数据来源：WTO International Trade Trends and Statistics 1995.

联合国发布的全球100大跨国公司全球化程度提升，1994年总资产是38 631亿美元，其中，海外总资产占41.1%，但按2005年发布的数据，总资产为86 830亿美元，翻了一番还多，海外资产是原来的将近3倍，所占比例达到54.5%，海外销售占总销售的比例达到56.5%，海外雇员比例则达到53.1%，在这十来年时间，这100个最大跨国公司的跨国指数超过50%。

随着生产国际化程度的进一步扩大，跨国公司内部贸易也获得长足发展，其企业内贸易越来越多，推动了国际分工的深化。跨国公司母公司通过向国外子公司出口中间投入品然后再进口制成品，或者通过从国外子公司进口上游产品再在其他国家子公司加工为制成品销往各地。企业通过生产资本的输出，在国外直接投入生产资本，并控制国际生产，促进了资本主义世界的“贸易自由化”。

(4) 区域内贸易日益活跃。

“二战”后尤其是20世纪90年代以来，各种形式的区域性经济合作越来越多，其中最多的是自由贸易区，包括欧洲自由贸易组织(EFTA)、北美自由贸易区(NAFTA)、南美共同市场(MERCOSUR)等。此外还有合作程度较高的关税同盟、共同市场以及经济同盟，如欧盟。几乎所有的WTO成员都参加了一个或数个区域性自由贸易协定。以WTO为中心的世界多边贸易体系已经形成，并发挥着重要的作用。WTO的成员目前已扩大到159个，其中发展中国家成员占总成员数的4/5。现在由WTO协调的贸易额已占世界贸易总额的90%以上。

同时，区域内贸易一体化协定激增，区域内贸易日益活跃和扩大，成为近年来全球贸易和投资自由化的主要推动力量。目前，在西欧，区域内贸易已占其对外贸易的69.9%，这一比例在亚洲地区为49.7%，北美地区为33%，中东欧和独联体地区为19.7%，拉美地区为19.4%，中东和非洲地区分别为9.4%和8.4%。全球区域内的贸易额占世界贸易总额的比重达到了50.4%。世界贸易集团化成为世界经济走向经济一体化、全球贸易走向自由化的一个发展阶段和步骤，集团贸易成为全球贸易自由化的推动力。

(5) 发达国家仍是国际贸易的主体。

“二战”后，从国际贸易的地理分布可以看出，越来越多的国家参与了国际贸易，各种类型国家的对外贸易都有了不同程度的增长，增长最快的是发达国家之间的贸易。从经济发展水平的角度分析，目前世界贸易仍以经济发达国家为主，但发展中国家的贸易增长率较高。据WTO统计，1990年至1997年间，贸易增长率较高的国家或地区集中在亚洲和拉美。其中，在进、出口两方面增长均很快的国家是中国、阿根廷、印度尼西亚、韩国、马来西亚、墨西哥、菲律宾、新加坡和泰国，这些国家出口额和进口额的增长率至少是同期世界平均水平(7.5%)的1.5倍。从发展趋势看，发展中国家和地区在世界市场的地位将不断增强。然而在国际贸易中，发达国家继续处于支配地位，其进口和出口在世界进口额中均占2/3以上的份额。

(6) 国际贸易商品结构趋向高级化。

“二战”前，在国际贸易中占据较大份额的一直是初级产品。“二战”后，世界经济结构调整步伐加快，传统制造业比重相对下降，服务业地位提升，在各国GDP和就业中的比重不断提高，国际贸易结构趋向高级化。全球经济一体化趋势引发了各国间产业结构和经济结构的调整，这种调整导致国际贸易结构发生了很大变化。货物贸易中工业制成品贸易占比不断上升，农产品和初级产品贸易比重不断下降；初级产品内部贸易中燃料所占比重急剧上升；工业制成品内部贸易中机电产品和化工产品比重上升，纺织品、服装比重相对下降；服务贸易和技术贸易发展迅速，尤其服务贸易占比不断上升，服务外包成为跨国投资的主流。

二、国际贸易的作用

1. 国际贸易对贸易国的作用

(1) 国际贸易有助于一国利用国际资源发展国内经济。

国际分工可以促进国际贸易，国际贸易的发展反过来又促进国际分工的深化和扩大。通过各国间相对优势的比较，两优取其更优，两劣取其次劣，使得各国的资源得以在世界范围内实现有效配置，节约了社会劳动，获取了国际分工的利益。从一个国家的角度看，要取得经济的发展，一方面要利用国内一切条件，另一方面要积极参与世界经济流通，利用国际的一切有利因素。通过国际范围的商品、服务与技术交换，调节国内供需不足或过剩，改进国内扩大再生产时国民经济各方面的比例关系。

(2) 国际贸易有助于促进生产要素的充分利用。

劳动力、资本、土地、技术等生产要素在各个国家的分布往往是不均衡的，有的国家劳动力富余而资本短缺，有的国家资本丰裕而土地不足，有的国家土地广阔而耕作技术落后。如果没有国际贸易，这些国家国内生产规模和社会生产力的发展，都会受到其短缺的生产要素的制约，一部分生产要素将被闲置或浪费，生产潜力得不到发挥，而生产中需要的某些要素却无从获取。将国内富余的生产要素与其他国家进行国内短缺生产要素的交换，从而使短缺生产要素的制约得以缓解或消除，富余生产要素得以充分利用，扩大生产规模。这样，国际贸易形成国内外资源优势互补的新的经济循环。一国可以充分利用国内外两个市场和两种资源，逐步形成国内外资源优势互补的、相互融合的新的良性经济循环，促进经济的快速增长，加速经济发展。

(3) 国际贸易是一国“经济增长的发动机”。

20 世纪 30 年代经济学家罗伯特逊(D. H. Robertson)提出了贸易是“经济增长的发动机”的命题。随后在 50 年代，诺克斯根据对 19 世纪英国与新移民地区的经济发展原因的分析，进一步补充和发展了这一命题。他指出，19 世纪的国际贸易具有这样的性质：“中心国家经济上的迅速成长，通过国际贸易而传递到外围的新国家去。它是通过初级产品迅速增加的需求而把增长传递到那些地方去的。19 世纪的贸易不仅是简单地把一定数量的资源加以最适当的配置的手段，它尤其是经济增长的发动机。”①

澳大利亚经济学家马克斯·科登指出，一国对外贸易对本国宏观经济将产生积极的收入效应、资本积累效应、替代效应、收入效应以及要素加快效应。国际贸易的高速增长，将给国家带来一系列的动态利益。

(4) 国际贸易有助于优化国内产业结构，增加国民福利。

通过国际贸易可以促进国内产业结构和经济结构的完善和升级。20 世纪美国通过国际

① Ragnar Narkse. Equilibrium and Growth in the World Economv. Cambridge：Harvard University，1961：283-297.

贸易引进先进的科学技术和设备，以提高国内的生产力水平，加快经济发展。同时，通过国际贸易，使国内的产业结构逐步协调和完善，促使整个国民经济协调发展。

国际贸易还可以增进国民福利，使各国互通有无，调剂余缺，实现使用价值的互补，通过进口国内短缺而又是国内迫切需要的商品，或者进口比国内商品价格更低廉、质量更好、式样更新颖、特色更突出的商品，来使国内消费者获得更多的福利。此外，国际贸易的扩大，特别是劳动密集型产品出口的增长，将为国内提供更多的就业机会，间接增进国民福利。

(5) 国际贸易有助于提高企业生产效率，达到规模经济。

国际贸易使各国可以利用国际技术转移、扩散的好处，吸引先进技术，提高劳动生产率，同时，由于生产部门参与国际竞争，产生提高技术、改进管理的紧迫感。此外通过国际贸易还可以扩大市场范围和生产规模，使企业充分发挥现有生产设备的能力，当生产规模扩大到一定程度时会导致平均生产成本的下降，从而获得规模经济效益。

以美国和日本相互出口轿车为例。美国和日本的轿车生产技术大致相当，但两国的轿车在功能上却各有特色。美国轿车车身内外都给人一种高贵豪华的感觉，足可彰显车主的身份地位；而日本轿车节能性较好，排量低，价格相对便宜，比较适合石油危机之后节约能源的趋势。可见，美日生产的汽车各有自己的竞争优势，通过相互出口可以满足各自不同的市场需求，从而为本国轿车开拓了国际市场，扩大了市场范围，取得了规模经济。

2．国际贸易对世界经济的作用

(1) 国际贸易有利于促进世界经济的发展。

国际贸易有利于加强各国之间的经济交流与合作，加强国际分工的发展和加速生产要素的国家流动，促进生产的国际化、资本的国际化和经营的国际化，从而促进整个世界的经济发展。国际贸易是世界经济的重要组成部分，其发展必然促进世界经济的不断发展。

(2) 国际贸易是联系各国经济关系的纽带。

世界各国在经济上是相互联系、相互依存的，一国经济的繁荣或衰退会通过各种渠道影响其他国家，而国际贸易则是各国经济活动相互传递的重要渠道。21世纪以来，国际经济关系已明显从货物贸易发展到资本、信贷和服务等领域，但对外贸易仍居重要地位，其他对外经济关系也多以对外贸易为核心，因此国际贸易是国际经济关系的重要传递渠道。通常情况下，这种传递作用是通过产品价格的变动对产量、就业和整个经济变动的影响来实现的。当国际市场价格有较大波动时，首先受到影响的是本国与世界市场有直接联系的那些经贸部门，使其出现产品价格的相应波动；而这些部门又会通过与国内其他部门的经济联系，直接或间接地影响到后者的价格、产量和就业。一般地，一个国家的开放程度越大，市场经济发展程度越高，对世界市场的依赖程度越强，双边关系越密切，在国际贸易中接受经济“传递”的效果就越明显。

(3) 国际贸易是参与经济全球化的重要途径。

经济全球化是当代世界经济的重要特征之一，也是世界经济发展的重要趋势。只要国家存在，经济全球化就必然要经历一个国内市场与世界市场磨合直至相融合的长期历史过程，而这个过程是通过国际贸易自由化和多边贸易体制的基础来进行的。对外贸易已成为获取经济全球化利益的重要途径，促进了国内市场与世界市场的融合，进一步引导国际分工的深化，使得更多的国家可以分享到国际分工的利益，抑制经济差距的拉大，使国际经济竞争关系趋于有序化和规范化，推进全球经济一体化进程。为此，国家必须明确自己在经济全球化中的位置、优势和劣势，从而制定正确的方针政策，才能获取经济全球化带来的利益。

三、国际贸易与国内贸易的异同

国际贸易属于商品交换范畴，从这一点来看与国内贸易没有实质差异，但是由于它是在国与国之间进行的，所以具有国际性，与国内贸易有着明显的不同。

其共同性表现为：第一，在社会再生产中的地位相同；第二，有共同的商品运动方式；第三，基本职能相同，都受商品经济规律的影响和制约。

区别主要表现在：第一，语言、法律及风俗习惯不同；第二，各国间货币、度量衡、海关等制度不同；第三，各国的经济政策不同；第四，国际贸易风险大于国内贸易，比国内贸易复杂；第五，世贸组织成员的贸易行为，要受 WTO 规则制约。

第二节 国际贸易的概念和分类

一、国际贸易的基本概念

1. 国际贸易与对外贸易

国际贸易指国家与国家之间所进行的商品与服务的交换活动，是世界各国在国际分工的基础上相互交换的主要形式，反映了世界各国在经济上的相互依赖。它从一个国家或地区的角度称为对外贸易(Foreign Trade)，从国际范围的角度称为国际贸易或世界贸易。有些海岛国家如英国、日本等也常将对外贸易称为海外贸易(Oversea Trade)。

传统的、狭义的国际贸易，只是指国家之间商品的进口和出口。而现代广义的国际贸易除了实物商品的国际交换外，还包括服务和技术的国际交换，即在国际运输、保险、金融、旅游、技术等方面相互提供的服务。

2. 对外贸易额与对外贸易量(国际贸易额与国际贸易量)

一般情况下，一国的对外贸易规模可用对外贸易额(或对外贸易值)来衡量。对外贸易额(Value of Foreige Trade)是指用货币来表示的一定时期内一国的对外贸易总值。通常，各国一般用本国货币表示，为便于比较，许多国家同时通过美元计算。一国的对外贸易总额是指该国的出口额与进口额之和，但世界货物贸易总额不是全世界在一定时期内货物出口额和进口额的总和，为了避免重复计算，通常是将各国的出口额汇总起来。之所以不按进口额汇总，是由于各国的进口值一般都是按 CIF(到岸价)计算的，其中包括了运输及保险等项费用，而各国按 FOB(离岸价)来统计的出口总额则基本是纯出口总额。由于世界进出口货物贸易总额没有独立经济意义，通常以货物出口贸易额代表世界货物贸易额。表 1-1 所示即为 2004—2013 年中国进出口的总体情况。

表 1-1　2004—2013 年中国进出口总体情况

年份	进出口		出　口		进　口		差额/亿美元
	总额/亿美元	增速/(%)	总额/亿美元	增速/(%)	总额/亿美元	增速/(%)	
2004	11545.54	35.7	5933.26	35.4	5612.29	36.0	320.97
2005	14219.06	23.2	7619.53	28.4	6599.53	17.6	1020.01
2006	17604.39	23.8	9689.78	27.2	7914.61	19.9	1775.17
2007	21765.72	23.6	12204.56	26.0	9561.16	20.8	2643.40
2008	25632.60	17.8	14306.93	17.3	11325.67	18.5	2981.26
2009	22075.35	−13.9	12016.12	−16.0	10059.23	−11.2	1956.89
2010	29740.01	34.7	15777.54	31.3	13962.47	38.8	1815.07
2011	36418.64	22.5	18983.81	20.3	17434.84	24.9	1548.97
2012	38670.75	6.2	20487.64	7.9	18183.11	4.3	2304.53
2013	41849.64	8.2	22229.17	8.5	19620.45	7.9	2608.72

数据来源：中国海关统计。

用某种物理量，如数量、重量、面积、体积等计量单位表示的贸易规模叫作对外贸易量(Quantum of Foreign Trade)。由于通货膨胀因素的影响，一国对外贸易额往往不能准确地反映该国贸易的实际规模及其变化趋势。若用对外贸易量来表示国际贸易规模，虽能避免上述矛盾，但无法直接将种类繁多、计量标准各异的实物量相加。所以，只能选定某一时点上的不变价格为标准来计算各个时期的国际贸易量，以反映国际贸易实际规模的变动，即用出口价格指数来修正贸易金额以表示贸易量，剔除变动的价格因素，进而可计算出不同时期国际贸易规模的实际变动幅度。

3. 对外贸易差额

贸易差额(Balance of Trade)是一国在一定时期内(如一年、半年、一季、一月)出口总值与进口总值之间的差额。当出口总值与进口总值相等时，称为“贸易平衡”。当出口总值大于进口总值时，出现贸易盈余，称“贸易顺差”或“出超”。当进口总值大于出口总值时，出现贸易赤字，称“贸易逆差”或“入超”。对外贸易差额是衡量一国对外贸易状况的重要标志。通常，贸易顺差以正数表示，贸易逆差以负数表示。

一国的进出口贸易收支是其国际收支中经常项目的重要组成部分，是影响一个国家国际收支的重要因素。

4. 对外贸易商品结构与国际贸易商品结构

对外贸易商品结构(Composition of Foreign Trade)是指一定时期内一国进出口贸易中各种商品的构成，即某大类或某种商品进出口贸易与整个进出口贸易额之比，以份额表示。一国对外贸易商品结构，主要是由该国的经济发展水平、产业结构状况、自然资源状况和贸易政策决定的。通过这一指标可以很好地了解这个国家的经济实力和科学技术水平。表 1-2 反映了 2010 年世界上不同国家的对外贸易商品结构状况。

国际贸易商品结构(Composition of International Trade)是指一定时期内各大类商品或某种商品在整个国际贸易中的构成，即各大类商品或某种商品贸易额与整个世界出口贸易额相比，以比重表示。为便于分析比较，世界各国和联合国均以联合国《国际贸易商品标准分类》公布的国际贸易和对外贸易商品结构进行分析比较。国际贸易商品结构可以反映出整个世界的经济发展水平、产业结构状况和科技发展水平。

表 1-2 2010 年世界各国(地区)出口货物构成

种类 / 国家(地区)	农业原材料/(%)	食品/(%)	燃料/(%)	矿物和金属/(%)	制成品/(%)	其他/(%)
世界	1.7	8.2	12.1	4.5	68.9	4.6
高收入国家	1.7	7.5	9.6	4.1	71.8	5.3
中等收入国家	1.9	10.6	21.6	6.0	58.3	1.6
中国	0.5	2.8	1.7	1.4	93.6	…
中国香港	2.7	6.8	3.3	9.5	76.8	0.9
印度	2.0	8.3	16.9	7.0	63.8	2.0
日本	0.7	0.6	1.7	2.7	89.0	5.3
美国	2.6	9.8	7.1	4.1	66.1	10.3
法国	0.9	12.0	3.7	2.5	78.4	2.5
俄罗斯	2.1	2.0	64.4	5.6	14.7	11.2

资料来源：世界银行 WDI 数据库。

5. 对外贸易地理方向与国际贸易地理方向

对外贸易地理方向(Direction of Foreign Trade)又称对外贸易地区分布或国别结构，是指一定时期内各个国家或区域集团在一国对外贸易中所占有的地位，通常以它们在该国进出口总额或进口总额、出口总额中的比重来表示。对外贸易地理方向指明一国出口商品的去向和进口商品的来源，从而反映一国与其他国家或区域集团之间经济贸易联系的程度。一国的对外贸易地理方向通常受经济互补性、国际分工的形式、需求偏好与贸易政策的影响。

国际贸易地理方向(International Trade by Region)亦称国际贸易地区分布，用以表明各个国家(地区)在国际贸易中所处的地位，通常以它们的出口额(进口额)占世界出口额(进口额)的比重来表示。计算各国在国际贸易中的比重，既可以计算各国的进、出口额在世界进、出口总额中的比重，也可以计算各国的进出口总额在国际贸易总额(世界进出口总额)中的比重。由于对外贸易是一国与别国之间发生的商品交换，因此，把对外贸易按商品分类和按国家分类结合起来分析研究，即把商品结构和地理方向的研究结合起来，可以查明一国出口中不同类别商品的去向和进口中不同类别商品的来源，具有重要意义。

6. 对外贸易依存度

对外贸易依存度(Ratio of Dependence on Foreign Trade)也称对外贸易系数，一般用一个国家(或地区)对外贸易额在该国国内生产总值(GDP)中所占的比重来表示。反映一国对外贸易与国民经济之间的关系。若以 X 表示出口，M 表示进口，则

$$\text{对外贸易依存度} = \frac{X+M}{GDP} \times 100\%$$

一个国家(或地区)对外贸易依存度等于出口依存度与进口依存度之和。二者的计算公式为

$$\text{出口贸易依存度} = \frac{X}{GDP} \times 100\%$$

$$进口贸易依存度 = \frac{M}{GDP} \times 100\%$$

对外贸易依存度只是一个简单的数值，它无法反映一国产业结构和进出口商品结构。又由于世界各国之间经济发展水平、对外贸易政策、国内市场规模及发展程度的不同，它们的贸易依存度也存在很大差别。因此，在研究一个国家的对外贸易时，应该综合相关的统计指标来分析。

【资料卡 1-1】

海关总署：2012 年我国外贸依存度降至 47%

从海关总署获悉，2012 年我国外贸依存度在前一年基础上再度回落 3.1 个百分点，为 47%，其中出口依存度为 24.9%，进口依存度为 22.1%，都有所回落。

外贸依存度，是一国或地区进出口贸易总额与国内生产总值的比值，通常是用来评估开放程度的主要指标，一定程度上可以反映一国或地区的经济对国际市场的依赖程度以及对外贸易对国内经济发展的影响程度。

我国外贸依存度在经历了入世初期的快速增加后，从 2006 年 67%的高点开始回落。这一态势表明，尽管外贸在我国经济活动中的地位仍举足轻重，但国内经济增长正由外需拉动向内需驱动转变。

不过，目前美国、日本和巴西三国的外贸依存度在 30％左右，相比之下，我国 47%的外贸依存度仍处于较高水平。业内认为，这与我国在全球产业链中“世界工厂”的地位和外贸大进大出的格局相一致，也说明我国转变经济发展方式依然有较大的潜力空间。随着我国加快调整经济结构，更多地依靠内需拉动经济增长，未来外贸依存度或将进一步降低。

(资料来源：根据相关资料整理)

7. 贸易条件

贸易条件(Terms of Trade)又称交换比价或贸易比价，是一个国家以出口交换进口的条件，即两国进行贸易时的交换比例。一般以一定时期出口价格指数和进口价格指数之比来表示，指一国一个单位的出口商品可以换回多少进口商品。以 Px 表示出口价格指数，Pm 表示进口价格指数，其公式为

$$T = \frac{P_x}{P_m} \times 100\%$$

这一指标的变化可以在一定程度上反映一国的价格优势和竞争力的变化。

【资料卡 1-2】

贸易条件恶化论及其主要观点

贸易条件恶化论是阿根廷经济学家劳尔·普雷维什针对 1929 年大危机后拉丁美洲国家初级产品的贸易条件不断恶化，在 1949 年 5 月向联合国拉丁美洲经济委员会提交的一份题为《拉丁美洲的经济发展及其主要问题》中提出来的。

第二次世界大战后，传统贸易理论所面临的最重要的挑战之一就是对贸易条件的争论。

劳尔·普雷维什经研究得出结论，发展中国家的贸易条件处于长期恶化之中。他认为，发展中国家贸易条件恶化主要有以下两方面原因。

首先，技术进步的利益不能平均分配。从理论上讲，如果发达国家和处于劣势地位的发展中国家的收入能根据各自生产率增长的比率而增加，那么，初级产品和制成品的相对价格就会依生产率增长的不同比例而调整。但是，实际上两者的价格并不是严格地按照生产率的变动而变化的，当技术进步实现后，制成品的价格不一定下降，如果企业家和生产要素的收入增加幅度大于生产率的增长幅度，则制成品价格反而会上升。而在发展中国家，其收入增长低于生产率增长，所以，初级产品在国际市场上的相对价格呈下降趋势。

其次，制成品市场结构的垄断性。由于国际市场制成品具有垄断性，在世界经济繁荣时期，制成品价格的下降幅度比初级产品低得多，致使两者的相对价格即贸易条件向不同的方向变化。制成品的贸易条件上升，而发展中国家的主要产品——初级产品的贸易条件则不可避免地恶化。

(资源来源：根据相关资料整理)

二、国际贸易分类

1. 按交易内容划分

(1) 有形贸易(Visible Trade)：又称货物贸易。这种贸易的标的物是物质产品，如粮食、原材料、机器、车辆、船舶、飞机等，即指那些有形的、看得见摸得着的实物性的产品。传统意义上的国际贸易就是指这类贸易，其进出口额要经过海关手续并表现在海关贸易统计上，海关对进出口的监管和征税措施就是针对这类贸易的。有形贸易是国际收支的主要构成部分。

(2) 无形贸易(Invisible Trade)：指没有实物形态的服务和技术的进出口，其标的(如技术转让、旅游、保险等)不具有可看见和可触摸的外在物理特性，主要包括服务贸易和技术贸易。对无形贸易的统计数据不容易做到精确，各国海关统计通常不包括这类贸易。过去习惯把无形贸易等同于服务贸易，事实上服务贸易是无形贸易的重要组成部分但并非无形贸易的全部。无形贸易还包括跨国的投资利息、利润、股息等收付，以及政府和个人款项的国际转移。国际服务贸易是指各种类型的服务的跨国交易，指一国的服务提供者通过商业现场和自然人的商业现场向他国服务消费者提供服务并获得外汇收入的过程。通常有四种提供方式：过境交付、境外消费、商业存在、自然人流动。

一般认为，有形贸易和无形贸易的主要区别是：有形贸易的商品进出口经过海关手续，表现在海关贸易统计上，是国际收支的重要项目；而无形贸易则不经过海关手续，通常不显示在海关贸易统计上，但是国际收支的重要组成部分。随着科学技术的不断发展，有形贸易与无形贸易的界限有逐渐模糊的趋势。

2. 按统计标准划分

(1) 总贸易(General Trade)：“专门贸易”的对称，又称一般贸易体系，是指以国境为标准划分的进出口贸易。凡进入国境的商品一律列为总进口；凡离开国境的商品一律列为总出口。总进口额加总出口额就是一国的总贸易额。目前采用总贸易体系的国家和地区约有

90个，包括美国、日本、英国、加拿大、澳大利亚、中国、东欧等国。

(2) 专门贸易(Special Trade)：“总贸易”的对称，又称特殊贸易体系，是指以关境为标准划分的进出口贸易。只有从外国进入关境的商品以及从保税仓库提出进入关境的商品才列为专门进口。当外国商品进入国境后，暂时存放在保税仓库，未进入关境，不列为专门进口。专门进口额加专门出口额称为专门贸易额。目前采用专门贸易体系的国家和地区近80个，包括德国、意大利、法国等。

总贸易体系和专门贸易体系都是贸易各国用来登记进出口货物的统计方法，可以用来表明一国在世界货物贸易中的作用和意义。前者说明一国在国际货物流通中的地位和作用；后者说明一国作为生产者和消费者在国际货物贸易中的地位和作用。

由于国际服务贸易在统计中不进入海关统计，而进入国际收支统计，所以总贸易体系与专门贸易体系只适用于货物贸易统计。

3. 按商品流向划分

(1) 出口贸易(Export Trade)：指一国把自己生产的商品和加工商品输往国外市场销售。一国对从外国进口的商品不经任何实质性加工改制，再进行出口称为复出口。

(2) 进口贸易(Import Trade)：指一国将外国的商品输入本国市场用以生产和消费。输往国外的商品未经加工改制又输入本国，叫作复进口，造成复进口的原因可能是销路不畅、货物损坏等质量问题，或者是经济体制方面等其他原因。

(3) 过境贸易(Transit Trade)：指甲国向乙国运送商品，由于地理位置的原因，必须通过第三国。过境贸易可分为直接和间接两种。直接过境贸易是外国商品纯系转运性质经过本国，并不存放在本国海关仓库，在海关监督下，从一个港口通过国内航线装运到另一个港口再输出国外；或在同一港口内从这艘船装到另一艘船后离开国境；或在同一车站从这列火车转装到另一列火车后离开国境。间接过境贸易是外国商品运进国境后，先存放在海关保税仓库，以后未经加工改制，又从海关保税仓库提出，再运出国境。根据专门贸易体系，这种商品移动作为过境贸易处理不计入对外贸易额。

4. 按贸易有无第三国参与划分

(1) 直接贸易(Direct Trade)：指货物生产国直接将货物出口到消费国，消费国直接进口生产国的货物时两国发生的贸易，即由进出口两国直接完成的贸易。

(2) 间接贸易(Indirect Trade)：指商品生产国与商品消费国通过第三国进行买卖商品的行为。间接贸易除了生产国和消费国之外有第三国参加，生产国通过第三国把商品卖给消费国。其中，生产国是间接出口；消费国是间接进口；第三国是转口。

(3) 转口贸易(Intermediary Trade)：指生产国与消费国之间通过第三国所进行的贸易。即使商品直接从生产国运到消费国去，只要两者之间并未直接发生交易关系，而是由第三国转口商分别同生产国与消费国发生的交易关系，仍然属于转口贸易范畴。

5. 以货物运输方式为标准分类

(1) 陆路贸易(Trade by Roadway)：陆地毗邻国家之间的贸易多采取陆路贸易，主要运输工具是火车和汽车。

(2) 海路贸易(Trade by Seaway)：货物通过海上运输的国际贸易称为海路贸易，运输工具主要是各类船舶，这是国际贸易的最主要运输方式。

(3) 空运贸易(Trade by Airway)：单位价值较高或数量较少的货物，为争取时效，往往以航空货运方式装运，称为空运贸易。

(4) 邮购贸易(Trade by Mail Order)：通过邮政系统进行的贸易，适宜于样品传递和数量不多的人个购买等。

(5) 多式联运贸易(Multimodal Transportation)：此贸易方式是在集装箱运输的基础上产生和发展起来的一种将海陆空各种运输方式结合运送货物的行为。国际物流的迅猛发展促进了这种方式的贸易。

第三节 国际贸易理论的研究对象与方法

国际贸易作为一门学科，它的研究对象是不同国家或地区之间的商品和服务的交换活动。通过研究这些商品和服务交换活动的产生、发展过程，以及贸易利益的产生和分配，揭示这种交换活动的特点和规律。

一、研究的对象与内容

1. 国际贸易的历史及现状

国际贸易是一个历史范畴，它是在一定的历史条件下产生和发展起来的。社会生产力的发展和社会分工的扩大，是国际贸易产生和发展的基础。从奴隶社会到封建社会，国际贸易逐渐发展，直到资本主义生产方式出现，才出现了真正的国际贸易，并且从广度到深度都有了飞跃式的发展。研究当今国际贸易的特点和规律，结合本国的实际情况，从中找出发展本国经济的道路，正是许多国际贸易学者正在从事的工作。

2. 国际贸易理论

对国际贸易历史和现状的研究可以推动国际贸易理论研究的发展，而理论的发展又能服务实践并推动国际贸易实践发展。国际贸易理论可以分为马克思主义的贸易理论与西方经济学的贸易理论。马克思将国际贸易看作是政治经济学的一个重要组成部分。他和恩格斯从社会制度层面对国际分工、世界市场、国际价值、世界货币、对外贸易与资本主义生产方式的关系都做了精辟的分析。

西方经济学家也一直注意研究、探讨国际贸易中的各种问题。资本主义原始积累时期的重商主义学派研究了对外贸易带来的财富，不过这种国际贸易理论并没有揭示出国际贸易的本质和意义。资本主义自由竞争时期以亚当·斯密(Adam Smith，1723—1790 年)和大卫·李嘉图(David Ricardo，1772—1823 年)为代表的古典学派经济学家对国际贸易产生的原因和意义做出了比较科学的解释。“二战”后，西方经济学家对国际分工、国际贸易、经济一体化等问题进行了进一步研究，提出了一些新的学说，丰富了国际贸易理论体系。

由于世界观和方法论的局限性，有些学说掩盖了资本主义国际贸易中的生产关系的剥削性。我们应有所甄别，选择性地吸收，以发展科学的马克思主义国际贸易理论。学习并掌握这些理论，去伪存真，去粗取精，用以指导国际贸易实践，是国际贸易课程研究的重要内容。

3．国际贸易政策与措施

各个国家的对外贸易政策是从总体上规定该国对外贸易活动的指导方针和原则的，它是国际贸易理论的具体运用和国际贸易利益的具体实现保障，是随着时代的发展而不断变化的。各国都制定了有利于本国对外贸易发展的政策与措施。在当今国际竞争十分激烈的情况下，考察和研究国际贸易政策的基本形式及其沿革，制定对外贸易政策的理论基础，分析各种贸易政策的措施及它们的经济效应等问题，对于经济全球化背景下的各个国家(地区)都具有相当重要的现实意义。

4．与国际贸易有关的其他现实问题

随着“二战”后生产国际化的深入发展，世界各国的经济联系日益紧密，相互之间的依赖程度也越来越高，国际竞争也更加激烈，于是经济摩擦和矛盾不可避免地产生在各个国家(地区)或贸易集团之间。出现了很多新的贸易问题，如服务贸易和技术贸易的飞速发展，跨国公司越来越重要的影响，区域经济一体化的趋势，多边贸易体制问题，国际贸易运作方式和操作手段的复杂化和多样化，等等。因此，我们有必要对这些新问题进行深入的分析和研究。

二、研究方法与假设前提

1．研究方法

1) 微观分析和宏观分析

国际贸易中的微观分析主要考察的是国际市场的交易行为，研究国际市场的价格、资源配置、收入分配、经济效率和福利等问题。宏观分析主要研究的则是国际收支的均衡过程、国际收支的调整机制以及它们同国民收入的相互影响等。在实际分析中往往需要将两者相结合，不能割裂。

2) 实证分析和规范分析

实证分析回答“是什么”的问题，用假说、定义对贸易现象进行解释，其特点是要研究和说明贸易过程本身；而规范分析则是回答“应该是什么”的问题，以一定的价值判断为前提，提出某些分析贸易现象的标准，并说明具体措施。即实证分析侧重于“纯理论”研究，而规范分析具有很强的政策倾向性。这就要求我们在学习时必须坚定马克思主义的国际贸易理论立场，用社会主义的价值判断标准去分析和看待国际贸易现象。

3) 理论与实践结合的方法

国际贸易与世界各国的经济发展密切相关，在我国国民经济中的地位也是举足轻重的。因此，在研究国际贸易问题时，应从国际贸易实际出发，实事求是地对国际贸易历史和现状做出客观的分析，对国际贸易利益及其分配形式，它们的矛盾运动及变化趋势等避免僵化教条地处理。国际贸易问题是现实问题，我们在学习中不要死记硬背概念，要学会利用所学的国际贸易理论知识来分析现实中的国际贸易问题，对国际贸易热点问题进行思考，培养自己分析问题和解决问题的能力。

2．假设前提

1) 小国假设

所谓小国是指那些改变其进出口的数量并不能影响贸易商品在国际市场上价格的国

家。由于小国的国际贸易不影响其他国家的价格，其贸易政策也就不影响其他贸易伙伴的福利，因此小国的贸易政策没有贸易条件的收益效应。小国在国际市场上所占份额很小，也不因产地不同而区分产品，不属于产品异质化的情形，这样小国就可以视为一个竞争市场中的小企业，那么“小国”只是国际市场中的一个价格接受者而不能影响其贸易条件。

2) 大国假设

所谓大国是指那些改变其进出口的数量能够影响贸易商品在世界市场上的价格的国家。由于大国的国际贸易能够影响其他国家的价格，因此大国的贸易政策具有贸易条件的收益效应。如果进出口国是一个大国，那么它的国际贸易量会占到国际市场上该商品贸易量的较大比重，从而具有影响该商品国际价格的能力。因此“大国”是一个价格的影响者，能够影响其贸易条件。

本章小结

本章从介绍国际贸易的含义入手，概括了国际贸易的产生和发展过程，分析说明了国际贸易在当今世界经济上的重要作用。最后重点介绍了基于不同划分标准的国际贸易分类，并对常用国际贸易术语进行了详细的概念界定。目的是从体系上了解国际贸易课程的内容，为后面的学习奠定基础。

案例分析

新路标：从贸易大国到贸易强国

据世界贸易组织统计，2013 年我国已成为世界第一大货物贸易国。这是 100 多年来发展中国家首次成为世界货物贸易冠军，也是中国继成为全球第二大经济体、最大外汇储备国和最大出口国之后的又一突破。

贸易发展史往往也是一个国家、民族的兴衰史。新中国对外贸易的发展，浓缩了一个东方农业大国逐步走向工业化、现代化的身影。然而欣喜之后更需理性思考。从数字上看，去年我国货物出口在世界市场份额超过 11%，但这个水平在全球贸易发展历史上并不突出。英国 1870 年出口占全球的 18.9%，美国 1921 年达到了 22.4%。我国在人均贸易额等方面也与其他发达经济体差距明显。

观察数字背后的贸易结构不难发现，我国企业总体仍处于全球产业链中低端，普遍缺少核心技术、产品与自主品牌，产品附加值低，资源环境和人力代价大，贸易规模和盈利能力并不协调。更重要的是，高增值环节集中的服务部门发展滞后。2013 年我国服务贸易总额 5396.4 亿美元，仅为美国的一半左右；作为货物贸易顺差大国，我国同时也是服务贸易逆差最大的国家。

成为最大贸易国，意味着与世界市场联系更紧密。当前全球经济复苏仍不稳定，而国内近年来劳动力等要素成本持续上升，能源环境约束加剧，传统的粗放式发展不仅难以为继，而且必然会招致更多的经贸摩擦。将外贸发展模式从以“量”取胜切换至以“质”取胜，显得尤为迫切。

贸易规模全球第一，还意味着成为各方关注焦点。在国际经贸规则竞争日趋激烈的背景下，中国不太可能搭顺风车、做独行侠。如何更主动地走向国际治理前台、发挥贸易大国的影响力，成为必须思考的问题。由此可知，在由贸易大国走向贸易强国的关键时期，我国登上全球贸易排行榜首位，不是顶点，而是新的起点。

(资料来源：根据相关资料整理)

思考题：

1．从资料中分析，“贸易大国”与“贸易强国”分别是根据什么来界定的？

2．作为最大贸易国，你认为我国的对外贸易存在哪些主要问题？

3．中国的贸易强国之路究竟还有多远？

练　习　题

1. 将正确选项填入括号内。

(1) 贸易顺差是(　　)。

A. 商品进口额大于商品出口额　　B. 商品出口额大于商品进口额

C. 国际收入大于国际支出　　D. 某种商品的进口大于出口

(2) 转口贸易是商品生产国与商品消费国通过第三国进行的贸易。转口贸易的商品从生产国运往消费国(　　)。

A. 只能采取直接运输　　B. 只能采取间接运输

C. 既可直接运输，又可间接运输　　D. 各国有不同规定

(3) 输出到国外商品再进口时，称为(　　)。

A. 复出口　　B. 复进口

C. 出口转内销　　D. 专门贸易

(4) 可以反映出整个世界产业结构状况的是(　　)。

A. 国际贸易地理方向　　B. 国际贸易商品结构

C. 对外贸易商品结构　　D. 对外贸易条件

(5) 真正能够反映一个国家对外贸易实际规模的指标是(　　)。

A. 对外贸易量　　B. 对外贸易额

C. 对外贸易依存度　　D. 对外贸易值

(6) 贸易条件的计算公式为(　　)。

A. 出口价格/进口价格 × 100　　B．进口价格/出口价格×100

C. 进口价格指数/出口价格指数 × 100　　D．出口价格指数/进口价格指数×100

(7) 货物通过国境作为统计进出口的标准称(　　)。

A. 对外贸易额　　B. 总贸易

C. 对外贸易量　　D. 对外贸易值

2. 判断下述命题的正误。

(1) 世界各国一般用 FOB 价格计算出口额，而以 CIF 价格计算进口额，因此世界进口

总额总是小于出口总额。 (　　)

(2) 通常从事低层次加工贸易国家的对外贸易依存度高于从事高层次加工贸易的国家。 (　　)

(3) 国际贸易是指一个国家或地区同其他国家或地区所进行的商品与劳务的交换活动。 (　　)

(4) 一国对外贸易依存度大，说明该国的经济外向性强。 (　　)

3．简述总贸易体系与专门贸易体系的区别。

4．说明过境贸易和转口贸易的区别。

5．已知某国 GDP 为 40 000 亿美元，货物出口贸易额为 1600 亿美元，货物进口额为 1400 亿美元，试计算该国的对外贸易依存度、出口依存度和进口依存度。

第二章　国际分工与世界市场

本章教学目标

通过本章的学习，读者应了解国际分工的产生及发展历程、世界市场的发展阶段；理解影响国际分工的因素、国际分工和国际贸易的关系、当代世界市场的主要特征、世界市场的交易方式；掌握国际分工的类型、世界市场的构成因素。

章首阅读

福特汽车公司的生产分工

福特汽车公司的汽车底盘和车身在法国生产，发动机在英国生产，轮胎和汽车用玻璃在荷兰生产，车锁、方向盘、油箱及前轮在德国生产，输油管在挪威生产，传动皮带在丹麦生产，散热器和供暖系统在奥地利生产，车轴和挡风玻璃在日本生产，迈速表在瑞士生产，一般汽车用玻璃和汽缸在意大利生产，空气滤清器、电池和后视镜在西班牙生产，汽车音响系统在加拿大生产，公司自已只在本土(美国)生产后轮和雨刷，最后在英国哈利伍德组装。这种高度的企业内分工和国际分工紧密结合起来，使国际分工成为企业内分工的附属，企业生产本身实现了国际化。

第一节　国 际 分 工

国际分工是指世界上各国之间的劳动分工。它是社会分工超出一国国界在世界范围内形成的国与国之间的分工，是社会分工发展到一定阶段的产物。

一、国际分工的形成和发展

国际分工是一个历史范畴，它是以社会分工的发展为基础的，历史上三次社会大分工都是社会生产力发展的结果，同时，社会分工的形成又反过来进一步促进社会生产力的发展。随着社会生产力的进一步发展，以及资本主义生产方式代替自给自足的自然经济在各个国家的发展，社会分工开始跨越国界，将世界看作一个整体，形成了一个国际范围内的更为专业化、细化的生产与协作，即国际分工。

无论是一国内的社会分工还是跨越国界的国际分工，都是由于社会生产力的发展而发展的。国际分工在历史上也经历了萌芽、形成、发展、深化等事物发展规律所经历的几个阶段。

1. 国际分工萌芽阶段

国际分工萌芽于16世纪。15世纪末至16世纪中的“地理大发现”，新、旧大陆的联系改变了世界各大陆与大洋的孤立状态，西欧殖民主义者用暴力手段，在亚洲、非洲、拉丁美洲进行大肆掠夺。十六七世纪，手工业向工场手工业过渡，资产阶级进入资本原始积累时期，西欧国家推行殖民政策，在殖民地开采矿山、建立种植园，生产和提供本国不能生产的原料和农产品，并扩大本国工业品的生产和出口，出现了宗主国和殖民地之间最初的分工形式。

2. 国际分工形成阶段

国际分工形成阶段是在18世纪60年代到19世纪60年代，第一次工业革命使国际分工进入到了形成阶段。

国际分工在形成阶段形成了以英国为中心，以自然资源为基础的工业品生产国与初级产品生产国之间的分工。以蒸汽机作为动力机被广泛使用为标志的技术革命是技术发展史上的一次巨大革命，它开创了以机器代替手工工具的时代。这一次技术革命和与之相关的社会关系的变革，被称为第一次工业革命或者产业革命。

从生产技术方面来看，工业革命用机器代替了手工劳动使生产能力和生产规模不断扩大，同时，大机器工业还改变了运输方式，提供了电报等现代化的通信工具，把原料生产国和工业品生产国联系在一起，使国际分工更容易、更方便。工农业生产和交通运输业获得了空前的发展，这种生产能力和规模的扩大必然带来成本的降低、价格的优惠，运输工具的先进则带来运输成本的降低，低廉的价格就成为资产阶级征服国外市场、打击国外手工业的法宝，从而使国外市场变为自己的原料产地。这样就形成了先进的工业国和落后的农业国之间的分工，这是资本主义国际分工的代表。

在产业革命以前，一个国家的工业主要是加工本国的原料。例如，英国纺织工业加工的是本国所生产的羊毛，德国加工本国的麻，法国加工自己的丝和麻，印度加工本土所生产的棉花。产业革命后，印度已成为英国生产棉花、羊毛、亚麻、黄麻、蓝靛的地方，澳大利亚变为英国的羊毛殖民地。正如资产阶级使乡村屈服于城市的统治一样，它也使亚洲、非洲和拉丁美洲国家从属于西方。

3. 国际分工发展阶段

国际分工发展阶段是在19世纪70年代到“二战”。这一阶段，形成了以一组国家为中心，以自然资源为基础的工业品生产国与初级产品生产国之间的国际分工新体系。1870年以后，突飞猛进的科学技术、层出不穷的新技术与新发明被广泛应用于工业生产，大大促进了经济的发展，使垄断代替了自由竞争。这就是以电力的广泛应用为显著特点的第二次工业革命，它开始了国际分工的发展阶段，并使国际分工不断向深度和广度发展。

第二次工业革命使工业国家中的重工业取代了轻工业的主导地位，且各工业部门的生产方向又各自有所侧重，而原来的以自然条件为基础的农业国为了适应第二次工业革命对大量农、矿原料的需求也注重了燃料和矿产采掘业。这一时期的国际分工，既有宗主国与殖民地的分工，也有发达国家之间的分工。这样一来，资本的输出和原材料的互补加强了世界各国之间的相互依赖，同时也加强了对国际分工的依赖，从而促进了分工的发展。

4．国际分工深化阶段

国际分工深化阶段是在“二战”后。“二战”后，随着科学技术的进步，世界生产力和生产关系取得了巨大的发展，生产力和生产关系的快速提高致使生产规模不断扩大以适应规模经济的要求，同时也促进了生产的国际化，即一些高科技产品走国际分工和协作的道路，由原来的企业内部的不同工序发展到由不同国家的企业来合作完成，使国际分工以及专业化的合作大大加深。

1) 发达国家之间的分工占主导地位

在国际分工的形成和发展的过程中发达国家一直处于主导地位。二战后，国际分工出现多样化趋势，但发达国家由于一直处于生产力发展的最高水平，其国际分工中的主导地位没有改变，表现在如下几个方面：发达国家处于科技发展的领先地位；发达国家产业结构的纵深发展使社会分工向广化和深化发展；以发达国家为母国的跨国公司成为当代国际分工的营造者，跨国公司通过直接投资建立的全球生产体系和销售体系，把世界各国纳入这些体系中；发达国家是经济全球化的引领者，这源于发达国家是世界经济火车头，是世界科技、贸易、金融、信息中心；以发达国家为主和中心的地区经济贸易集团在众多的地区经济贸易集团中贸易效果最为显著、影响也最大，其内部的分工又影响着国际分工。

2) 国际分工形式多样化

“二战”以前的国际分工主要集中在工业国和农业国、矿业国之间，主要是一种以自然资源为基础的垂直分工。发达国家之间、发展中国家之间的水平分工和垂直分工虽然存在，但不占主导地位。“二战”后，垂直分工有所削弱，但仍然是发达国家与新兴工业国家以外的发展中国家之间的一种主要的分工，水平分工深化到产业内部，形成了国际工业部门内部的分工。当前，随着科学技术的飞速发展，国际分工的形式呈现出水平分工、垂直分工、混合分工同时大发展的格局，形成了以产业内分工为主、多种形式分工并存的格局，同时出现了外包型和网状型等新形式的分工。

3) 区域性经济贸易集团内部分工趋势加强

在“二战”后经济全球化趋势下，区域性经济贸易集团风起云涌，欧盟、北美自由贸易区、东盟和亚太经济合作组织，在区域的贸易和投资一体化中起着重要的作用。一般来说，这些经贸集团不同程度地存在着内向性和排他性。对内逐步降低和取消关税，减少或撤除非关税壁垒措施，促进集团内成员之间商品贸易、服务贸易与投资的自由化，对外继续采取关税与非关税排他性措施，在不同程度上阻碍着经贸集团与非成员国之间分工与贸易的发展，导致了经济贸易集团内部成员之间分工和贸易发展趋势的加强。

4) 国际分工领域从货物扩展到服务领域并相互融合

“二战”后随着科技进步，各国服务业迅速发展，服务业几乎渗透到社会再生产过程的各个领域，促进了生产国际化和服务国际化交织发展，出现了商品生产的国际分工和服务业的国际分工相互结合、相互渗透的趋势。这个趋势又推进了整个国际分工进一步深化发展。

在20世纪后半期，发达国家的服务供应作为经济活动的主要形式取代了商品的生产，服务业占总就业人数的60%—75%，另外，过去20年来迅速发展的服务业所创造的就业岗位大约占新创造的就业岗位的2/3。

由于各国经济发展不平衡和服务要素的差异，发达国家知识、技术密集型服务业发展迅速，并以高技术、资本密集型服务参加服务业的国际分工，如商业性服务、通信服务、运输服务、金融保险服务等；发展中国家劳动密集型服务业发展较快，因而以建筑工程承包、劳务输出等劳动密集型服务参加服务业的国际分工。

5) 跨国公司的内部分工成为国际分工的重要组成部分

“二战”后，跨国公司迅速发展。发达国家集中了跨国公司对外直接投资的75%以上，这使得发达国家之间的分工和协作不断加强，并促进了它们之间贸易的发展。另外，跨国公司除了在发达国家大举对新兴工业部门投资的同时，还向发展中国家大量转移夕阳产业，使发展中国家的产业结构发生变化，虽然主要是劳动密集型产业，但仍使发展中国家摆脱了“二战”前完全依赖初级产品生产的国际分工格局。总之，跨国公司通过在其母国以外的国家和地区设立生产基地，充当新的国际分工的主要角色，将国际分工从产业之间、产业内部发展至跨国公司内部，直接表现为国家间分工在深度和广度上的扩展，以此发展起来的公司内部贸易在“二战”后国际贸易总额中的比重不断提高。据统计，20世纪70年代，跨国公司内部贸易仅占世界贸易的20%，80至90年代升至40%，而目前世界贸易总量的80%为跨国公司内部贸易。

6) 国际分工的机制发生了显著变化，国际经济组织对国际分工的影响增强

“二战”以前，国际分工形成与发展的机制：一是殖民统治；二是垄断与资本输出；三是价值规律下的市场自发力量。“二战”后，随着殖民体系的瓦解和跨国公司在世界经济中地位的加强，国际分工机制发生了较大的变化：一是殖民统治力量大大削弱；二是跨国公司的作用大大加强；三是国际经济组织对国际分工的影响越来越大。国际货币基金组织、世界银行和世界贸易组织是当前最有影响力的三大经济组织，它们通过资金注入，提供经济改革与调整方案和制定贸易投资自由化规则等协调方式改变和形成国际分工的新格局。

总之，“二战”后国际分工发生了重大变化，以自然资源为基础的分工已逐步让位给以现代化工艺和科技为基础的分工；工业部门之间的分工逐步让位给工业内部的分工；非经贸集团国家之间的分工开始转向经贸集团内部的分工；工业国和农矿业国之间的分工逐步转向不同层次工业部门的分工；纵向的垂直型分工逐步过渡到横向的水平型分工等。这一切都表明国际分工的发展已进入一个新阶段。

二、影响国际分工发展的因素

国际分工的形成和发展受到多种因素的制约和影响，包括各国的生产力发展水平，国内市场的大小，各国自然资源条件的差异，包括气候、土地、资源、人口、地理条件等，以及政府、国际组织等上层建筑方面。

1. 社会生产力是国际分工形成和发展的决定性因素

生产力发展水平的高低决定了商品生产的成本。商品生产成本的高低决定了该商品在世界市场上的竞争力。取得竞争优势的出口国，可以在较长一段时期内形成生产该商品的固定分工格局。在历史上，英国最先完成了产业革命，生产力水平较高，在相当长一段时

间内，它在资本主义国际分工中处于“世界工厂”的地位。以后，其他资本主义强国由于生产力的发展，竞争力增强，在国际分工中都处予支配地位。随着生产力的发展，越来越多的国家加入到国际分工行业，国际分工已把各国紧密结合在一起，形成了世界性的分工。生产力发展水平决定了国际分工的产品内容。国际贸易总的趋势是工业制成品、服务性产品的比重不断提高。这一类产品需求弹性大，创汇水平高，只有工业水平高的国家才有能力提供这类产品。生产力水平还决定了一国在国际分工中扮演的角色，如国际分包、生产协作等，这些都要求一国的生产力水平达到较高的程度。

2. 自然条件是国际分工产生和发展的基础

任何社会的经济活动都是建立在一定的自然经济条件之上的。马克思指出：“正像威廉·配第所说，劳动是财富之父，土地是财富之母。”这里所说的“土地”就是指自然条件。自然条件包括地理环境、气候、土壤、国土面积和地理位置等，是一切经济活动的基础。比如说一个国家想要出口矿产品，那么它就一定要有丰富、优质的矿产资源作为想要出口的基础。同理，想要出口香蕉、榴莲等只适合在特定气候下种植的水果，就一定要具有特殊气候的自然条件作为栽培水果的基础。可见，没有一定的自然条件，任何经济活动都是困难的，可以说，自然条件为国际分工提供了一种可能性。

各个国家之间由自然条件的差异性带来的产品的差异与多样性，是形成国际分工的自然基础。随着生产力的不断发展，先进的技术有时能够代替部分自然环境对经济的影响，如蔬菜大棚的建立，使人们可以吃到冬天不能够生长的新鲜蔬菜和水果等。由此，我们也可以看到，随着科学技术的发展，自然条件对经济的影响有削弱的势头。

3. 人口、劳动规模和市场规模影响着国际分工的规模

世界各国自然条件的不同提供了国际分工的可能性，而只有科学技术和社会生产力发展到一定阶段，自然条件才能得到开发利用，才能使自然条件提供的可能性转变为现实性。各国生产力的发展水平决定着各国在国际分工中的地位。人口的多寡决定劳动力的供给和贸易的产生，人口稀少、土地广阔的国家往往偏重发展农业，而人口稠密的国家可以偏重发展劳动密集型产业。劳动规模或生产规模也制约着国际分工，通常，劳动规模越大，分工也就越细，没有哪个国家能包揽所有的生产，必须参与国际分工。市场的大小决定交换商品的多少以及单位商品交易费用的多少和交易效率。

4. 资本国际化是国际分工深入发展的关键

资本国际化促进了国际分工的迅速发展。自19世纪以来，资本输出就成为世界经济中的重要经济现象。国际资本流动对国际分工的影响，突出表现在“二战”后，随着跨国公司的迅猛发展以及发展中国家投资环境的改善，在一定程度上加速了资本国际化进程，从而促进了国际分工向纵深方向发展。首先，跨国公司通过对外直接投资，在海外建立子公司，并把子公司所在的东道国纳入国际分工体系。跨国公司大规模推行全球性的专业化生产与协作，在许多国家形成了独立于整体行业而专门生产零部件的行业，推动了工业部门内部分工的发展，同时跨国公司也是不同型号、不同规格的同类产品的专业化生产与交换的推动者。其次，跨国公司通过承包方式构筑世界性的生产体系和营销网络。这种承包方式在汽车、家用电器、机器设备、纺织品、鞋类和服装等商品领域被广泛运用，进一步促进了国际分工向深化和广化发展。

5. 国家政策等上层建筑可以推进或延缓国际分工的形成和发展

上层建筑是建立在经济基础之上的政治法律制度和社会意识形态。上层建筑的干预可以促进或延缓国际分工的形成和发展。建立在一定经济基础之上的上层建筑，如国家力量、经济政策、国际组织等又能给经济基础以反作用力，促进和推动经济基础的发展。在国际分工方面也是如此。

国家政策等上层建筑对国际分工的促进作用主要表现为：建立超国家的经济组织；让渡部分经济主权来调节相互间的经济贸易政策，推动国际分工的深化和发展；制定自由贸易的政策和法令，推行自由贸易，加快国际分工的步伐；推行全球化策略。

国家政策等上层建筑对国际分工的延缓作用主要表现为：制定各种保护贸易政策和实行贸易壁垒，阻碍国际分工的发展等。

三、国际分工的类型

国际分工的类型是指各类国家和地区参与国际分工的基本形态。按照参与国际分工的各国的经济发展水平来分，国际分工可以分为以下三种类型：

1. 垂直型国际分工

垂直型国际分工(Vertical International Division of Labor)是指经济技术发展水平相差较大的国家之间的纵向分工。19 世纪形成的传统国际分工就属于宗主国与殖民地之间的垂直型分工，而在当代主要是指发达国家的制造业与发展中国家的农业、矿业之间的分工。由于发展中国家整体发展水平仍然很低，经济上仍然处于从属地位，因而这种垂直型分工的格局并没有得到根本改变，发达国家与发展中国家的分工仍然以垂直分工为主。

2. 水平型国际分工

水平型国际分工(Horizontal International Division of Labor)是指经济发展水平相同或接近的国家之间的分工。当代发达国家的相互贸易主要是建立在水平型分工的基础上的。从历史上看，由于这些国家的工业发展有先有后，技术水平存在着差异，工业部门发展不平衡，形成了这种类型的分工。水平分工可分为产业内与产业间水平分工。前者又称为“差异产品分工”，后者则是指不同产业所生产的制成品之间的分工和贸易。

3. 混合型国际分工

混合型国际分工(Mixed International Division of Labor)是指由垂直型分工与水平型分工混合而成的国际分工。从一个国家来看，它在国际分工中既参与垂直型分工也参与水平型分工。例如，德国是混合型国际分工的代表，它对发展中国家是垂直型的，而对其他发达国家是水平型的。

四、国际分工与贸易利益

国际分工可以扩大国际社会劳动的范围，贸易参加国可以充分发挥本国优势，扬长避短，有利于世界资源的合理配置，提高世界范围内的整体效益，从而促进国际社会生产力的发展。因此，国际分工的发展是一个进步的过程。但是发达国家与发展中国家或地区之间的分工也是中心和外围的关系，两者之间存在控制与被控制、剥削与被剥削的关系。“二战”前，西方国家通过殖民制度下的国际分工对广大殖民地和半殖民地进行剥削和掠夺，即宗主国与殖民地之间的国际分工。“二战”后殖民体系瓦解，发展中国家虽然获得了政治独立，但经济上依然受制于人，发达国家利用在生产技术、销售渠道、经营管理、重要制成品与原材料等方面的优势及垄断地位，与发展中国家进行不等价交换，使其贸易条件恶化。在这种不平等的分工关系中，发达国家享有国际贸易的大部分利益，他们通过对外贸易，转嫁经济危机，把国际贸易中的大部分利益甚至是全部，都占为己有，这样就使得财富越来越向少数发达国家集中，导致全球贫富差距进一步扩大。这也是为什么国际上一直倡导要建立国际贸易新秩序的重要原因之一。

【资料卡 2-1】

国际分工陷阱

在新一轮全球并购高潮中，发达国家实际上是在强化其在原有贸易格局中的既得利益，而发展中国家则被更加牢固地锁定在国际分工链条的末端，进而掉入“国际分工陷阱”。

国际分工的收益在发达国家和发展中国家之间的分配是严重不对称的。发达国家拥有先进的技术、充足的资金和高素质的技术管理人员；而发展中国家只有大量闲置的低素质、低技能的劳动力。发展中国家能够从事的生产经营活动，发达国家都能够从事。发达国家的跨国公司在全球范围内投资是为了扩大市场以获得更多的利润，但这不意味着发达国家不能够在国内生产。发达国家完全可以不与某个发展中国家交易，但发展中国家要实现本国经济发展却不能不与发达国家交往。

对于发展中国家来说，他们与发达国家虽然都可能从全球化的产业链条中获得收益，但是他们获得的收益数量却是大不相同。国际分工收益的绝大部分由发达国家获得，发展中国家只能获得其中的一小部分。为了这一小部分收益，发展中国家还要进行激烈的争夺。他们竞相开出各种优惠条件，如税收优惠，允诺最大限度地开放国内市场，承诺遵守发达国家制定的严厉的经济规则，甚至做出政治上的让步。

然而，发达国家的资金不可能流向每一个发展中国家，它们总是流向那些能够给他们带来最大收益且风险最小的国家。结果是有的国家开放了市场，却没有资金和技术流入，也就是说，虽然他们尽力参与到全球化进程中，但并不能够在全球分工链条中获得一席之地。

随着信息和通信技术的迅猛进步，不同国家或经济体之间，在获得接入信息和通信技术的机会与利用因特网进行各种业务活动方面，出现了明显的“数字鸿沟”。这类现象一旦被固定化和普遍化，那么，发展中国家的产业结构就有可能永远地被锁定在国际分工链条的末端，进而掉入“国际分工陷阱”。

在这种情况下，发展中国家面临两难抉择。一方面，加入到全球资本主义体系中，被迫或自愿地接受发达国家制定的于己不利的规则，必将不可避免地付出惨痛的代价。另一方面，如果拒绝接受现行的国际经济规则似乎没有其他出路。即使闭门造车成为可能，其结果往往也是事倍功半。因为各国的比较优势必须在国际分工中才能得以实现。

(资料来源：根据相关资料整理)

第二节 世界市场

世界市场亦称国际市场，是指世界各国的货物、服务以及技术等交换的场所，是一系列的交换活动的总和。它是人类的商品交换关系突破国家和民族的地域界限扩展到全球的结果，是在世界范围内通过国际分工联系起来的各国市场以及各国之间市场的总和。具体地说，世界市场不仅包括一般的商品买卖活动进行的空间，还包括与对外贸易有关的货币结算、货物运输、货物保险等内容。在世界市场上，商品是交换的主体，其他活动都是为商品交换服务的。

一、世界市场的形成和发展

世界市场是国内市场在范围上的延伸，它是伴随着社会生产力水平的提高与国际分工的发展而形成和发展起来的。国际分工的存在是世界市场产生的前提和基础，没有分工就没有交换，也就没有市场，分工决定着交换的范围和内容。

世界市场是资本主义取得胜利的必要条件，又是资本主义向深度和广度进军的历史结果。随着资本主义生产方式的演变，世界市场经历了几个不同的发展阶段。

萌芽时期是指16世纪至18世纪中叶，即资本主义生产方式的准备时期。生产力的长期快速发展、封建社会的瓦解、资本的原始积累、社会分工和商品市场的发展这一系列的过程使各国之间的经济联系有所加强，加之地理大发现对扩大贸易范围起到了巨大的推动作用，欧洲的贸易中心从地中海区域扩大到大西洋沿岸，此时产生了萌芽状态的世界市场，商品以小生产者的商品和工场手工业生产的商品为主。商品资本占统治地位是这一时期世界市场的一个重要特点。

发展时期是指18世纪60年代到19世纪70年代，这既是资本主义自由竞争时期，又是资本主义机器大工业建立和发展时期。资本主义生产方式的确立及其统治地位的巩固，加上技术、资本主义生产关系的进一步的发展，使得世界各国经济发生了重大的变化，同时铁路网、海洋航运、邮电得到了迅速发展，交通和通信工具的巨大变革把世界各国的市场紧紧地联系在一起，统一的世界市场开始迅速发展起来。作为世界货币的黄金和白银的职能也增加了，并逐步变成了世界货币。商品的世界价格随之形成，价值规律的作用从国内市场扩大到了世界市场。

形成时期是指19世纪80年代到20世纪初，自由竞争的资本主义过渡到垄断资本主义，市场范围的继续扩大最终形成了一个统一而又包罗万象的世界市场。这一时期建立了国际金本位制度，形成了多边贸易和多边支付体系以及比较健全固定的销售渠道。

二、当代世界市场的构成

1. 国家和地区构成

“二战”后，殖民体系瓦解，东欧、非洲的一大部分发展中国家作为独立主权国家参与了世界市场的活动。据联合国统计局的分类，参加世界市场活动的国家和地区可划分为四类：发达的市场经济国家和地区，包括美、日、英、法等47个国家和地区；东欧国家；

亚洲社会主义国家，包括中国、越南、朝鲜等国；发展中国家和地区，包括上述国家以外的所有的非洲、美洲、亚洲、欧洲和大洋洲的国家与地区。

2．订约人构成

交易的订约人按其活动的目的与性质的不同可划分为三类：企业、企业主联合会、国家机关和机构。企业是指那些以追求商业利润为目的的订约人；企业主联合会是企业家集团的联合组织，目的是促进企业扩大出口，更好地进入世界市场；国家机关和机构是在得到政府授权后进入世界市场进行贸易活动的第三类订约人。

3．标的构成

交易标的即世界市场上所交易的商品。随着科学技术的发展和经济全球化的扩大，世界市场上可供贸易的商品种类不断增加，货物、服务、技术等都成为世界市场上交易的标的。

4．商品市场构成

根据国际贸易购销业务形式的不同，世界市场可分为有固定组织形式的国际商品市场和无固定组织形式的国际商品市场。

1) *有固定组织形式的国际市场*

有固定组织形式的国际商品市场，是指在固定场所按照特定的原则和规章进行商品交易的市场。这种市场主要包括商品交易所、拍卖、国际博览会和展览会等。

商品交易所是指在固定的地点、在规定的时间内(一般是每天上、下午各营业一次)，按照规定的方式，由特定的交易人员进行大宗商品交易的专业市场。商品交易所的商品买卖分为实物交易和期货交易两种，交易的商品一般是可标准化的初级产品，是一种规范性的交易。这种交易市场最早出现于17世纪的荷兰阿姆斯特丹，随着资本主义生产方式和国际分工的逐渐深入而得到充分的发展。

拍卖是一种在规定的时间和场所，按照一定的规章和程序，通过公开叫价竞购，把事先经过买主看过的货物逐批或逐件地卖给出价最高者的现货交易。拍卖中的商品一般不易标准化，易腐不耐储存。拍卖商品事先运至拍卖地，由参加竞购者验看。成交后，卖方或拍卖主办人对货物的品质一般不负赔偿责任，拍卖所需的费用一般比其他方式高。

国际博览会又称国际集市，是一种定期地集聚在同一地点、在规定期限内举行的有众多国家厂商参加的展销结合的国际市场。博览会这种交易市场起源于欧洲中世纪，其目的是为买卖双方提供市场、商品等相关信息和建立联系，这种方式成为签订贸易合同的一种重要场所。

展览会一般是不定期举办的，其目的是展示一个国家或不同的国家在生产、科学和技术领域中所取得的成就，促成会后交易。国际博览会、展览会的发展趋势是专业化程度不断提高，数量继续增加，机器和设备在展览会展品中的比重显著增加。

2) *无固定组织形式的国际市场*

除了有固定组织形式的国际市场外，通过其他方式进行的国际商品交易，都可以纳入无固定组织形式的国际市场。这种市场可以大致上分为两大类。一类是单纯的商品购销，是指交易双方不通过固定市场而进行的商品买卖活动，它是通过单次洽商进行的，在相互意见一致的基础上签订合同成交。单纯购销形式是世界上最基本、最普遍的国际商品交换方式。另一类则是与其他因素结合的商品购销形式，如投标与招标、易货贸易、租赁贸易、包销、代理、寄售等等。

5．商品销售渠道构成

商品销售渠道是指商品从生产者到消费者手中所要经过的环节，通常由三部分组成：一是出口国国内的销售渠道，包括生产企业和贸易企业本身；二是出口国和进口国之间的销售渠道，包括双方的中间商；三是进口国国内的销售渠道，包括经销商、批发商和零售商。商品的销售渠道可以为贸易的双方提供各种方便，节约企业推销所需要的人力和时间，使风险分担。

6．国际市场运输与信息网络

运输网络由铁路运输、公路运输、水上运输、航空运输、管道运输、集装箱运输等组成。

信息网络由国际电话、电视、广播、报刊、通信卫星、计算机联网组成，是世界市场的中枢。

三、当代世界市场发展的主要特征

“二战”后，随着新科技革命的兴起，世界政治经济形势发生了巨大的变化，世界市场呈现出如下一些明显特征。

1．世界市场规模迅速扩大

“二战”后，一系列原殖民地、半殖民地国家独立，并以独立主权国家的身份进入世界市场，使世界市场的参与主体明显增多。而且，各国卷入世界市场的程度也大大加深，表现为各国和地区的对外贸易依存度有了很大提高；国际贸易的方式也呈现多样化。世界市场发展的规模空前扩大，世界货物出口额迅速增加，1980 年为 20 320 亿美元，1990 年为 34 785 亿美元，2000 年为 64 441 亿美元，2011 年为 182 550 亿美元。同时，出口贸易额的年均增长速度也从 20 世纪八九十年代的个位数提高到目前的两位数。同时，世界服务贸易发展更迅速，其出口额 1980 年为 3910 亿美元，1990 年为 8308 亿美元，2000 年为 15 293 亿美元，2011 年为 41 500 亿美元。

“二战”后的各国间贸易除了货物贸易和服务贸易外，还在国际之间开展多种形式的资金、技术、服务等合作和联合投资，共同开发生产各种新产品和开发新市场已屡见不鲜。

2．世界市场商品结构发生了显著变化

由于“二战”后国际分工格局的变化，国际贸易商品结构也发生了相应的变化。“二战”后，工业制成品在世界贸易中所占的比重逐步上升，而初级产品所占比重逐步下降，见表 2-1。而且在世界初级产品贸易中，燃料占比一直呈上升趋势，制成品贸易中，机械产品在各大类商品中增长最快。同时服务贸易飞速发展。新材料的不断出现使人类逐渐摆脱了对传统材料的依赖。世界技术贸易发展迅速。技术贸易是技术转让的主要形式，内容包括专利、核心技术和商标等。技术贸易迅速发展是当今世界贸易商品结构变化的一个重要特点。

表 2-1　不同年份初级产品和工业制成品在世界出口贸易中的比重

项目＼年份	1937	1955	1963	1975	1987	1995	2000	2006	2010
初级产品/(%)	63.3	51	42.3	46.2	37.8	22.5	21	25.2	22
工业制成品/(%)	36.7	49	55.9	52.1	58.8	74.7	76.2	71.5	73.4
其他/(%)			1.8	1.7	3.4	2.8	2.8	3.3	4.6

资料来源：P.L 耶茨《对外贸易四十年》；联合国贸易与发展会议；《国际贸易发展和统计手册》1995,1996,2007；世界银行 WDI 数据库。

3．世界市场的竞争和垄断日益加剧

“二战”后，生产和资本的高度集中加剧了更大规模垄断的形成，但垄断并没有消灭竞争，反而使竞争更加激烈，世界市场由卖方市场变为买方市场。为了争夺世界市场，各国纷纷设置各种壁垒来限制外国商品的进口，同时积极采取各种奖励措施鼓励和扩大本国商品的出口。另一方面，区域经济贸易集团的不断涌现和跨国公司的大量出现，各国或各利益集团不断变换竞争策略和方式来争夺世界市场，并利用对外贸易政策措施来干预世界市场的活动，从价格竞争转向非价格竞争。

4．世界市场的国际协调与管理逐步发展

“二战”后，国际贸易竞争的加剧使得各国或各区域集团间贸易摩擦不断，冲突频繁。为了创造良好的世界市场环境，国际社会建立了全球多边贸易体制来协调、约束和管理各国的对外贸易政策和行为。随着世界市场上新现象的不断增多，相关的协议、协定也在不断地增加和完善，如国际商品协定。此外，世界贸易组织部长级大会和各轮多边贸易谈判也对世界市场和国际贸易发挥着较大的协调和管理作用。

四、进入世界市场的方式

经济全球化趋势使得国家与国家之间的联系越来越密切，竞争也越来越激烈。各国为了能在国际市场上争取更多的机会，纷纷采取各种有效的措施积极开拓国际市场以获得一定收益，为本国企业的成长和发展创造更有利的空间。然而进入国际市场的方式不同，风险和收益也不同，不同类型的企业选择进入国际市场的方式应有所不同。一般地，有如下几种进入国际市场的方式：

1．出口方式

出口方式指产品在国内生产和加工，通过中间销售渠道(国内中间商或国外中间商)进入国际市场的方式。出口分为直接出口和间接出口两种方式。前者是指企业的自营出口，即企业直接报关出口，将产品直接销售给国外的中间商或最终消费者，同时企业自身享受国家的退税政策；后者是指企业通过国内中间商出口，企业自身享受不到国家的退税政策。通常有实力的大企业会选择直接出口，有能力开展国际市场营销活动，降低国际市场风险；而中小企业一般选择间接出口，把精力集中在生产或加工环节。

2．契约方式

契约方式指本国企业与目标所在国企业签订合同，旨在建立一种长期的非股权关系，通过转让商标、专利、技术、设备等资产来实现进入目标国家市场的方式。一般可根据企业具体情况选择许可证进入方式、特许经营进入方式、交钥匙承包进入方式等。契约方式具有可以绕开目标国家设置的关税和非关税壁垒的优势，而且能够提高企业的国际竞争力。

3. 直接投资方式

直接投资方式是指投资者将货币资金直接投入国外投资项目，形成实物资产或者购买现有企业的投资，通过直接投资，投资者便可以拥有全部或一定数量的企业资产及经营的所有权，直接进行或参与投资的经营管理。它的主要特征是投资者对国外的投资企业拥有永久利益，即直接投资者和投资企业之间存在着长期的关系，并对企业经营管理施加相当大的影响。直接投资可以采取在国外直接建成企业的形式(外商独资经营)，也可以采用购买国外企业一定比例股权的形式(合资经营)。直接投资方式适合目标市场规模较大，具有资源优势、运输成本及关税较高的国际市场。这种方式风险较大。

4. 跨国战略联盟方式

跨国战略联盟方式是国际市场竞争的新战略，指两个以上的企业为了实现优势互补、提高竞争力及扩大国际市场的共同目标而制定的双边或多边的长期或短期的合作协议。普通的合资、合作经营方式是一种短期的营销战术，而跨国战略联盟与国际合作、合资经营相比，具有组织灵活、自主经营、风险小的特点。它不以追求短期利润最大化为首要目的，也不是为摆脱企业目前困境的权宜之计，而是与企业长期计划相一致的战略活动。联盟的具体形式也多种多样，如技术开发联盟、合作生产联盟等。企业确立战略联盟的用意在于，与合作方协力加速扩大市场容量，以便从中获得一定的市场份额，即不是去“抢”对手的市场，而是与对手共同创造并分享一个更大的市场。

第三节　世界市场价格

世界市场价格亦称国际市场价格，是指某种商品在国际市场的一定时期内形成的具有代表性的成交价格，也就是某种商品在世界市场上实际买卖时所依据的价格。在世界市场上，价格机制是资源配置的主要手段。价格以货币为表现形式，在世界市场产生、形成和发展的大部分时间里，世界货币就是黄金，而在当代，主要指包括美元、欧元、日元等在内的国际货币(纸币)。

一、世界市场价格的决定

马克思的国际价值论认为，商品的国际价值决定国际价格。国际价值和国别价值都反映一般人类劳动的凝结。国别价值由该国生产该商品的社会必要劳动时间所决定，而国际价值由“世界劳动的平均单位”所决定，即在世界经济的一般条件下生产某种商品时所需要的社会必要劳动时间。在国际市场上，商品的价值必须由国际必要劳动时间决定，不能由国别必要劳动时间决定。

二、世界市场价格的影响因素

1. 供求关系

商品的世界市场价格围绕国际价值上下波动，受世界市场上供求关系的影响。

在世界市场上，商品的需求和供给是经常变动的。当商品供不应求时，商品的世界市场价格便常常高于国际价值；当商品供过于求时，商品的世界市场价格又往往会低于国际价值。不仅如此，商品的价格也会反过来影响需求和供给的变化，使二者由不均衡逐渐趋向于均衡，表现为需求和供给在价格机制作用下互相适应的过程，从而使国际市场价格接近国际价值。国际市场上供求关系是商品国际价格的重要影响因素。

2. 垄断因素

垄断是世界市场价格背离国际价值的重要因素，这种影响主要取决于垄断组织对某种商品的原材料来源、生产和销售、技术工艺、专利许可等方面的控制程度。通常垄断程度越高，对国际市场价格的影响力就越大，反之亦然。通常垄断组织会采用直接和间接的方法来左右世界市场价格。直接的方法主要有垄断原料市场、瓜分销售市场；间接的方法主要是限制生产数量和出口数量，在国际市场上收买“过剩”产品。

3. 经济周期

马克思指出资本主义的生产要经过一定的周期性循环，商品的市场价格和市场利润率也会随着这些阶段而变化。发生危机时，生产骤降，失业增加，需求低迷，大量产品积压，国际市场价格下降；危机过后经济复苏时，生产增加，失业减少，需求旺盛，大量商品的国际市场价格又开始上涨。

4. 各国国家政策

“二战”后国际市场价格变化的历史与现实充分表明，各国政府所采取的政治、经贸政策对国内及国际市场价格会产生直接的影响。比如价格支持政策、进出口补贴政策、进出口管制政策、关税政策、外汇政策、税收政策和财政金融政策等。一些区域性组织也开始采用实施一定政策措施的方法来干预国际市场价格。

5. 汇率

汇率是不同国家货币之间的比价，外汇供给和需求的变动会引起汇率波动。具体来说，一国货币对外贬值，以外币表示的本国出口产品价格下降，导致本国的出口供给增加；相反，一国货币对外升值，以外币表示的本国产品价格上升，导致该国的出口供给减少。汇率的波动对国际商品价格的影响主要体现在世界主要货币的汇率波动上，如美元、欧元的汇率波动。

三、世界市场价格种类

世界市场的价格按形成状态可分为世界“自由市场”价格和世界“封闭市场”价格。

1. 世界“自由市场”价格

世界“自由市场”价格是指在不受垄断及国家力量干预的情况下，由独立经营的买卖双方通过公开自由竞争而形成的基本客观地反映国际市场上商品供求关系状况的价格。联合国贸易发展会议所发表的统计中，把美国谷物交易所的小麦价格、玉米(阿根廷)的英国到岸价格、大米(泰国)的曼谷离岸价格、咖啡的纽约港交货价格等36种初级产品的价格列为世界“自由市场”价格。

2. 世界“封闭市场”价格

“封闭市场”价格是买卖双方在一定的特殊关系下形成的价格。商品在国际上的供求关系，一般不会对其产生实质性的影响。它一般包括以下几种：

1) 调拨价格

调拨价格又称转移价格，是指跨国公司以全球战略为中心，为了最大限度地减轻税负或者逃税等原因在母子公司或子公司之间制定的不按生产成本等因素制订的一种内部价格。

跨国公司操纵和利用转移价格的原因可以概括为以下几点。第一，控制市场，加强竞争地位。在市场竞争激烈的地区，母公司向子公司供应原料、零配件或成品时往往给以极低的价格，使子公司在价格竞争中击败劲敌。转移价格可以作为加强企业对市场渗透、对付激烈市场竞争的有力工具。第二，转移资金，逃避管制。有些国家对当地子公司汇出利润有一定的限制，跨国公司的子公司就通过转移价格将它赚得的利润调回母国。有些子公司因投资法令等原因的限制，在当地资金发生困难，国际企业就通过转移价格使它的子公司得到资金融通。第三，调节利润，逃避税收。通过调拨价格压低子公司的利润水平来达到增加母公司利润的目的。此外，调拨价格还能够达到逃避税收的目的，这里分为以下两种情况。① 针对有关公司税。各子公司所在国的所得税税率和税则的规定有所不同。国际企业可以利用转移定价，把利润从高税率国子公司转移到低税率国子公司，降低整个国际企业的纳税总额。② 针对关税。国际企业体系内部频繁的交易，在跨东道国和母国的国界时都要交纳关税。国际企业对设在高关税国家的子公司，以偏低的转移价格发货，减少纳税基数和纳税额。当然，跨国公司在运用调拨价格时也受到诸多因素的限制。这些因素主要有子公司的数目，子公司相对独立的经济利益、运作成本、东道国的限制等。

2) 垄断价格

垄断价格是指国际垄断组织利用其经济力量和市场控制力量决定的价格。在世界市场上，国际垄断价格有两种：一种是卖方垄断价格；另一种是买方垄断价格。两种垄断价格都可使垄断组织获得超额垄断利润。但垄断价格的确定并不能随心所欲，因为垄断并没有消除竞争，来自于垄断企业之间、垄断企业与非垄断企业之间、其他替代品生产企业之间的竞争都会在一定程度上制约着垄断价格。

3) 区域性经贸集团内的价格

“二战”后，国际上建立了许多区域性的经济贸易集团。在这些经济贸易集团内部，形成了区域性经济贸易集团内价格。如欧洲经济共同体的共同农业政策中的共同价格，即对许多农产品实行统一价格并通过规定最低的进口价格来保证农产品价格稳定。这种区域性经贸集团的内部价格有利于区域内成员方的经济贸易自由发展。

4) 国际商品协定下的协定价格

协定价格是指在为稳定某些价格和保证贸易发展而缔结的政府间国际商品协定中的价格。商品协定通常采用最低价格和最高价格等办法来稳定商品价格。当有关商品的价格降到最低价格以下时，就减少出口，或用缓冲基金收购商品；当有关商品的价格超过最高价格时，则扩大出口或抛售缓冲存货。

本章小结

本章主要介绍了国际分工和世界市场。国际分工是国际贸易和世界市场的基础，世界市场是国际贸易的活动场所，是国际贸易的实现手段。

世界市场是在一个世界范围内由各国的供给和需求关系决定商品价格的市场，它是国际分工和国际贸易的结果。本章以国际分工为基础分析了世界市场在国际经济中的作用，其形式和发展过程及当代世界市场体系构成。

世界市场按照购销业务形式的不同，可分为有固定组织形式的市场和无固定组织形式的市场。

进入世界市场的方式的主要有出口方式、契约方式、直接投资方式和跨国战略联盟方式等。

世界市场价格是一定条件下在世界市场上形成的市场价格，也就是某种商品在世界市场上实际买卖时所依据的价格，它受供求系统、垄断因素、经济周期、各国国家政策、汇率等因素的影响。按照市场竞争与垄断程度的划分，世界市场价格可以分为“自由市场”价格和“封闭市场”价格。

案例分析

新形势下中国的贸易分工

改革开放30多年来，中国进出口贸易量大大增加，出口的增加极大地推动了中国GDP的增长。中国物美价廉的商品输往世界各地，使“中国制造”的标签贴遍全世界。然而，惊人的经济增速背后，却引发了一系列深刻问题。中国贸易量虽然每年以20%左右的速度持续增长，但是，外贸增加带来的仅仅只是GDP的增量，却基本没有带来产业的升级换代。

不能不说，这是一种很危险的信号。因为从2008年金融危机以来，这种靠外商直接投资，国内企业代工生产以扩大出口从而拉动中国GDP增长的模式，缺乏可持续性，其脆弱性和依赖性已经越来越显现。由此可以看出，拥有自主品牌从而占据GVC(全球价值链)高端，对于一国的可持续发展而言是多么重要。

中国改革开放进行了30多年，进出口贸易量、经济总量、国民收入都得到很大的提高，尤其是长三角、珠三角等外向型经济发展区域。沿海区域带发展的主要动力很大程度上得益于引进外资进行加工贸易。早期的代工生产解决了国内资本短缺、投资不足的软肋，使得中国有机会分享国际贸易这块大蛋糕带来的好处。同时众多的代工企业也为沿海一带包括内陆地区创造了很多就业机会。

总之，过去的产业链分工对中国经济发展的贡献是不可磨灭的，使中国成为世界最有竞争力的“世界加工厂”和全球制造代工服务平台。然而，时至今日，由于人民币升值、土地成本上升、劳动力工资增加、能源和原材料价格上涨等一系列原因，中国沿海一带企业贸易产业的成本竞争优势下降，带来了GDP增速减缓、国内物价高涨等一系列问题。金融危机后，这种代工模式的缺点被极大地放大了，主要表现在以下几个方面：

第一，“贫困增长”的出现，即在经济增长中出现的这样一种格局：在产量和就业量不断上升的同时，所取得的经济报酬却不断降低。

第二，以低端方式切入国际价值链的分工不利于国内企业的升级。这主要是因为外包企业所在国(大多为发达国家)对代工企业的技术封锁或代工企业直接进口国外先进设备，而失去自主创新机会所致。

第三，对跨国企业的依赖性增加经济发生断层可能性。中国作为典型的出口拉动型经济，长期处于贸易顺差，外贸依存度一直很高，2007年甚至逾70%。金融危机后，拉动内需的呼声开始水涨船高。

第四，沿海企业的代工模式加大了收入分配不公的现状，使得中西部差距进一步扩大。东部沿海地区的企业以加工贸易的方式参与了国际代工生产，其增长收益是偏向于资本、出口和政府的。国际贸易获得的收入大多流向资本所有者——即资本所有者跨国公司、政府和某些垄断部门。

综合上述，可以看出，中国以目前加工贸易方式加入国际贸易分工有碍中国的产业升级，有碍中国可持续发展，会使中国通过“煮青蛙”效应，最终掉入“贫困增长”陷阱。

中国通过FDI(外商直接投资)参与国际贸易分工获得了巨大发展，弥补了发展初期由于资本不足、技术有限、国际认可度低的劣势，但经过多年的发展，现今的中国已经积累了大量资本，甚至出现流动性过剩，因此，中国的国际贸易分工出现了很大的机遇，新形势下中国急需抓住这一机会进行产业升级或者产业转移，以获得GVC的高端地位。

(资料来源：根据相关资料整理)

思考题：

1．什么是GVC?

2．如何正确认识我国过去GVC下的代加工模式?

3．我国在这样的国际分工背景下，如何实现产业升级和产业转移，以获得GVC的高端地位?

练 习 题

1．将正确选项填入括号内。

(1) 国际分工的形成阶段是在(　　)世纪时期。

A．11至12　　B．14至15

C．16至18　　D．18至19

(2) 各国(　　)决定着其在国际分工中的地位。

A．生产力水平　　B．市场规模

C．自然条件　　D．社会制度

(3) 第二次世界大战前的国际分工是(　　)。

A．工业国与原料国的垂直分工　　B．工业国之间的水平分工

C．按生产阶段实行的专业化分工　　D．按工艺实行的专业化分工

(4) 在资本原始积累时期，国际分工主要是在(　　)之间进行的。

A．发达国家与发展中国家　　B．发达国家与发达国家

C．发展中国家与发展中国家　　D．宗主国与殖民地

(5) 国际贸易的产生和发展与(　　)有直接关系。

A．生产力的发展　　B．社会分工的不断深化

C．国家的出现　　D．世界市场的形成

2．国际分工如何影响国际贸易？

3．国际分工的形式主要有哪些？谈谈你对国际分工的看法。

第三章 国际贸易理论

本章教学目标

通过本章的学习，读者应掌握西方国际贸易的主要思想和理论。通过掌握绝对优势理论、相对优势理论及生产要素禀赋论的内容，彻底理解国际贸易产生的原因、贸易模式的决定、贸易利益的体现；同时通过介绍产业内贸易论、产品生命周期论、战略性贸易论等内容解释了国际贸易中的新现象，要求学生能够结合上述理论去分析当今国际贸易中的实际问题。

章首阅读

享受“进口” 为全球化加油

“出口好，进口不好。实际远非如此。我们并不能吃、穿或享受输出的货物。相反，我们可以吃中美洲的香蕉，穿意大利的鞋，开德国的车，并在日本产的电视机上欣赏节目。我们从对外贸易中得益的是输入。出口是我们为进口付出的代价。”美国当代经济学家米尔顿·弗里德曼曾这样描述出口与进口之间的关系。

当下，经济全球化程度日渐加深，消费者对进口商品的接纳程度也不断增高，这不仅是因为某些进口商品性价比很高，从另一个侧面来看，这也是供应链系统不断延伸和拓展的结果。随着跨国公司的不断崛起，为了实现利润的最大化，他们开始在全球攫取生产要素，这也导致越复杂的商品可能越是各国最优零部件的结合。这既是为了节约成本，也是为了集成智慧。

在经济全球化不断加深的今天，已很难找到彻头彻尾由一国制造的商品，进口的面貌及其对各国经济的作用也在不断发生改变。如今，企业对全球供应链已经越来越依赖，重新审视进口的作用更加必要。

第一节 传统国际贸易理论

一、重商主义

1. 重商主义产生的历史背景

重商主义产生和流行于15世纪末至18世纪的西欧，处于封建制度向资本主义制度过渡时期，即资本原始积累时期。它是一种代表商业资本利益的经济思想和政策体系。15 世纪末，西欧封建社会开始瓦解，引起了社会各阶层的变化，旧式贵族变成了真正的商人，反映了自然经济向商品经济过渡的变化，产生了资本主义生产关系的萌芽；地理大发现扩大了世界市场，极大刺激了商业、航海业和工业的发展；商业资本发挥着不可替代的作用，促进各国国内市场的统一和世界市场的形成，推动对外贸易的发展；在商业资本加强的同时，西欧一些国家建立起了封建专制的中央集权制度，商业资本的发展得到了国家力量的支持。系统的重商主义思想和实践正是在此种背景之下出现并得到发展的。到了 17 世纪，随着文艺复兴运动的衰落，重商主义也逐渐开始崩溃。

2. 重商主义的发展阶段

1) 早期重商主义

早期重商主义也称为重金主义，其中心思想是货币差额论，产生于 15 至 16 世纪中叶，该时期代表人物为英国的威廉·斯塔福。早期重商主义强调绝对的贸易顺差，即出口大于进口，主张多卖少买或不买，主张采取行政手段，控制商品进口，禁止货币输出以积累货币财富，反对商品输入，以贮藏尽量多的货币。一些国家还要求外国人来本国进行交易时，必须将其销售货物的全部款项用于购买本国货物或在本国花费掉。恩格斯曾形象地指出，这个时期的重商主义者“就像守财奴一样，双手抱住他心爱的钱袋，用嫉妒和猜疑的目光打量着自己的邻居”。

2) 晚期重商主义

晚期重商主义也称重工主义，其中心思想是贸易差额论，产生于 16 世纪下半叶到 18 世纪，代表人物为托马斯·孟。晚期重商主义强调多卖，重视的是长期的贸易顺差，认为在一定时期内的外贸逆差是允许的，只要最终的贸易结果能保证顺差，保证货币最终流回国内就可以。对外贸易必须做到商品的输出总值大于输入总值(即卖给外国人的商品总值应大于购买他们商品的总值)，以增加货币流入量。因此，西欧各国力图通过实施奖励出口，限制进口，即奖出限入的政策措施，保证对外贸易出超，以达到金银流入的目的。

早晚期重商主义的差别反映了商业资本不同历史阶段的不同要求。无论早期还是晚期重商主义，都把贵金属(货币)看作是财富的唯一形态，都把货币的多寡作为衡量一国财富的标准。所以，国家要变得富强，就应尽量使出口大于进口，因为贸易顺差才会导致贵金属(货币)的净流入，而贵金属拥有的越多，表明国家越富强。重商主义关注的是如何进行贸易，具体而言就是怎样通过鼓励商品输出、限制商品输入以增加贵金属的流入从而增加社会财富。实际上这些思想只是站在商人的立场上来看待国际贸易的收益，因此，这种经济思想被称为“重商主义”。重商主义促进了商品货币关系和资本主义工场手工业的发展，为资本主义生产方式的成长与确立创造了必要的条件。

3. 对重商主义的评价

1) 价值

历史上对国际贸易的研究和理论在最早的时候几乎都是出自重商学派的著作。在国际贸易理论发展的历史上，重商主义的贸易观反映了当时对国际贸易的认识水平。凯恩斯认为重商主义对金银输入的关注不是“幼稚的执迷”，而是对大量货币和较低利息率之间联系的一种直觉认识。而且“在整个人类历史中，储蓄倾向大于投资诱导是一个长期趋势”。

这种理论及其政策主张在历史上曾起到一定的积极作用，而且这个被称为原始国家干预主义的重商主义思想也成为凯恩斯经济政策思想的先导，即使在今天，它也是一些国家指导经济运行实践中需考虑的因素，即国家在经济生活中的重要作用。重商主义思想重视发展顺差贸易和转口贸易，强调对外贸易中运用关税措施促进本国商品出口，已经开始把对外贸易看作是整个经济系统中的一个子系统，这对于市场经济条件下发展外向型经济的国家依然有很大的借鉴作用。

2) 历史局限性

重商主义的思想观点具有很强的历史进步性，但是该理论的局限性也是非常明显的。

重商主义还没有形成系统的理论，其思想带有强烈的经济民族主义色彩，错误地把国际贸易看成是一种零和博弈，即一国的获益必定是另一国的损失，这种观点只研究如何从贸易中获得金银而没有去探讨国际贸易产生的真正原因，也没有认识到国际贸易对促进各国经济发展的重要意义。此外，重商主义把贵金属(货币)等同于社会财富，由此认为社会财富源自于流通领域的观点是站不住脚的。亚当·斯密在《国民财富的性质和原因的研究》(以下简称《国富论》)中指出：一国的实际财富不是金银货币的存量。金银货币只是获得物质财富的手段或媒介，真正的财富是该国国民所能消费的本国和外国的商品数量和种类。

重商主义是资产阶级最初的经济学说，反映了当时商业资本的利益诉求，但因其明显的错误后来受到很多经济学家的批判，然而其客观影响甚至波及于20世纪甚至今天的“全球化”时代，正如英国经济思想史家埃里克·罗尔所言：“……但是先前的重商主义思想并没有消逝。直到今天，它们都时不时地披着不同的外衣再出现，甚至有时这种重新发现的古代真理被认为是出奇地符合现代情况而大受欢迎。”2008 年席卷全球的金融风暴使世界经济陷入衰退，各国都在寻求刺激国内生产、增加就业机会的途径，或明或暗地采取限制进口的措施。新重商主义似乎复活了，从最为标榜自由主义的美国经济政策中我们常常可以发现掩饰不住的重商主义身影。曼昆曾断言：“两个多世纪前亚当·斯密就表示反对，并在其后得到经济学业内一贯抵制的重商主义，现在却仍(在华盛顿)存在着。”

二、绝对优势理论(绝对利益学说)

1. 绝对优势理论产生的背景

18 世纪英国资本主义正处于成长时期，产业革命逐渐展开，英国工场手工业开始向机器大工业过渡，纺织业、造船业在当时很发达，新技术发明不断出现，国内生产规模进一步扩大。英国已经初步发展成为一个工业国，但是相对狭小的国内市场无法满足资本扩张的需求，资产阶级强烈要求进一步开拓国际市场，扩大对外贸易。而且英国资本主义生产方式进一步发展也受到中世纪遗留下来的封建残余——行会制度的制约，加上当时在英国实行的重商主义政策限制了自由贸易，无法适应资产阶级扩张市场的要求，这些因素让英国的资产阶级发现资本主义生产方式的深入发展困难重重。绝对优势理论正是在这样的历史背景下产生的。

著名的经济学家亚当·斯密是英国古典政治经济学奠基者之一，也是国际贸易理论的创始者。1776 年他出版了其代表作《国富论》，书中用大量篇幅批判了重商主义，首次提出绝对优势原理，按照绝对成本进行国际分工，主张建立完全自由的经济体制，对内实行自由放任政策，对外实行自由贸易。这本巨著标志着自由贸易理论的诞生,《国富论》也被世人誉为经济学的“圣经”。

2. 绝对优势理论的主要内容

1) 分工论

(1) 分工可以提高劳动效率。

亚当·斯密认为，分工可以提高劳动生产率，进而增加国家财富。以制扣针为例，“制扣针共有 18 种操作，在分工条件下，10 个人一天可制造 48 000 枚，平均每人每天制造 4 800 枚。而在没有分工的情况下，一人一天连一根扣针也造不出来。分工之所以能提高劳动生产率，其原因有三：第一，劳动者的技巧因专业而日进；第二，由一种工作转到另一种工作，通常需损失不少时间，有了分工，就可以免除这种损失；第三，许多简化劳动的机械发明，使一个人能够做许多人的工作。”[①]

(2) 分工是按照绝对优势进行的。

斯密认为，分工的原则是各自集中生产具有优势的产品。他以家庭之间的分工为例指出，如果一件物品在购买时所花费的代价比在家里生产时所花费的代价低，就应该去购买而不应该在家里生产，这是每一个精明的家长都知道的格言。裁缝不应自己做鞋而应向鞋匠购买，鞋匠也不应自己做衣服而应向裁缝购买。农民不应缝衣，也不应制鞋，而应该雇佣不同的工匠去做。每一个人或每一个家庭都应该发挥各自的优势，集中生产自己的优势产品，然后相互交换。其结果，都会从这种分工和交换中获得更多的利益。

同样，适用于一国内部不同个人或家庭之间的分工原则，也同样适用于各国之间。他指出，苏格兰虽可以通过温室种植葡萄，并酿造出上等的葡萄酒，但其生产成本要比外国贵 30 倍。如果为了鼓励苏格兰生产酒，而禁止外国酒的进口，则是非常愚蠢的行为。

(3) 分工以有利的自然禀赋或后天有利条件为基础。

先看一个例子：由于气候原因，加拿大生产小麦成本低，有优势，但生产香蕉却成本高，存在劣势(种香蕉在加拿大需温室)；而尼加拉瓜正好相反，种香蕉有优势但生产小麦成本却较高。这样，如果加拿大专门种植小麦而尼加拉瓜专门种植香蕉，然后加拿大以消费后剩余的小麦去交换尼加拉瓜消费剩余的香蕉，那么结果是两国会生产出更多、也会消费更多的小麦和香蕉，这样交换后的两国都能获益。不同的国家拥有不同的自然禀赋或后天有利条件，这使得不同国家在某种产品的生产上成本会不同。因为自然禀赋和某种生产技术优势，可以使一国生产某种产品的成本绝对低，在对外贸易中处于绝对优势地位。亚当·斯密也指出：“在每个私人家庭处事中的精明行为，在一个大国里这样处事，也不会是愚蠢的。如果外国供应的商品比我们自己生产这些商品要便宜一些，那么我们最好用自己具有优势的产业生产的部分产品去交换外国产品。”因此，每一个国家都应该生产具有绝对优势的产品去交换本国必需的但自己生产又处于绝对不利地位的产品，从而使本国的土地、劳动和资本得到最有效的利用，提高劳动生产率，增加社会财富。这就是绝对优势理论的基本思想。

---

① 亚当·斯密. 国民财富的性质和原因的研究. 商务印书馆，1972：8.

2) 绝对优势理论模型

(1) 基本假设。

① 世界上只有两个国家，各自只能生产两种产品。

② 生产中只有劳动一种要素投入，且劳动同质，没有熟练与非熟练之分。

③ 生产要素充分就业，并在一国国内自由流动，但在国际上不能自由流动。

④ 生产和交换在完全竞争的条件下进行。

⑤ 没有运输或其他贸易成本，规模收益不变。

⑥ 国际上实行自由贸易并按照物物交换形式进行。

⑦ 不存在技术进步，国际经济是静态的。

(2) 确定绝对优势的方法。

① 用劳动生产率来衡量，也就是单位要素的产出。如果 A 国的某产品具有比 B 国高的生产率，A 国在这种产品上就具有绝对优势。如 A 国每人每年生产玉米 1 吨，B 国每人每年生产玉米 0.8 吨，那么 A 国在生产玉米上就具有绝对优势。

② 用生产成本来衡量，也就是生产一单位产品所投入的要素。如果 A 国在某产品上所投入的要素低于 B 国，那么 A 国在这种产品上就具有绝对优势。

(3) 绝对优势理论的实例。

假如国际贸易关系中只有英国和葡萄牙两个国家，并且只生产毛呢和葡萄酒两种产品，且在生产中只投入同一种生产要素——劳动。两国分工前、后的产量和劳动消耗量及交换后的情况如表 3-1。

表 3-1　英国、葡萄牙分工前后及交换的情况

国家 \ 项目		毛呢产量/单位	所需劳动投入/(人/年)	葡萄酒产量/单位	所需劳动投入/(人/年)
英国	分工前	1	100	1	200
葡萄牙		1	200	1	100
	合计	2	300	2	300
英国	分工后	3	300	—	—
葡萄牙		—	—	3	300
	合计	3	300	3	300
英国	交换后	3−1=2	300	1	
葡萄牙	(1:1)	1		3−1=2	300

从表 3-1 中可知，两国在分工前，英国一年投入 300 个劳动力可生产 1 单位毛呢和 1 单位葡萄酒；葡萄牙一年投入 300 个劳动力也可以生产 1 单位毛呢和 1 单位葡萄酒。但英国生产 1 单位毛呢一年只需 100 个劳动力，而葡萄牙生产 1 单位毛呢一年需要 200 个劳动力，显然，英国在毛呢生产成本方面具有绝对优势；同样可分析出，葡萄牙在生产葡萄酒方面处于绝对优势。根据斯密的绝对优势分工原则，英国应专门生产毛呢，葡萄牙应专门生产葡萄酒。

分工后，英国专门生产毛呢，一年 300 个劳动力可生产毛呢 3 个单位，葡萄牙专门生产葡萄酒，一年 300 个劳动力可生产葡萄酒 3 个单位。分工后虽然两国劳动量投入与分工前不变，但毛呢和葡萄酒的总产出都比分工前增加了，其原因是分工使得各国资源得到了最有效的利用。

按照 1∶1 的物物交换比例，英国用 1 单位毛呢交换葡萄牙的 1 单位葡萄酒，与分工前相比，英国葡萄酒没变，毛呢增加了 1 单位；而葡萄牙毛呢没变，葡萄酒增加了 1 单位。这样，两国在分工的基础上进行自由贸易交换，使得英国和葡萄牙都从国际分工中获得了收益，两国的社会财富都得到了增加。

3. 对绝对优势理论的简评

亚当·斯密的绝对优势理论深刻地揭示了分工对于提高生产率的重大意义，首次明确肯定国际贸易是一种双赢的交易，否定了重商主义的零和博弈观点。此外首次从劳动价值论的角度说明了国际贸易的基础和利益所在，为建立科学的国际贸易理论奠定了基础。但其局限性也较明显，首先，他对于分工和交换关系的界定是不正确的，他认为交换引起分工，而交换又是人类本性决定的。事实上，分工是早于交换出现的，交换是社会生产方式和分工发展的结果。此外，绝对优势理论只说明了国际贸易中的一种特殊现象，也就是具有不同优势的国家之间才能参加国际分工和国家交换，那么，不具有生产优势的国家能否参加国际分工并进行国际交换呢？斯密的理论并不能回答。

三、相对优势理论(比较利益学说)

1. 相对优势理论产生的背景

比较优势理论的产生既是客观实践的需要，也是理论发展的要求。19 世纪上半期，英国“谷物法”的颁布，严重损害了工业资产阶级的利益。昂贵的谷物不仅减少了英国各阶层对工业品的消费，而且还招致其他国家以高关税阻止英国工业品的流入。“谷物法”实际上代表了地主贵族的利益，工业资产阶级采取各种方法，迫切需要找到谷物自由贸易的理论依据，来为发展工业资本主义扫清障碍。在这样的背景下，相对优势理论应运而生。

大卫·李嘉图是英国产业革命深入发展时期著名的经济学家，也是英国古典政治经济学的完成者。他在 1817 年出版的《政治经济学及其赋税原理》一书中，提出了著名的相对优势理论。这是一项至今没有受到挑战的经济学的普遍原理，在现实生活中具有很强的适用性和解释力。相对优势理论是对亚当·斯密的绝对优势理论的继承和发展，它的提出是西方传统国际贸易理论体系建立的标志。

2. 相对优势理论的主要内容

1) 相对优势论

李嘉图与斯密一样，在阐述相对优势理论时，也从个人推及国家。他以制鞋和制帽为例，假如两个人都能制鞋和制帽，但其中一个人在两方面都比另一个人强，制帽强 1/5，而制鞋强 1/3。那么，这个较强的人就应该专门制鞋，那个较弱的人就应该专门制帽。如此进行分工和交换，于双方都是有益的。同理，两个国家间的分工和贸易的基础并不是绝对优势，而是相对优势。如果一个国家在两种产品的生产成本上相对于另一个国家生产两种产品都处于绝对优势或绝对劣势，那么按“两优相权取其重，两劣相权取其轻”的原则进行分工和交换，可以使贸易双方都获得利益，进而增加社会财富。

李嘉图的理论可以用一个简单的例子来说明。在一个家庭里，家庭主妇能比保姆更好地教育和抚养自己的子女，但由于她外出工作每小时的工资是 20 元，而保姆每小时的工资是 5 元，那么，经济上最合理的安排是：家庭主妇外出工作，获得每小时 20 元的工资，用其中的 5 元给保姆，这样，这个家庭可以获得 15 元的剩余。尽管家庭主妇在教育子女和外出打工两方面都胜过保姆，但是她外出工作是相对效益最大的，这就是她的比较优势。同理，对于两个国家而言，每一个国家都应该专注于生产自己生产效率最高的产品，即使一个国家可能同时在两种产品上具有绝对的优势。这就是所谓的“比较优势理论”。当今的经济发展主流思维认为，在国际领域开展贸易，让每个国家充分发挥它的比较优势，是经济发展最行之有效的道路，这就是比较优势理论在发展经济学的简单延伸。

2) 相对优势理论模型

(1) 基本假设。

相对优势理论模型的基本假设与绝对优势理论模型的假设基本一致。

(2) 实例分析。

为便于和斯密的绝对优势理论模型比较，我们依然用英国和葡萄牙两国的贸易行为做分析，他们分别生产毛呢和葡萄酒两种产品，劳动为两国唯一的要素投入，具体情况如表 3-2 所示。

表 3-2 英国、葡萄牙分工前后及交换的情况

国家 \ 项目		毛呢产量/单位	所需劳动投入/(人/年)	葡萄酒产量/单位	所需劳动投入/(人/年)
英国	分工前	1	100	1	120
葡萄牙		1	90	1	80
	合计	2	190	2	200
英国	分工后	2.2	220	—	—
葡萄牙		—	—	2.125	170
	合计	2.2	220	2.125	170
英国	交换后	1.2	220	1	
葡萄牙	(1:1)	1		1.125	170

从表 3-2 中可以看出，英国生产 1 单位毛呢和 1 单位葡萄酒一年分别需要 100 个劳动力和 200 个劳动力；而葡萄牙生产 1 单位毛呢和 1 单位葡萄酒一年分别需要 90 个劳动力和 80 个劳动力。很明显葡萄牙两种产品的生产成本都比英国低，如果按照斯密的绝对优势理论，则两国根本不会发生贸易。但是根据李嘉图的相对优势理论，英国和葡萄牙是存在分工和贸易的基础的。相比较而言，葡萄牙两种商品生产都比英国效率高、成本低，但低的程度不同，毛呢的成本相当于英国的 90%(90/100)，酒的成本相当于英国的 67%(80/120)，可见葡萄牙在两种产品的生产成本中葡萄酒的优势更大一些；而英国两种产品生产都比葡萄牙效率低、成本高，但高的程度也不同，毛呢的成本是葡萄牙的 1.1 倍(100/90)，酒的成本是葡萄牙的 1.5 倍(120/80)，可见英国在两种产品的生产成本中毛呢的劣势更小一些。依据“两优相权取其重，两劣相权取其轻”的原则，葡萄牙应该集中生产优势更大的葡萄酒，而英国应该集中生产劣势更小的毛呢。

如果两国都生产具有相对优势的产品，即葡萄牙 1 个劳动力的生产时间都用来生产葡萄酒，英国 1 个劳动力的生产时间都用来生产毛呢，各自发挥比较优势，两国投入的劳动时间没有变化，但产出却增加了。分工前两国生产毛呢和葡萄酒都是 2 个单位；分工后，英国产出毛呢 2.2(220/100)个单位，葡萄牙产出葡萄酒 2.125(170/80)个单位。这就是按照比较优势进行分工生产所带来的利益。

假设两国的交换比价为 1∶1，交换后，英国可得到 1.2 单位的毛呢和 1 单位的葡萄酒；葡萄牙可到 1 单位的毛呢和 1.125 单位的葡萄酒。与分工前相比，两国的不同产品都有了不同程度的增加，两个国家都受益。

3．对比较优势理论的简评

1) 进步性

比较优势理论的历史进步性表现在：

(1) 比较优势理论更全面、更深刻地阐明了国际贸易产生的原因，比亚当·斯密的绝对优势理论更科学，更具有普遍性。证明了国际贸易的产生在于相对成本的差异，而不仅仅是绝对成本。这一观点具有划时代的意义。

(2) 比较优势理论揭示了一个客观规律——比较优势原理。按照“两优取重，两劣取轻”的原则，一国不管处于经济发展的什么阶段，发展程度如何，都能够根据本国的相对优势来参与国际分工和交换，并从中获益。这无疑为各国发展经济、开展对外贸易提供了有力的论证。

(3) 它为英国工业资产阶级争取自由贸易提供了有力的理论武器，《谷物法》被废除，顺应了当时英国工业经济发展的局势，大大促进了英国生产力的发展，并使其迅速成为“世界工厂”。

2) 局限性

比较优势理论具有一定的历史局限性：

(1) 比较优势理论是建立在一系列假设条件的基础上的，而事实上这些条件在现实中很难得到满足。李嘉图和斯密一样，把发展着的经济世界静止化，都犯了典型的形而上学错误。因而它所揭示的贸易各国获得的利益只能是静态的短期利益。

(2) 李嘉图的比较优势理论并没有从根本上揭示国际贸易和国际分工的真正原因。对于各国劳动成本差异的原因、贸易双方的商品按照怎样的比例进行交换以及贸易利益的分配等问题，没有给予解释。

(3) 比较优势理论以劳动作为唯一的生产要素，认为两国之间的分工生产在于劳动成本的差异。这样的观点虽然是以劳动价值论为基础的，但就整体而言，这样的劳动价值论是不彻底的、不完全的。

四、生产要素禀赋理论

李嘉图比较优势理论认为，各国间劳动生产成本率不同导致了不同商品的比较成本的差异。但是，如果各国的劳动生产率相同，那么产生比较差异的原因又是什么呢？生产要素禀赋理论回答了这一问题。

20 世纪 30 年代，两位瑞典经济学家赫克歇尔(1879—1952 年)和他的学生俄林(1899—1979 年)提出生产要素禀赋理论(或称为资源赋予论)。赫克歇尔于 1919 年发表了题为《对外贸易对收入分配的影响》的著名论文，提出了生产要素禀赋理论的基本论点；俄林继承了他的导师赫克歇尔的论点，于 1933 年出版了代表作《域际贸易和国际贸易》，深入探讨了国际贸易产生的深层原因，系统、完整地创立了生产要素禀赋学说。因此生产要素禀赋理论又被称为赫克歇尔-俄林定理(简称 H-O 定理)，也就是通常所说的狭义的生产要素禀赋学说。该理论是比较优势理论的重大发展，它开创了国际贸易的现代理论，后经多数经济学家的完善和发展，成为当今西方国际贸易理论的主流。

1．生产要素禀赋论的相关概念

1) 生产要素与要素价格

生产要素是指生产活动必须具备的主要因素或在生产中必须投入或使用的主要手段。俄林将生产要素归结为土地、劳动和资本三类，也有人把企业家的管理才能当作第四大要素。要素价格则是指生产要素的使用费用或要素的报酬。如劳动工资、土地租金、资本利息、管理利润等。

2) 要素密集度和要素密集产品

要素密集度是指产品生产中某种要素投入比例的大小。这是一个相对的概念，与生产要素的绝对投入量无关。如果某要素投入比例大，称为该要素密集程度高。根据产品生产所投入的生产要素中所占比例最大的生产要素种类不同，可把产品划分为不同种类的要素密集型产品。例如，生产玉米土地占的比例最大，便称玉米为土地密集型产品；生产电子计算机资本占的比例最大，那么称计算机为资本密集型产品；而生产纺织品劳动所占的比例最大，则称之为劳动密集型产品。

3) 要素禀赋与要素丰裕

要素禀赋是指一国拥有的各种生产要素的数量，包括“自然”存在的资源(如矿藏)，也包括“获得性”资源(如技术)。要素丰裕则是指在一国的生产要素禀赋中，某要素供给所占比例大于别国同种要素的供给比例，导致其相对价格低于别国同种要素的相对价格。前者是说明一国某种要素的拥有总量，后者是强调一国拥有的要素之间的对比情况。很明显，要素禀赋只从供给角度考虑要素的绝对拥有情况，而要素丰裕结合了供给和需求两个方面，因而较为科学。

2．生产要素禀赋论主要内容

生产要素禀赋论有狭义和广义之分。狭义的生产要素禀赋论指生产要素供给比例理论，用要素丰缺程度解释国际贸易产生的原因和一国进出口商品结构的特点。广义的生产要素禀赋论则是除了生产要素供给比例理论外，还包括生产要素均等化定理。该理论认为国际贸易的后果不仅使国际商品价格趋于均等化，还会使各国生产要素的价格趋于均等化。

1) 基本假设前提

① 世界上只有两个国家，生产两种商品，使用两种生产要素，即 2×2×2 模型。

② 生产要素一国内自由流动，国际上不能流动。

③ 两国消费者需求偏好相同。

④ 两国的技术水平相同，同产品的生产函数相同。

⑤ 不存在规模经济，即单位产品成本不随产品的增减而变化。

⑥ 两国两种商品和两种生产要素都是完全竞争的。

⑦ 无运输成本，无贸易壁垒。

2) 生产要素供给比例理论

(1) 商品价格的国际绝对差是国际贸易产生的直接原因。

商品价格的国际绝对差是指不同国家的同种商品用同一货币表示的价格是不同的。假定甲乙两个国家生产 A、B 两种商品，A 商品价格在甲国比乙国便宜，而 B 商品在乙国比甲国便宜。那么通常甲国的 A 商品会向乙国流动，相反乙国的 B 商品会流向甲国。

(2) 各国商品的国内价格比例不同是国际贸易产生的必要条件。

俄林认为，并不是只要存在商品价格的国际差异，国际贸易就能够发生。此外还必须满足一个条件，即交易双方国内价格的比例必须不同。完全竞争条件下，商品价格等于生产成本。所以国际贸易的发生还必须符合比较优势的原则，没有商品的相对价格差异，就没有比较成本优势，国际贸易也就无从发生。

现举例说明：甲乙两国，两种商品(玉米、纺织品)，成本比例如表 3-3 所示。

表 3-3　甲乙两国不同商品成本比例比较(成本比例不同)

国家 项目	甲国	乙国
玉米单位成本	1.00	3.00
纺织品单位成本	2.00	1.00

按上表中的成本比例可知，在甲国 1 单位玉米可换 1/2 单位纺织品，而在乙国 1 单位玉米能交换 3 单位纺织品。那么甲国向乙国出口玉米，并从乙国进口纺织品，很显然对双方都有益。

但如果两国国内成本比例相同，一国的两种商品成本都按同一比例低于另一国，则这两国将只能发生暂时的贸易关系，当两国的汇率变化使两国商品的单位成本完全相同时，两国将不会发生贸易，如表 3-4 所示。

表 3-4 甲乙两国不同商品成本比例比较(成本比例相同)

国家 项目	甲国	乙国
玉米单位成本	1.00	2.00
纺织品单位成本	2.00	4.00

(3) 生产要素价格比例不同决定各国商品价格比例不同。

不同的商品是由不同的生产要素组合生产出来的，在各国生产技术相同，生产函数相同的情况下，各国要素相对价格的差异决定了各国商品相对价格的差异。

(4) 要素价格比例不同是由要素供给比例不同决定的。

H-O 定理认为，在要素的供求决定要素价格的关系中，要素供给是主要的。在各国需求一定的情况下，各国的要素供给比例不同影响要素价格不同。各国生产要素禀赋不同即所拥有的资源丰裕程度不同，有的国家土地较多，有的国家资本较多，有的国家劳动力较多。通常，一个国家某资源丰裕其价格就便宜，比如劳动力比较丰富的国家，工资(劳动力价格)就低一些，资本较丰富的国家，则利息率(资本的价格)就低一些，等等。各国内部资源丰裕程度是不一样的，有的相对丰裕而有的相对短缺。各国生产要素禀赋比率不同，是产生成本差异的决定要素。如果各国都使用本国禀赋较多、价格相对便宜的资源进行生产，就能在该种商品生产上具有较低的比较成本，出口这种商品则各国都可获益。

结论：一国应该生产和出口那些大量使用本国供给丰裕的要素的产品，价格就会较低，因而具有比较优势；相反，那些需要大量投入本国稀缺要素的产品，价格较贵，出口不利，应该少生产或不生产，而从国外进口获得。

3) 生产要素价格均等化理论

生产要素价格均等化的论点最早是由赫克歇尔提出来的，后来俄林进一步肯定了这个论点，但俄林认为这只是一种趋势。1948 年美国经济学家萨缪尔森发表了论文，提出了生产要素价格日趋均等化的观点，建立了要素价格均等化学说，发展了要素禀赋理论。他认为如果国际贸易中各国都以本国要素的丰缺程度形成的比较优势为基础进行分工，那么出口国由于大量出口、密集使用本国丰裕要素生产的商品，导致分工前相对丰裕的要素在分工后由于大量使用而价格不断上涨；相反对于进口国而言，由于大量进口、密集使用本国稀缺生产要素所生产的产品，使分工前本国稀缺生产要素在分工后因使用较少而价格下降，最终使得出口国与进口国的生产要素价格差异逐渐缩小并消失。萨缪尔森对生产要素价格均等化作了数学论证，指出国际要素价格均等化不仅是一种趋势，而且是一种必然。这就是广义的生产要素禀赋理论，也称之为赫-俄-萨(H-O-S)理论。

3. 生产要素禀赋理论简评

生产要素禀赋理论是西方国际贸易理论发展中的一个重要阶段，是现代国际贸易理论的开端，具有极为重要的理论价值和实践意义。其积极意义主要有：

(1) H-O 定理是对比较优势理论的重大发展。认为各国要素的丰裕程度是各国比较优势的决定因素，阐明各国在生产成本方面的差异不仅在于劳动生产率方面，而且也与各国的生产要素禀赋有关。

(2) 该理论正确地分析了生产要素在各国进出口中的作用。认为在国际贸易中，劳动、土地、资本、技术等生产要素的组合是构成一国商品价格的重要因素，对一国的对外贸易产生很大影响。

(3) 该理论为一国如何利用本国资源优势参与国际分工以获得贸易利益提供了一种思路。

当然，要素禀赋论也存在一定的局限性。该理论是建立在一系列静态的假定条件基础上的，忽视了国际贸易环境动态的变化，只是一种短期分析；而且，该理论认为生产要素价格比例是由要素供给决定的，没有考虑到需求方面对国际贸易格局的影响；此外，把各国要素禀赋的差异作为国际分工和贸易产生的真正原因，掩盖了资本主义生产关系对国际分工和贸易的影响，忽略了国际生产关系、国际政治因素以及政府在国际分工和贸易中的作用。

五、里昂惕夫之谜及其解释

第二次世界大战后，在第三次科技革命的推动下，世界经济迅速发展，国际分工和国际贸易都发生了巨大变化，传统的国际分工和国际贸易理论更显得脱离实际。在这种形势下，一些西方经济学家力图用新的学说来解释国际分工和国际贸易中存在的某些问题，这个转折点就是里昂惕夫悖论(The Leontief Paradox)，或叫里昂惕夫之谜。

1．里昂惕夫之谜

生产要素禀赋论建立后，一直被西方学者推崇为可普遍接受的国际贸易理论，美国经济学家里昂惕夫对此也深信不疑。1953 年他用投入—产出模型对美国 20 世纪 40 年代和 50 年代的对外贸易情况进行分析，考察了美国出口产品的资本—劳动比和美国进口替代产品中的资本—劳动比，结果却令人震惊，美国进口替代品的资本密集程度比美国出口商品资本密集程度约高出 30%，这意味着美国进口的是资本密集型商品，出口的反而是劳动密集型商品。其与 H-O 定理的预测完全相反，引起了经济学界和国际贸易界的巨大争议，这就是著名的里昂惕夫之谜。里昂惕夫的发现强烈地刺激人们去广泛和深入探求一种能解释这一结果的理论，产生一系列关于里昂惕夫之谜的有价值的研究。

2．对里昂惕夫之谜的解释

对于“里昂惕夫之谜”，西方经济学界提出了各种解释，同时带来了第二次世界大战后国际分工和国际贸易理论的发展。代表性的学说如下：

1) 劳动熟练说

里昂惕夫认为，“谜”的产生可能是由于美国工人的劳动效率比其他国家工人高所造成的。他认为美国工人的劳动生产率大约是其他国家工人的三倍。因此，在劳动以效率单位衡量的条件下，美国就成为劳动要素相对丰富、资本要素相对稀缺的国家。这是他本人对这个“谜”的解释。而美国工人劳动效率高的原因是美国企业管理水平较高，工人所受的教育和培训较多、较好，以及美国工人进取精神较强的结果。但一些学者认为里昂惕夫的解释过于武断，美国经济学家克雷宁经过验证，认为美国工人的效率和欧洲工人相比，最多高出 20%～50%。

后来，美国经济学家基辛根据美国 1960 年的人口统计资料，将美国的企业职工区分为熟练劳动和非熟练劳动两大类。熟练劳动包括科学家、工程师、厂长或经理、技术员等；非熟练劳动指不熟练和非熟练工人。基辛认为，由于每一个就业者接受的教育和所具备的专业技术特长不同，因而在他们之间客观上存在着劳动技能的高低差异。他还发现，在美国的工业制成品出口中，如按以上序列将其中包含着的劳动要素加以细分，前 7 类高技能劳动大约占 55%，而在美国的工业制成品进口中，这一比重只有 43%。这就是说，美国出口的是“高技能劳动密集型商品”，进口的是“低技能劳动密集型商品”。

因此，在基辛看来，里昂惕夫对他自己的验证结果所做的解释是合理的。美国的对外贸易结构和商品流向同要素禀赋理论的基本原理并没有矛盾。

2) 人力资本说

人力资本说是由美国经济学者凯南等人提出的。他们认为在商品生产中使用的资本，既包括有形资本，也包含无形资本，即人力资本，所以产生里昂惕夫悖论的一个重要原因是里昂惕夫所定义的资本仅仅包含有形资本(如机器、设备、厂房等)，而完全忽略了人力资本。人力资本是体现在人身上的技能和生产知识的存量。人力资本投资的收益或报酬在于提高一个人的技能和获利能力，在于提高市场经济和非市场经济中经济决策的效率。由于美国投入了较多的人力资本而拥有更多的熟练劳动，因此，美国出口产品含有较多的熟练劳动。如果把熟练劳动的收入高出简单劳动的部分算作资本并同有形资本相加，作为美国出口产品和与进口相竞争商品的资本/劳动比率的分子，则美国出口的仍然是资本密集型商品，这个结论是符合要素禀赋理论的。

3) 贸易保护说

美国经济学家鲍德温试图从美国实施的贸易政策中为里昂惕夫之谜找到合理的解释，他认为美国关税结构对贸易形式的扭曲是原因之一。由于美国对其国内的劳动密集型行业通过设置关税壁垒和非关税壁垒来实施保护政策，阻碍国外劳动密集型产品进口，而国外的资本密集型产品却相对容易输入。外国如采取相反措施，为了维护本国工业的发展，对资本密集型产品的进口设置贸易壁垒，那么美国资本密集型产品就会难以进入国外市场，劳动密集型产品却相对容易出口。这样就相对增大了劳动密集型产品在美国出口商品总量中的比重，相应地缩小了资本密集型商品在美国全部出口商品中的比重。

4) 自然资源说

该学说指出里昂惕夫之谜的根源在于，里昂惕夫的计算只考虑了资本和劳动两项生产要素，而忽略了诸如土地、矿藏、森林之类的自然资源要素。而自然资源与资本要素又具有互补的性质。有证据表明，美国出口产品消耗了大量的自然资源，这些资源的开采、加工均需投入大量的资本，若加上这部分资本投入量，里昂惕夫之谜就不存在了。

3. 对里昂惕夫之谜的简评

里昂惕夫之谜是西方国际贸易理论发展史上的一个重要转折点，它推动了“二战”后国际贸易理论的迅速发展。关于对里昂惕夫之谜的解释，实际上是从不同侧面对要素禀赋理论假定前提的修正，并为以后一系列国际贸易新理论的产生奠定了基础。

里昂惕夫之谜的实质是理论和现实的矛盾。在20世纪二三十年代之前，生产中投入的要素主要是土地、劳动力和机器设备，其他因素的作用并不明显，要素禀赋论能够对当时的国际贸易做出较好的解释。然而“二战”后，科学技术、熟练劳动在生产中的作用日益加强，已经成为一种非常重要的生产要素，而这些并没有包含在原有的理论中，里昂惕夫之谜就反映了这种理论和现实的差距。除了上述解释之外，对里昂惕夫之谜的原因分析还很多，它们或是修改俄林假设的前提，或是在俄林的分析中引入新的生产要素，总之都使要素禀赋说更加丰富、实用、立体化和动态化了，从而为国际贸易理论迎来了一个新的发展阶段。

第二节　当代国际贸易理论

一、产业内贸易理论

1. 产业内贸易理论的产生

产业内贸易理论，是国际经济学界产生的一种新理论。国际贸易领域中，比较优势理论一直是解释国际贸易成因和贸易利益的主导理论，它是经过不断发展与完善而形成的。之后尽管许多学者对其进行补充与发展，但是他们的研究主要集中于贸易条件的讨论。传统的国际贸易理论，主要是针对国与国、劳动生产率差别较大和不同产业之间的贸易。自

20 世纪 60 年代以来，随着各国不完全竞争市场的普遍发展，世界贸易的绝大部分在要素禀赋相似的工业化国家之间进行，且大部分贸易是产业内贸易，这种新现象的出现，很显然传统贸易理论是解释不了的，而需要对其理论框架进行扩展或重构。70 年代末至 80 年代初，以保罗·克鲁格曼、兰卡斯特和赫尔普曼为代表的一批经济学家从贸易实践出发，先后发表了关于规模经济、不完全竞争和产业内贸易方面的论文，较好地解释了“二战”后国际贸易的新格局，形成了产业内贸易理论。

2. 产业内贸易理论的主要内容

1) 产业内贸易的概念

从国际贸易商品内容上看，可以把国际贸易分成两种基本类型：一种是贸易国间所交易的商品属于不同的产业部门，这种国际贸易称为产业间贸易，如美国向中国出口电子设备，中国向美国出口纺织品；另外一种被称为产业内贸易，是指同一产业部门内部的商品在不同国家之间的交换，也就是一国同时出口和进口同类型的制成品，如美国和日本相互输出汽车，因此这种贸易通常也被称为双向贸易或重叠贸易。

联合国国际贸易标准分类中，将产品分为类、章、组、分组和基本项目五个层次，每个层次都用数字编码来表示。我们的研究所涉及的相同产品，指的是至少前三个层次分类编码相同的产品。

2) 产业内贸易理论的假设前提和特点

产业内贸易理论的假设前提是：产业内贸易理论从静态出发进行理论分析，以不完全竞争市场为前提，同时经济中具有规模收益，这两点区别于传统贸易理论的完全竞争和不存在规模经济假设，而且要考虑需求是否相同的情况。从这些假设前提可以看出，产业内贸易理论的出发点与其他贸易理论是相当不同的。

一般来说，产业内贸易具有以下几个特点：第一，它与产业间贸易在交易商品内容上有所不同，它是产业内同类商品的交换，而不是产业间非同类商品的交换；第二，产业内贸易的商品流向具有双向性，即同一产业内的商品，可以在两国间相互出口；第三，产业内贸易的商品呈现多元化，这些商品有资本密集型，有技术密集型，也有劳动密集型；第四，产业内贸易的商品必须具备两个条件，一是消费的相互替代性，二是生产中要素投入的近似性。

3) 产业内贸易的衡量指标

产业内贸易的发展程度可以用产业内贸易指数来衡量。这一指数的计算公式为

$$T = 1 - \frac{|X - M|}{X + M}$$

式中：X 和 M 分别表示某一特定产业或某一类商品的出口额和进口额，并且对 X−M 取绝对值。T 的取值范围为 0 到 1。当一个国家只有进口或只有出口(即不存在产业内贸易)时，T = 0；当对某一商品的进口等于出口时(即产业内贸易达到最大)，T = 1。

使用 T 指数来衡量产业内贸易程度时，必须谨慎处理。因为，如果将产业和商品种类的范围定义不同，就会得到不同的 T 值。而某一产业的范围越大，T 值就越大。

3. 产业内贸易的理论解释

1) 产品差异性

西方经济学家认为，传统的国际贸易理论中的各国同一产业部门用相同的条件生产的

产品是同质的假设与实际情况不符。现实是，在每一产业部门内部，由于产品的品质、性能、造型、设计、规格、商标及包装等方面的差异，每种产品在其中某一个或几个方面存在着细微差别，就会形成无数种相互有差别的产品系列。大多数的产业内贸易发生在差异化产品之间。在制造业中，产业内贸易商品明显偏高的是机械、药品和运输工具。如在汽车产业，福特不同于本田、丰田或是雪佛兰。因此，发生双向的贸易流动具有很强的现实性。

国际产品差异性是产业内贸易发生的基础。在一组产品中，所有的产品都具有某些共同的特征，这些特征不同的组合方式决定了产品的差异性，如服装、烟草、化妆品等。这类产品的产业内贸易大多与消费者偏好的差异有关。差异产品在品牌、规格、服务等方面的不完全替代性使得消费者对同类产品也产生了不同需求。如果一国消费者对外国产品的某种特色产生了需求，它就可能出口和进口同类产品。可见，基于产品差异的产业内贸易是建立在不完全竞争的基础上的(传统贸易理论一般都假设市场是完全竞争的)。

2) 规模经济与不完全竞争

规模经济与不完全竞争是最普遍被用来解释产业内贸易的理论。20 世纪 70 年代，格雷和戴维斯等人对发达国家之间的产业内贸易进行了实证研究，从中发现，产业内贸易主要发生在要素禀赋相似的国家，产生的原因是规模经济和产品差异之间的相互作用。一方面，规模经济导致了各国产业内专业化的产生，从而使得以产业内专业化为基础的产业内贸易得以快速发展；另一方面，规模经济与产品差异之间有着紧密的联系。规模经济会使得生产同类产品的诸多企业展开激烈竞争，最后由为数不多的厂商垄断某种产品的生产，并逐渐成为出口商。

规模经济分为内部规模经济与外部规模经济两种，前者不一定带来市场不完全竞争，后者则将导致不完全竞争。

(1) 内部规模经济与国际贸易。

一般情况下，内部规模经济主要来源于企业本身生产规模的扩大。一国享有规模经济的优势，就是它的成本随着产量的增加而减少。这样该国产品的国际竞争能力必然大大提高，占据贸易优势，取得贸易利益。具体来说，一国在参与国际贸易前，垄断竞争企业面对的是有限的国内需求，参与国际贸易后，国外需求增加，企业的生产相应扩张。由于企业在贸易后面对更富有弹性的国际市场需求，使得其获得了更低的长期平均成本，从而获得了比较优势，形成贸易发生的基础。

对于研究和开发费用等支出较大的产业来说，规模经济显得更加重要。国际市场的开拓，需求的增加，产量的扩大，使得像研发费用这样的固定支出，分摊在单位产品的份额越来越小，厂商的利润空间也就越大，也就越倾向于在规模经济下展开国际贸易。

(2) 外部规模经济与国际贸易。

外部规模经济主要来源于行业内企业数量的增加所引起的产业规模的扩大。外部规模经济能提高效率，降低成本，增加收入。外部规模经济的源泉来自于行业地理位置的集中、行业内每个企业从整个行业的规模扩大中获得的知识积累(“干中学效应”)等方面。外部规模经济可成为国际贸易的一个独立起因。在两国情况完全相同条件下，国际分工及国际贸易格局并不确定，其主要决定于各个国家所面临的偶然或历史因素。或许出口产业的建立是偶然性的，但一国一旦建立起大于别国的生产规模，该国就会获得更多的成本优势。

这样，即使其他国家更具有比较优势，如果该国已先行将产业发展到一定的规模，那么其他国家就不可能成为该产品的出口国。

此外，如果允许两国市场规模存在差异的话，那么国际分工与国际贸易格局的不确定性就会大大降低。一般来说，如果两国的国内市场规模存在差异，而其他条件完全相同，那么国内市场规模相对较大的国家将完全专业化生产具有外部规模经济的产品，而国内市场规模较小的国家将只能完全专业化生产规模收益不变的产品。

3) 需求偏好相似论

需求偏好相似论是由瑞典经济学家林德(S. B. Linder)在他于 1961 年出版的《论贸易与转型》中提出的。林德认为，赫克歇尔和俄林的生产要素禀赋理论能够较好地解释初级产品的贸易模式，更为一般地说是解释自然资源密集型产品的贸易模式，但是这一理论不足以解释制成品的贸易模式。偏好相似理论主要从需求的角度分析国际贸易的原因，认为国家之间需求格局是否相同将会在很大程度上影响一国开展的工业品国际贸易。

需求偏好相似论的主要观点是两个国家的消费者需求偏好越相似，一国的产品也就越容易打入另一个国家的市场，因而这两个国家之间的贸易量就越大。林德认为，影响一国需求结构的主要因素是收入。平均收入相似可以看作是需求结构相似的标志，平均收入水平不同的国家，其需求结构是不同的。恩格尔定律在贸易理论中的意义主要在于说明整个初级产品尤其是农产品需求变动所带来的贸易变化。当经济不断增长，国民收入水平不断提高的时候，各国对商品的需求会逐渐从农副产品转移到工业消费品。这不仅说明了为什么发达国家与发展中国家有不同的需求模式，也说明了整个世界的贸易为什么会有从以初级产品为主发展到以工业产品为主的变动。根据恩格尔定律，收入水平的提高会使人们在消费品上的需求发生质的变化。人均收入水平的高低与一国资本存量的多少有着十分重要的关系。因此，人均收入水平的差别也表明了对资本货物需求结构的差别。

比如，美国生产的计算机、汽车等产品主要是用于满足美国的市场需要，在设计产品的规格时考虑了美国的收入水平、家庭结构和消费习惯，所以美国产品将出口到那些需求偏好和美国相似的国家。另一方面，一国的消费偏好和人均收入是直接相关的。所以，人均收入越相似的国家消费偏好越相近，产品的相互适应性就越强，国际贸易交往也就越密。由于这种理论把需求偏好的变化和收入水平的变动联系在一起，所以又被称为“收入贸易理论”。

可见，偏好相似理论认为制成品的贸易形态取决于需求结构，而需求结构则取决于人均收入水平。在人均收入水平较接近，工业发展水平近似的国家，贸易量最大。这些国家相互出口的产品通常相似但有差异。

4. 对产业内贸易理论的简评

产业内贸易理论首先比传统国际贸易理论的假设前提更加符合经济实际，认为现实的市场结构类型为不完全竞争，而且存在规模经济。其次考虑到了供给和需求两方面因素对国际贸易的重要影响，供给方面指厂商处于垄断竞争条件下，生产出了同类差异化产品；需求方面指消费者偏好多样性导致各国之间消费需求相互重叠。此外，该理论对于广大发展中国家的发展还有重要的启示作用，其可以从规模经济入手来提高国际竞争力，而且政府在产业政策和贸易政策等方面加强干预是十分必要的。

二、产品生命周期理论

1．产品生命周期理论的产生

产品生命周期理论是美国哈佛大学教授雷蒙德·弗农(Raymond Vernon)1966 年在其《产品周期中的国际投资与国际贸易》一文中首次提出的。此后许多经济学家如威尔斯、赫希哲等对该理论进行了验证，并进一步充实和发展了这一理论。产品生命周期理论认为，由于技术的创新和扩散，制成品和生物一样，也具有一个生命周期，可以大致划分为 5 个阶段，即引入期(Introduction)、成长期(Expension)、成熟期(Maturity)、销售下降期(Sales Decline)、衰亡期(Demise)。弗农认为任何产品都要经历从创新、成熟进而标准化的周期性发展阶段。在产品的生命周期中，其市场需求、资本技术密集程度、关键生产要素与生产区位都处在一个动态化的演进过程之中。而这个周期在不同的技术水平的国家里，发生的时间和过程是不一样的，期间存在一个较大的差距和时差，正是这一时差，表现为不同国家在技术上的差距，它反映了同一产品在不同国家市场上的竞争地位的差异，从而决定了国际贸易和国际投资的变化。

2．产品生命周期理论基本内容

第一阶段：引入期。这是新产品的研究和开发、试制、试销阶段，新产品刚刚投入市场，技术不成熟，尚在摸索阶段，研究与开发费用在成本构成中占较大比重。产品仅仅在创新国生产和消费，因为国内拥有开发新产品的技术条件和吸纳新产品的国内市场。弗农认为产品生命周期的第一阶段总是在美国发生，因为美国具有强大的科研力量，充足的科研经费，以及美国消费者喜好探求新产品和美国市场广大等特点。此时美国企业对创新产品具有生产和销售垄断的优势。

第二阶段：成长期。此时产品生产非标准化，市场需求还不够广阔，依然需要大量研发资金，产品还是集中在创新国国内生产。此时创新企业更关心国内生产而非生产成本和有利的生产区位，因此一般将产品置于开发母国生产。但生产技术已经扩散，国外市场逐渐扩大。在这一时期，创新企业几乎没有竞争对手，而对于其他发达国家的市场需求则主要通过少量的出口来满足。一旦国外市场扩大到足以使当地生产获得规模经济时，发达模仿国便开始生产。由于发达模仿国不需要付出大量的科研费用，故有成本优势。

第三阶段：成熟期。随着技术的成熟，生产企业不断增加，企业之间的竞争性增强了，产品的成本和价格对企业来说变得日益重要。与此同时，国外市场包括发展中国家对该产品的需求迅速增长，而且出现了大量的仿制者。为了更好地占领和接近市场，解决创新企业生产扩大而导致的国内原材料供应紧张的局面，减少出口的交通运输成本和其他交易成本，创新国生产厂商开始对其他发达国家直接投资、建立子公司进行生产并就地销售；同时开始向发展中国家出口其产品。

第四阶段：销售下降期。当产品完全走向成熟，生产进入标准化阶段。技术使创新国产量大幅度提高并达到最大值，产品的使用也逐渐普及，国内外对该产品的需求持续增加，降低生产成本尤其是劳动力成本成为跨国公司的主要目标和竞争手段，产品的生产区位也逐步转向发展中国家。当生产技术和产品本身都已经标准化，许多技术已经包含在生产该商品的机器中，技术本身的重要性已经逐渐消失。生产该产品的机器本身也成为标准化产品而变得比较便宜。因此，在这个阶段，资本投入虽仍重要，但非熟练劳动投入大幅增加，劳动力成本越来越成为决定产品是否存在比较优势的主要因素。这样，发展中国家便大量生产该产品，创新国乃至其他发达国家都开始从发展中国家进口这些产品。

第五阶段：衰亡期。随着开始的创新国在该产品生产领域的竞争力下降，发展中国家成为净出口国。新产品生产完全标准化，发达国家在产品创新阶段的技术优势已不复存在，创新国的竞争地位削弱，发展中国家凭借资源和劳动力优势降低成本，扩张规模，逐渐成为净出口国。

图 3-1 显示了新产品在产品生命周期的不同阶段，各国在国际贸易中的不同地位。制成品贸易表现为一种周期运动。新产品创新在美国，而后传递和扩散到其他发达国家，再到发展中国家。当美国新产品大量出口到其他发达国家时，正是其他发达国家大量进口时期；当美国出口下降时，其他发达国家生产、进口也开始下降；美国出口由高峰期大幅下降时，正是其他发达国家大量出口时；而当其他发达国家出口开始下降的时候，发展中国家生产开始增加，进口开始减少；其他发达国家出口由峰值大幅下降时，发展中国家大量出口到原来的创新国和发达模仿国。新技术和新产品的转移和扩散像波浪一样，一浪接一浪向前传递和推进。在这一产品生命周期中，产品从创新到成熟再到标准化，其生产区位从创新国转移到其他发达国家再转移到发展中国家，产业生产区位的空间转移的主要手段就是通过国际直接投资。

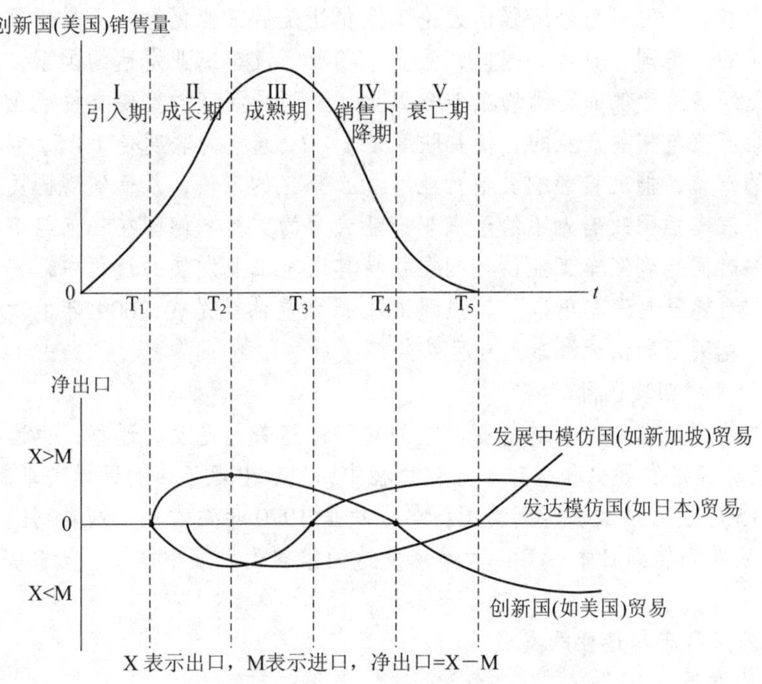

图 3-1　产品生命周期期间的国际贸易模式

3. 产品生命周期理论的动态含义

1) 生产要素的动态变化

产品生命周期理论考察了新产品在周期性变化过程中，生产要素投入比例呈现的动态变化。在第一、第二阶段，需要投入大量科研经费和科技人员。在第三阶段时产品已经成熟，只需要投入资本购买设备，便可以转入大规模生产并扩大出口。产品由技术密集型转为资本密集型。在第四、第五阶段，由于产品及其工艺流程都已形成标准化模式，价格竞争成为该产品占领市场的主要因素，扩大生产需要大量的劳动投入，这时产品也由资本密集型转变为劳动密集型。

2) 贸易国比较优势的动态转移

根据产品生命周期各阶段要素密集型的特点，比较优势会在贸易国之间转移。就不同类型的国家而言，在产品生命周期的不同阶段比较优势是不同的。不同的国家应该生产那些在生命周期中处于本国相对优势阶段的产品。对于以美国为代表的发达国家，其工业先进，技术力量雄厚，资本和自然资源相对丰富，国内市场广阔，在研制新产品方面具有明显优势；对于其他较小的发达国家和地区，国内市场不广阔，主要依赖出口，因此具有生产成长期产品的优势，到成熟期则优势丧失；而对于发展中国家，拥有丰富的不熟练劳动，在生产标准化产品上具有比较优势。

【资料卡 3-1】

汽车产业的国际转移

从历史来看，任何一个经济强国无论工业化还是后工业化无一不是依靠汽车工业的高速发展来完成的。美国、日本、德国、法国、瑞典等汽车工业发达的国家，其汽车工业产值占本国国民经济总产值的比例均在10%以上，是国民经济的重要支柱产业。

汽车工业产值与相关产业的直接关联度是 1∶2，间接关联度是 1∶5，即汽车制造业每增加 1 个亿的产值，能间接影响其他行业增加 5 个亿的产值，从而实现国民经济的内生循环。任何一个汽车强国政府无不给予汽车产业大力的支持。德国在任何经济风险面前，其政府总是第一时间想到汽车工业；美国在扶持其汽车工业发展的过程中，甚至采取诸如迫使他国政府“自愿限制汽车出口”等强硬措施,最明显的就是在 2009 年的次贷危机中美国政府对通用和克莱斯勒两大汽车产业巨头经济援助。

1. 汽车产业的四次国际转移

汽车制造作为制造业的上游行业，它的转移伴随着制造业的迁移，也遵循其转移的一般规律。在世界经济发展史和全球工业化过程中，先后出现了四次世界汽车制造业的转移：第一次是 1915 年左右从欧洲转到美国；第二次是 1970 年左右从美国转到欧洲；第三次是 1985 年左右从欧洲转到日本；第四次是从发达国家转到发展中国家，大致是从 21 世纪初开始。

2. 发达国家汽车制造业的发展

1) 美国的发展

19 世纪末美国的经济已达到了较高的水平，工业生产处于世界前列，钢铁、石化等基础工业均有较大的发展，为汽车工业创造了条件。1908 年福特公司推出 T 型汽车，1913 年发明了汽车装配流水线，实现了大批量生产。汽车装配流水线给汽车工业带来了革命性的变化，推动了美国汽车工业的高速发展，世界汽车制造中心也从欧洲转移到美国，从 20

世纪初到20世纪中期，美国主宰了全世界的汽车工业，产量占世界的80%以上。

2) 欧洲的发展

美国汽车业巨头FORD、GM先后进入欧洲，汽车的大批量生产技术传到了欧洲，“二战”后欧洲经济迅速发展，家庭收入成倍增长，20世纪50年代初出现了普及汽车的高潮，1966年突破1000万辆，超过北美成为第二个世界汽车制造中心。到1973年提高到1500万辆，之后由于受两次石油危机的影响，欧洲经济发展速度减慢，东欧甚至出现经济发展停滞，加之西欧国家已基本普及汽车，欧洲市场呈现饱和状态，产量徘徊在1500～1800万辆之间。欧洲汽车工业的发展主要集中在西欧的德国、法国、英国、意大利、西班牙等5国。

3) 日本的发展

在“二战”前日本汽车产量只有5万辆，日本的汽车产业发展是1955年日本通产省公布了国民车的构想——一种供国民使用的微型经济汽车，排量在350～500 ml。日本经济从此以两位数的增长态势发展，1996年人均国民总收入突破1000美元，为汽车的普及创造了条件。1960年，日本汽车出口不足4万辆，到1970年，汽车出口量突破100万辆。两次石油危机，欧美汽车纷纷减产，而日本却以低油耗的小车型进一步扩大市场，1980年达到1100万辆，超过美国，之后1985年达到顶峰1350万辆，但自此以后国内市场处于徘徊状态，而出口贸易摩擦加剧，汽车出口量下降，汽车产量下降到1000万辆。

3. 我国汽车制造业的发展

中国的比较成本优势和巨大市场潜力是承接国际产业转移的基础，截至2009年中国已成为续美国、日本之后的年产量超过1000万辆的国家。汽车产业已逐步成为中国进行产业结构升级，解决贸易失衡、解决就业问题的重要手段和平衡器,对汽车行业的研究将产生深远的意义。

中国汽车工业的发展始于20世纪50年代，在改革开放后才得到了真正的发展，中国的汽车工业可划分为三个阶段，即1981年至2001年的起步阶段、2002年至2007年的成熟阶段、2008年以后的标准化阶段。

1) 我国汽车制造业的起步阶段

我们已经了解到欧美日等发达国家汽车产业在1981年左右国内已经基本达到饱和状态，竞争激烈，国内资本需要突破。相比之下，中国是人口大国、资源大国，而且改革开放为国外资金提供了很大出路，加上当时的中国人力成本、土地成本廉价，比较优势明显。中国与发达国家经济发展上存在梯度，为国外资本的盈利提供了保证。

2) 我国汽车制造业的成熟阶段

此阶段国内车企扩大规模生产，国内自主企业也取得很大的发展，满足国内消费需求，并少量出口。

3) 我国汽车制造业的标准化阶段

2008年我国汽车共出口68.07万辆，同比增长11.1%，出口金额96.33亿美元，同比增长31.75%，2009年全国汽车商品出口总额368.12亿美元，汽车产销分别为1379.1万辆和1364.5万辆，成为世界第一。汽车产业群形成、自动化程度提高，FDI产业结构调整不断深化，国内自主品牌企业开始向发达国家扩张，国内自主品牌企业产能扩张、竞争加剧。

2009 年中国汽车的产销超过 1000 万辆，已经走在了世界汽车工业的前列。从产品生命周期理论看，成本、竞争、价格因素将对中国的汽车制造业的国内产销与出口产生深刻的影响。

(资料来源：根据相关资料整理)

4. 对产品生命周期理论的评价

产品生命周期理论对国际贸易发展具有积极意义，主要表现在以下几个方面：

(1) 产品生命周期理论是对要素禀赋论的动态化延伸。它与要素禀赋论模型是一致的，所不同的是，要素禀赋理论假设技术不发生变化，解释的是静态比较优势，属于静态分析。而产品生命周期理论一改传统国际贸易理论的静态和短期分析，采用动态和长期化的分析方法，更符合当今技术发展日新月异的国际贸易实际。它揭示了生产商品的生产要素比例是如何随着其生命周期的动态变化而发生规律性变化的。

(2) 产品生命周期理论研究了国际贸易和对外直接投资的关系。这一理论反映了 20 世纪 50 至 60 年代美国跨国公司对外直接投资的实践，较为准确地解释了发达国家开展对外直接投资的动机、时机与区位选择之间的动态关系。产品生命周期理论将垄断优势与区位选择结合起来作综合分析，将企业拥有的优势视为随着产品周期的变化而变化的动态过程。从而说明了创新国企业从事对外直接投资进行时间阶段选择和生产区位空间转移的特性，充分体现出国际直接投资发展所具有的时空结合的特点。

(3) 说明了产品生产比较优势将会随着产品生命周期的阶段性发展而发生动态变化。根据产品生命周期模型，任何技术资本密集型产品最后都会成为劳动密集型产品。贸易国应顺应产品生命周期，根据自身的资源禀赋和比较优势开展跨国生产和国际贸易。这对于相对落后国家在国际分工上确定自己的地位和参与格局，并且在发展过程中应该如何进行生产结构的升级、改造具有指导意义。现在中国的洗衣机、冰箱、空调已进入了美国市场，机电产品出口已有相当规模。在不久的将来，汽车也会成为劳动密集型产品，到时中国汽车也会走向国际市场。

当然该理论也存在一些不足，如产品周期理论关注的重心在于预见比较优势的变动，而对于国际贸易利益得失的预见力是含糊的；而且该理论虽然与很多产业的历史经验相符合，但并不适用于所有的工业行业或产品，等等。

三、战略性贸易理论

1. 战略性贸易理论提出的背景

战略性贸易理论产生于 20 世纪 70 年代“新贸易保护主义”盛行的背景之下。当时，发达国家经济增长的步伐普遍放慢。在美国，工资增长缓慢致使实际购买力下降；在欧洲，失业率不断上升；在日本，经济增长也逐渐停滞与下滑。发达国家为改善经济增长的现状，提出了国家干预的要求。20 世纪 80 年代，加拿大经济学家布兰德和美国经济学家斯潘塞提出了战略性贸易理论，成为战略性贸易理论的首创者。该理论以不完全竞争和规模经济理论为前提，以产业组织理论和市场结构理论为研究工具，通过对某些所谓战略产业扶持以刺激经济增长，说明了政府干预的合理性，使本国战略性产业迅速成长并获取规模经济效益，从而夺取国际竞争中的优势地位。

2．战略性贸易理论的基本内容

战略性贸易理论主张政府对贸易进行干预的贸易政策，它可分为利润转移理论和外部经济理论两大分支。

(1) 利润转移论认为，完全竞争市场假设实际上是不存在的，在现实经济中，不完全竞争是普遍存在的现象，市场并不能自行达到最优状态。在规模经济和不完全竞争市场的某些条件下，一国政府可以用出口补贴为本国寡头厂商夺取市场份额，可以凭借其垄断力量获得超额利润；以关税迫使外国厂商降低价格，来抽取外国寡头厂商的垄断利润；用进口保护作为出口促进的手段，以此来加强本国厂商的竞争地位，扩大本国厂商的国际市场份额。通过以上方面，从而实现垄断利润由外国向本国转移的目的，增加本国的国民净福利。

(2) 外部经济论认为，某些产业和厂商能够产生巨大的外部经济，促进相关产业的发展和出口扩张，但由于这些外部经济不能够完全被有关厂商占有，这些厂商或产业就无法发挥它们的最佳社会效应。政府应通过提供补贴或者关税保护等适当方式对具有规模经济和外部经济的产业予以适当的保护和扶持，使之增强国际竞争力并带动相关产业的发展。提高其国际竞争优势，获得长远的战略利益。这一理论是以政府干预国际贸易为政策导向的现代保护贸易理论。

3．对战略性贸易理论的简评

战略性贸易理论在放宽了传统贸易理论关于完全竞争和规模收益不变假设的情形下，探讨了不完全竞争和规模收益递增条件下国际寡头竞争中贸易政策的作用，解释了传统贸易理论忽视或不能很好解决的问题，使贸易政策的考虑扩大到了包括收益递增、厂商竞争策略等因素。在一定程度上证明了政府干预对外贸易的根本动力及其某些合理性，实际上为国家干预对外贸易提供了一种理论依据，因此，在一定的环境中，政府可以通过对产业的扶持和为了支持国内企业而干预国际竞争来提高本国国民收入。

然而战略性贸易理论的论点尚有诸多存疑之处，例如，如何确定战略性部门、如何确定政府干预的水平、如何面对外国政府报复以及如何使受保护者的利益追求与社会利益协调一致等，这造成了战略性贸易理论的“不完整的政策内涵”，以至于经济学家们常常怀疑该理论的有用性和它的意义范围[①]。布兰德曾特地指出，“政府行为可以改变由本国及外国厂商参与的战略性博弈”，“这个更具一般性的论点，也只是用于少数产业”[②]。但是，无论大小，战略性贸易理论的影响又是不能忽视的。

四、国家竞争优势理论

1．国家竞争优势理论的提出

竞争优势理论的产生是以美国国际经济地位的变化为背景的。“二战”后的20年里，美国的经济发展遥遥领先于其他国家，但到20世纪70年代，美国在国际经济贸易中的地

① 科劳兹·斯泰格曼：“战略贸易政策”，载于大卫·格林纳韦主编：《国际贸易前沿问题》，1996年版中译本，中国税务出版社与北京腾图电子出版社，2000：105-128.

② 詹姆斯·布兰德：“战略性贸易和产业政策的依据”，载于保罗·克鲁格曼主编：《战略性贸易政策与新国际经济学》，1986年第一版(1995年第七次印刷)中译本，中国人民大学出版社与北京大学出版社，2000：43.

位不断受到来自欧洲和日本的挑战，到了80年代世界经济竞争日益加剧，美国对外贸易逆差和国际收支赤字不断扩大。在这种情况下，美国怎样才能保持昔日的竞争优势，重回世界经济发展的领头羊地位。国家竞争优势理论在这样的背景下应运而生。

迈克尔 · 波特是美国哈佛大学商学院的教授，在20世纪80至90年代，相继出版了《竞争战略》(1980)、《竞争优势》(1985)、《国家竞争优势》(1990)三部著作。这三部著作一脉相承，分别从不同层面论述了"竞争力"的问题。在《国家竞争优势》一书中，波特站在国家的立场上，从长远的角度出发，阐述如何将一个国家拥有的比较优势转化为竞争优势，提出国家竞争优势理论，并指出，具有比较优势的国家未必具有竞争优势，从而对传统的国际贸易理论提出了挑战。

2. 国家竞争优势理论的主要内容

波特认为，一个国家之所以能够兴旺发达，其根本原因在于该国的国际竞争优势，而这不一定在于整个国民经济，而主要是看该国有无一些独特的产业或产业群，即所谓的竞争优势产业。波特在反思传统的国际贸易理论的基础上，提出了解释国家在国际市场上取得竞争优势的菱形模型，也称为"钻石模型"。他认为，国家竞争优势主要取决于"钻石结构"系统中的诸因素，即要素条件、需求状况、相关产业与支持产业以及企业战略和组织。这四个方面条件相互促进、相互制约。在一国的众多行业中，最有可能在国际竞争中取胜的是国内"四因素"环境特别有利的那些行业。

1) 要素条件

要素条件中的要素指一国拥有的生产要素，它包括人力资源、物质资源、知识资源、资本资源和基础设施等。要素可分为初级要素和高级要素。初级要素是被动继承的。它们的产生需要较少或不那么复杂的私人投资和社会投资，比如自然资源、气候、简单劳动力等。新加坡处于日本和中东之间的重要贸易航道上，从而使它成为轮船修理中心。但初级要素的作用不能过分夸大。高级要素是指高科技、熟练劳动力等，它们往往需要长期的投资才能得到，高级要素才是竞争优势的长远来源。高级要素在当今的国际竞争中扮演着十分重要的角色。如美国在计算机、医疗电子及金融服务等产业的成功，得益于美国在该方面独特的技术人才和科学家。日本在家用电器、汽车等领域的竞争优势，得益于其大批的工程师。

2) 需求状况

需求状况对竞争的影响是通过国内买主的结构和买主的性质实现的。不同的国内需求使企业对买方需求产生不同的看法和理解，并做出不同的反应。企业对于其最接近的顾客的需求最敏感，国内的需求特征对于国内产品特征的形成和促进创新与提高质量方面特别重要。在国内需求给当地公司及早提供需求信号或给当地企业施加压力，要求它们比国外竞争者更快创新、提供更先进产品的产业或部门时，国家最可能获得竞争优势。可见，国内需求的规模和方式会增强某些产业的优势。国内市场上细分的需求结构、老练和挑剔的买主以及前瞻性的买方需求对国家竞争优势有十分重要的影响。比较典型的例子是日本的节能型汽车。日本是能源匮乏的国家，国内对于节能型汽车的需求比其他国家更强烈一些，这使得日本汽车在世界能源危机发生后能迅速占领美国市场。波特认为，高层次的国内需求有利于本国的需求走在世界需求的前列，从而建立起自己"一招先，步步先"的竞争优势；另外，扩大国内需求也有利于形成规模经济，提高产品质量、档次和服务水平，使之在世界市场具有很强的竞争力。

3) 相关产业与支持产业

国内是否具备具有国际竞争力的相关产业与支持产业，是决定一国在某一产业中竞争优势的第三大因素。一个国家的产业要想获得持久的竞争优势，就必须在国内具有在国际上有竞争能力的供应产业和相关产业。相关产业是指因共用某些技术、共享同样的营销渠道或服务而联系在一起的产业或具有互补性的产业。支持性产业以下几种方式为下游产业创造优势：以最有效的方式及早而迅速地为国内公司提供最低成本的投入；不断与下游产业合作；促进下游产业的创新。任何行业要在国际市场上领先，必须要求其供货商和其他相关产业也是世界一流的，与之相对应，很多国家的优势产业往往表现为优势产业群，这样会产生范围经济效应。20 世纪 80 年代以前，美国在半导体工业的领先地位为美国在个人电脑和其他技术先进的电子产品方面的成功提供了基础。丹麦在奶制品、酿制品方面的成功也是与其工业酶的领先发展密切相关。

4) 企业战略、结构和竞争

波特认为，不同国家有差异程度不同的企业战略和结构，这些战略和结构对于形成竞争优势也是很重要的，同时，国内竞争对培养竞争优势具有特殊作用。波特认为，现实经济生活中，公司皆有各自的规模、组织形式、产权结构和竞争目标。公司要在竞争中赢得优势，必须根据内部条件和外部环境做出合适的选择。意大利中小企业注重战略，在具有自己特色的很小细分市场经营、生产目标顾客的特色产品，避免生产标准化产品；而美国企业持有大量风险资本，进行广泛的交易。

同时，世界范围内的成功企业与激烈的国内竞争高度相关，因为剧烈的国内竞争会迫使企业不断创新，最终放眼全球，向海外拓展，尤其当有规模经济时，国内竞争者竞相寻找外国市场以获得更大效率和更高收益。而竞争的强弱又取决于企业经营管理战略、所有权结构和资本市场条件等因素。

波特指出，上述四个方面因素相互影响、相互作用，共同构成了一个动态的激励创新的竞争环境，继而产生一些在国际市场上具有竞争力的明星产业。但除了上述四种因素外，还有两个重要的变量对国家的竞争优势产生重要影响，这就是机遇和政府。

机遇包括重要的新发明、重大的技术变化、投入成本的剧变、外汇汇率的重要变化、突然出现的世界或地区需求和战争等。机遇的重要性在于它可能打断事物的发展进程，使原来处于领先地位企业的竞争优势无效，落后国家的企业如果能顺应局势的变化、利用新机会便可获得竞争优势。但机遇对竞争优势的影响不是决定性的。

政府对国家竞争优势的作用主要在于对四种决定因素的影响，但其本身无法创造国家竞争优势。政府可以通过补贴、对资本市场加以干预、制定教育政策等影响因素条件，通过确定地方标准、制定规则等影响买方需求。例如，政府可以通过教育影响劳动力要素，通过产业组织政策为公司竞争力的提高创造良好环境，通过对消费者权益的保护培育国内需求等。只有在决定国家竞争优势根本因素业已存在的行业，政府政策的执行才有效，因此政府行为只是创造国家竞争优势的一个辅助因素，它所起的作用是为企业提供一个有力的竞争环境。

3. 国家竞争优势理论的简评

波特的国家竞争优势理论弥补了其他国际贸易理论的不足，较圆满地回答了理论界长期未能解答的一些问题，对国际经济理论发展做出了贡献。

首先该理论第一次从多角度阐述了竞争优势的内涵，指出一国的竞争优势来源于创新，而取得或保持竞争优势的根本点在于竞争，在于优势产业的确定。国际竞争优势理论能合理地诠释一国国际贸易的现状，预测一国贸易发展的前景。其次，该理论强调了国内因素对于竞争优势的重要性，认为一国的竞争优势是由四个基本要素和两个辅助因素共同作用的结果。再次，强调动态的竞争优势。传统的比较优势理论无法解释为什么像日本和韩国这类资源稀缺的国家能在众多领域获得竞争优势。波特从动态的竞争优势角度比较确切地解释了这一问题：日本和韩国这类国家的竞争优势来自不断创造的要素优势，不断创造的要素比静态的要素更能持久，而靠静态要素禀赋获得的竞争优势则会随着要素禀赋的消耗而减少。最后强调国家在决定企业竞争力方面的关键作用。

波特的国家竞争优势理论也存在一定的缺陷，如对产业选择仅局限于已经存在的产业，对市场中已经出现并面临着较激烈竞争的产业进行选择，这样使企业在所选择的产业取得领先地位是相当困难的。

本章小结

本章介绍了传统的国际贸易理论和当代国际贸易理论。

传统的国际贸易思想从重商主义开始，重商主义者认为国际贸易是一种“零和游戏”，出口国从贸易中获益，进口国在贸易中受损；亚当·斯密的绝对优势理论倡导贸易自由化，认为各国应该集中生产并出口其具有劳动生产率和生产成本绝对优势的产品；大卫·李嘉图的比较优势理论认为贸易的基础是生产技术的相对差别以及由此产生的相对成本的不同，在更普遍的基础上解释了贸易产生的基础和贸易所得；新古典国际贸易理论中，贡献最大的是瑞典经济学家赫克歇尔和俄林，他们认为国际贸易的基础是生产要素的禀赋和使用比例上的相对比例。

“二战”后国际贸易出现了不同以往的新的形式，传统国际贸易理论难以解释，在此基础上产生了许多新的国际贸易理论。产业内贸易理论以不完全竞争和规模经济为前提，认为产业内贸易的原因是由于产品的异质性、规模经济现象以及需求偏好的相似；产品生命周期理论指出，在不同时期，产品在要素密集性质、产品的差异性和资本—劳动比例等方面都存在着很大的差别，比较优势也相应地在国际上进行转移；战略性贸易理论主张政府对贸易进行干预；国家竞争优势理论认为一国竞争力的高低取决于其国内产业的发展水平和创新能力的高低。

拓展训练

战略贸易政策的选择

由于国际市场上不完全竞争性质和规模经济的存在，市场份额对各国企业变得更加重要。市场竞争变成少数几家企业的“博弈”。经济学家常用波音公司与空中客车公司作为例子。假定这两家公司生产飞机的技术水平没有区别，而生产这种客机又具有规模经济，生产越多成本越低，生产量越小成本越高，而且会亏损。在市场需求有限的情况下，如果两家公司全都生产，都会亏本。如果两家都不生产，则都没有利润。只有一家生产而另一家不生产的情况下，生产的厂家才有足够的产量而获得利润。唯一不同的只是波音先于空中客机进入市场。图 3-2 列出两家公司在各种情况下的假设收益。

		欧洲空客	
		生产	不生产
美国波音	生　产	(−20，−20)	(100，0)
	不生产	(0，100)	(0，0)

图 3-2　美国波音公司和欧洲空中客车公司在成本相同情况下的利润

假如欧洲政府采取战略性贸易政策，为空中客机提供生产补贴 25 万美元，情况会发生怎么变化？如图 3-3 所示。

		欧洲空客	
		生产	不生产
美国波音	生　产	(−20，5)	(100，0)
	不生产	(0，125)	(0，0)

图 3-3　欧洲政府进行补贴后的利润状况

这个例子显示通过贸易政策所增加的福利是基于其他国福利损失的基础之上的，因此战略性政策也是一种以邻为壑的政策。

结论一：战略性政策可能改变市场竞争的格局并使国内企业获益。战略性贸易政策是一种损人利己的政策(甚至可能是损人不利己的政策)，它可能在减少其他国的福利基础上增加本国的福利。

很明显，这种情况下，空中客车只要生产就有利润，而不管波音是否生产，因此空中客车不生产的选择已经排除。波音公司公司面临的选择是：生产，自身承担 20 万美元的亏损；不生产，没有利润也不亏损。其理性选择必然是退出，空中客车独占市场，获得 125 万美元的利润。而这种情况显然对空中客车和欧洲政府都有吸引力。

假如美国针对欧盟的补贴也同样对生产补贴 25 万美元？那么情况又会怎么样呢？如图 3-4 所示。

		欧洲空客	
		生产	不生产
美国波音	生　产	(5，5)	(125，0)
	不生产	(0，125)	(0，0)

图 3-4　欧美政府都进行补贴后的利润状况

结论二：如果其他国家也采用战略性贸易政策进行报复，所有的国家都会受损，世界整体福利会因此而下降。因为虽然两公司在政府补贴下仍能获利，但各国政府支出大于企业所得利益，整个经济是净损失。

假如波音拥有技术上的优势，波音凭借技术的优势仍然可以获得5万美元的收益，美国政府并没有对生产进行补贴，那情况又怎么样呢？如图3-5所示。

		欧洲空客	
		生产	不生产
美国波音	生　产	(5，−20)	(125，0)
	不生产	(0，100)	(0，0)

图3-5　波音具有技术优势导致成本下降情况下两家公司收益状况

如果信息是对称的，那么这种情况下，波音不论怎样都会生产而空中客车则不会生产，波音公司独占市场。但如果欧洲政府并不了解美国的技术优势导致的成本降低而获益，依然补贴空中客车25万美元，则不能实现将波音公司挤出市场的目的。空中客车将无法独占市场，那么两家公司各得5万美元利润共同生产，这时两个国家都将亏损，见图3-6。

		欧洲空客	
		生产	不生产
美国波音	生　产	(5，5)	(125，0)
	不生产	(0，125)	(0，0)

图3-6　成本不同情况下两家公司的收益状况

结论三：战略性贸易政策会使本国福利增加的结论只是一种可能。在有些情形下，战略性贸易政策未必能增加本国的福利。战略性贸易政策能否增加本国的福利，依市场情况而定，但是要识别哪些情况下战略性贸易政策会增加福利，却是非常困难的。

(资料来源：根据相关资料整理)

练　习　题

1．“自由贸易将使穷国受损而富国受益”，请评价该说法。

2．用事实说明我国主要的进口和出口商品有哪些，在哪些商品的进出口上我国可以称得上“大国”，并思考在进出口中我们应注意哪些问题？

3．表3-5是古典贸易模型中的劳动投入。

表3-5　古典贸易模型

	鞋/双	葡萄酒/加仑
意大利	6小时	4小时
瑞士	8小时	5小时

根据上表说明：

(1) 为什么存在贸易基础？

(2) 两个国家出口的产品分别是什么？

(3) 国际交换比例应介于什么样的范围内？

4．产业内贸易有何特点？

5．根据国际产品生命周期理论，请分析在产品生命周期的不同阶段国际贸易格局。

6．近年来，美国企业越来越关注国外的盗版和仿制产品，特别是在亚洲。一些美国成功的创新和出口产品，在没有遵守专利或知识产权保护条款的情况下被国外生产者仿造。这种现象将会如何影响美国的产品生命周期以及新产品的研制和开发？

7．下面例子中，决定贸易模式的是比较优势还是规模经济？

(1) 英特尔生产了世界半数以上的 CPU。

(2) 加拿大是主要的新闻纸出口国。

(3) 美国和日本相互出口复印机。

(4) 中国是主要的电视机出口国。

(5) 东南亚国家大量出口运动鞋。

第四章 国际贸易政策

本章教学目标

通过本章的学习，读者应理解对外贸易政策的性质、内容和类型；了解对外贸易政策实施过程中的细节；掌握自由贸易政策和保护贸易政策在不同历史时期的特点。

章首阅读

加纳和韩国

1970年，加纳与韩国的生活水平大致相同，当年加纳的人均国内生产总值为250美元，韩国为260美元。到了1992年，情况发生了极大的变化。韩国的人均国内生产总值达6790美元，而加纳仅为450美元，前者是后者的15倍多，这反映出两国完全不同的经济增长率。1968年至1992年间，加纳的年均国内生产总值增长率为0.9%，而韩国的年均国内生产总值增长率高达9%。

为什么会有这样大的差别？对这个问题没有一个简单的答案，但是两国对于国际贸易的态度可以部分地说明其中的原因。世界银行的一项研究表明，韩国政府特别支持贸易，而加纳政府却不鼓励本国的生产商参与国际贸易。

加纳于1957年获得独立，它是英国在西非的殖民地中最早获得独立的国家。该国政府对很多进口产品征收关税，实行进口替代政策以促进本国在某些制成品方面的自给自足，并且采取阻止本国企业进行出口贸易的政策。结果，加纳从当年非洲最繁荣的国家之一竟然变成了世界上最贫穷的国家之一，这无疑是一场灾难。加纳采取了内向型贸易政策，资源的低效使用损害了加纳的经济，也抑制了该国的经济发展。

再来看看韩国政府所采取的贸易政策。世界银行把韩国贸易政策的特点归纳为“极为外向型”。与加纳不同，韩国政府强调对制成品的进口设置低障碍，并采取刺激措施鼓励韩国公司进行出口。除在农业部门以外，韩国的贸易政策逐渐向自由贸易发展。韩国的外向型贸易政策取得了成功，该国经济也发生了巨大的转变。

第一节 国际贸易政策概述

国际贸易政策是指世界各国和地区对外进行商品、服务和技术交换活动时所采取的政策。从单一国家或地区的角度出发，有关国际贸易的政策就是对外贸易政策。在国际商品交换活动中，作为主权主体的各国政府发挥着其特有的经济职能，运用各种政策措施人为地制造或者消除贸易壁垒，直接对国际贸易商品结构和商品流向产生深刻的影响。在当今世界经济中，国际贸易政策在各国经济增长和经济发展中起着重要作用，它已成为国际贸易环境的重要组成部分，是为一个国家经济发展和外贸政策服务的。本章在概述国际贸易政策的基础上，分别介绍国际贸易政策的主要类型：自由贸易政策、保护贸易政策和管理贸易政策。

一、对外贸易政策的含义

贸易政策是一个复杂的体系，它包含五个基本因素：政策主体、政策客体、政策目标、政策内容和政策工具。其中，政策主体通常指各国或地区制定和实施贸易政策的政府；政策客体就是贸易政策所规划、调整的贸易活动以及从事贸易活动的企业、机构或个人；政策目标是所要达到的贸易政策的目的，它是制定和调整贸易政策内容的依据；政策内容即实施的什么政策，它能够反映出贸易政策的倾向、性质、种类、结构等；政策工具则是指实现贸易政策目标所采取的对外贸易管理措施和制度。

制定对外贸易政策，可以保护本国市场，通过关税和各种非关税措施来限制外国商品和服务的进口，使本国商品和服务免受外国的竞争，保护国内产业安全；通过各种鼓励出口措施和优惠政策来促进本国出口商积极出口，使本国的出口市场不断扩大，占领更多的国际市场；通过关税、国内税和其他税费措施，使国家获得财政收入，积累资金；还可通过宏观调控政策促进出口商获得良好的外贸环境，调整对外经济关系，维护对外政治经济关系；辅助政府总体经济目标的实现，如改善贸易商品结构促进国内产业结构的调整和升级，引进竞争以削弱国内垄断，等等。

二、对外贸易政策的内容与类型

1. 对外贸易政策的内容

1) 对外贸易总政策

对外贸易总政策是各国从整个国民经济出发，根据本国国民经济的整体状况及发展战略，结合本国在世界经济格局中所处的地位而制定，在较长时间内实行的政策。其中包括对外贸易战略、出口总政策和进口总政策。

2) 进出口商品和服务等政策

它是根据对外贸易总政策和国内经济结构、产业政策和市场状况等分别制定的限制和鼓励商品、服务进出口的具体措施。其特点主要表现在对不同的进出口商品实行不同的待遇。

3) 国别政策

国别政策是指根据世界经济政治形势、本国或本地区对外政治经济关系，针对不同国家或地区而制定的不同的政策。一般包括一国的关税制度和政策、非关税壁垒的种类和做法、鼓励出口的体制和手段、管制出口的政策和手段及一国参与国际经济一体化的战略和政策等。

2. 对外贸易政策的类型

1) 自由贸易政策

自由贸易政策是指国家对贸易行为不直接干预，放宽或是取消对进出口贸易的限制，对本国进出口商品不给予特权或优惠，使商品和服务贸易自由进行，在国内外市场上自由竞争，即不奖出也不限入的政策。实际上，自由贸易政策是相对而言的。当今国际还没有哪一个国家或地区彻底地实行真正意义上的自由贸易政策，而且推行自由贸易政策的国家或地区也都是在国际市场中处于优势地位的国家。

2) 保护贸易政策

保护贸易政策是指国家采取各种限制进口的措施，以保护本国商品在本国市场上免受国外商品竞争，并对本国出口商品给予优惠和补贴，以鼓励商品出口，即奖出限入。与自由贸易一样，保护贸易政策也不是完全的不发展对外贸易，而是对某些领域的保护程度高一些，即将外部的竞争限制在本国经济实力能够承受的范围之内。

3) 管理贸易政策

管理贸易政策又称协调贸易政策，是指国家对内制定一系列的贸易政策、法规，加强对外贸易的管理，实现一国对外贸易的有秩序、健康的发展；对外通过谈判签订双边、区域及多边贸易条约或协定，协调与其他贸易伙伴在经济贸易方面的权利与义务。

管理贸易政策是 20 世纪 80 年代以来，在国际经济联系日益加强而新贸易保护主义重新抬头的双重背景下逐步形成的。在这种背景下，为了既保护本国市场，又不伤害国际贸易秩序，保证世界经济的正常发展，各国政府纷纷加强了对外贸易的管理和协调，从而逐步形成了管理贸易政策或者说协调贸易政策。管理贸易是介于自由贸易和保护贸易之间的一种对外贸易政策，是一种协调和管理兼顾的国际贸易体制，是各国对外贸易政策发展的方向。

【资料卡 4-1】

美国的管理贸易政策

美国是奉行管理贸易最为突出的国家，是管理贸易的一个典型范式。美国的管理贸易具有以下特点：

(1) 管理贸易法律化、制度化。这一特点主要体现在美国的两个贸易法中：《1974 年贸易法》和《1988 年综合贸易与竞争法》。第一个法案的通过标志着美国管理贸易正式开始运转，第二个法案的通过标志着美国管理贸易已走上了成熟。美国的这些法案一方面强化其贸易的立法作用，另一方面扩大了美国贸易立法的域外管辖范围。这充分显示了美国单边协调管理贸易的加强。

(2) 管理贸易手段形式多样。美国管理贸易除采取单边协调管理的措施外，还积极采取多边及双边的形式。在多边协调管理方面，美国积极参加 GATT 的乌拉圭回合多边贸易谈判并尽可能地发挥其巨大的影响力；在双边协调管理方面，美国加强具有针对性的双边贸易谈判，强调“对等”及“公平”贸易的互惠条件。并在此条件下，迫使日本、德国甚至“亚洲四小龙”等对美国有大量贸易顺差的贸易伙伴作出了一些让步。

(3) 管理贸易措施以非关税为主。由于 GATT 多年的不懈努力，关税在国际贸易中限制进口的作用已明显降低。美国在限制进口方面已经转入隐蔽性较强的非关税壁垒，出现了绕过 GATT 的“灰色区域”措施，其中，“自动出口限制”是“灰色区域”措施中最重要的方式。

(4) 突出对服务贸易及知识产权的管理。美国是世界上最大的劳务贸易国，其以智力服务为主的劳务出口使美国的劳务贸易存在大量顺差。而其他国家也竭力发展其劳务出口。因此，服务贸易领域的摩擦与争端激增。另外，随着国际技术贸易的迅猛发展，作为世界上最大的知识产权贸易国，美国更关心也更加强其对知识产权的保护和管理。

由上分析可见，美国的管理贸易实质是“披自由贸易外衣，行保护贸易之实”。

(资料来源：根据相关资料整理)

三、对外贸易政策制定的影响因素

对外贸易政策是一国经济利益与其在国际上的政治地位和经济实力相融合的产物，是国家利益在对外交往中的具体体现。一国制定和实行何种贸易政策与国际经济环境和自身经济实力密切相关。从实践上看，一国对外贸易政策的选择受到以下几个因素的制约。

1. 国内经济发展水平

一国的经济发展水平高，经济结构高度现代化，产品国际竞争力强，该国政府就会推行自由贸易政策，以期在国际市场上获得更大的经济利益。相反，一国的经济发展水平低，工业不发达，其产品在国际市场上缺乏竞争力，政府通常倾向于采取保护贸易政策，以保护国内产业不受损害。

2. 经济发展战略

一般地，采取外向型经济发展战略的国家侧重于外需拉动，需要一个相对开放的经济发展环境，因而倾向于制定和实行自由贸易政策；而采取内向型经济发展战略的国家侧重于自力更生，因而倾向于制定和实行保护贸易政策。

3. 国内利益集团的影响

不同的贸易政策会影响到国内不同利益集团的利益分配，如自由贸易政策有利于出口集团、进出口商和消费者，但会给进口竞争集团带来竞争的压力和利益的损失。因此，各种利益集团会从自身利益需要出发，通过不同利益集团的力量对比影响各国对外贸易政策的取向。这一点在发达国家表现尤为突出。

4. 国际经济环境

一国制定贸易政策通常还需要考虑整个国际环境，通常，在国际经济繁荣时期，多数国家会奉行自由贸易政策；而在国际经济危机时期，多数国家又转向贸易保护主义。

5. 其他因素

贸易政策的制定还需要考虑国内物价、就业水平、资源状况、本国在国际贸易组织中的权利和义务等因素。

第二节 保护贸易政策

保护贸易政策是一系列干预贸易行为的各种政策的组合，其根本目的是削弱和排斥外国商品的竞争，保护本国产业的发展和市场的壮大。从历史上看，保护贸易政策盛行的时期主要有四个阶段：第一个阶段是15至17世纪的资本主义生产方式准备时期，西欧国家普遍实行强制性贸易保护政策；第二个阶段是18世纪中期至19世纪末的资本主义自由竞争时期，美国和德国实行保护贸易政策；第三个阶段是从19世纪末到“二战”资本主义垄断时期，资本主义国家实行超保护贸易政策；第四个阶段是20世纪70年代中期以后，国际贸易中出现战略性贸易政策。

一、重商主义

保护贸易理论的渊源可以追溯到重商主义。在15至17世纪资本主义生产方式准备时期，为了完成资本的原始积累，英、法等欧洲资本主义国家信奉重商主义的学说和政策，积极推行国家干预对外贸易的做法，采取严厉的贸易保护措施。本书在上一章介绍国际贸易理论时的重商主义的内容已详细做过介绍，但这里需要注意的是要从政策的角度关注重商主义的主张。重商主义鼓励出口、限制进口的政策主张来自于其不科学的财富观，即财富就是货币，出口意味着输出商品，换回货币，能够增加本国财富；而进口商品，对应输出货币，会导致本国财富流失，因此主张限制进口，鼓励出口。其主要措施有：

(1) 限制进口方面：禁止若干国外商品，尤其是奢侈品的进口；对与国内商品相比竞争力强的进口商品征收很高的保护关税。

(2) 促进出口方面：对本国商品的出口，减低或免除出口关税，还给予各种补贴；出口退税；禁止重要原料的出口；实行独占性的殖民地贸易政策，设立独占经营的殖民地贸易公司。

(3) 其他方面：保护农业，在1660年至1689年间英国通过《谷物法》来限制粮食进口；以行会法规(中世纪遗留下来的封建残余)奖励国内工场手工业的发展；由英国船只运输货物。

二、资本主义自由竞争时期的保护贸易政策

保护幼稚工业论是由德国著名的经济学家李斯特提出的。它影响了19世纪的德国和美国，影响了20世纪的日本，使他们都能在保护主义的篱笆后面成长，强大之后又转而推行自由贸易。保护幼稚工业论经过近半个世纪的修补与解释已经适用于现今的社会。

1. 历史背景

18世纪后期到19世纪中期是资本主义自由竞争时期。西欧各国相继完成了工业革命，英国处于“世界工厂”的领先地位。当英国工业化的车轮滚滚向前时，德国仍然是个农业国家，停留在中世纪田园生活的时代。19世纪初，德国的纺织、冶金、采矿、机械制造业等都有所发展，但与英法等国相比还相当落后。当时英国的工业水平很高，在国际市场上具有很强的竞争力，为了开拓更广阔的商品销售市场，英国需要在世界范围内获取丰裕而廉价的原材料，因此极力倡导贸易自由化。大量的工业制成品不断涌入美、德市场，给美、德的经济发展带来很大冲击，其工业化就无法顺利实现。德国资产阶级迫切地希望摆脱外国自由竞争的威胁，建立和发展德国自己的大工业，为避免本国经济遭受冲击，此时需要相应的理论来支撑起贸易保护行为。

李斯特是德国历史学派的先驱，早年在德国提倡自由主义，但自1825年出使美国后，目睹了美国实施保护贸易政策的成效，受到汉密尔顿思想的启发。李斯特于1841年出版了《政治经济学的国民体系》一书，其中系统地阐述了保护幼稚工业理论。

【资料卡 4-2】

汉密尔顿的保护贸易学说

亚历山大·汉密尔顿(Alexander Hamilton，1757—1804年)，是美国独立运动时期的政治家、经济学家，也是美国独立后第一届财政部长，保护幼稚工业思想的最早提出者，他代表工业资产阶级的利益，极力主张实行保护贸易政策。

1776年，美国宣告独立，当时摆在美国面前有两条路：一是实行自由贸易政策，继续向英、法等国出口农产品，换回他们的工业品，这种贸易格局有利于美国南方种植园主，但不利于美国北方工业制造业的发展；二是实行保护关税政策，独立自主地发展自己的工业，减少对外国工业品的依赖，这是美国北方工业资本家的要求。结合当时的情况，美国是后起的资本主义国家，产业革命进行的比较晚，工业基础薄弱，其产品无法与英国竞争，因此，新兴的工业资产阶级要求实行保护贸易政策。1791年，美国当时的财政部长(亚历山大·汉密尔顿)代表工业资产阶级的利益，向国会提交了《关于制造业的报告》，在报告中明确表达了他的保护贸易的理论观点。该报告被视为保护贸易理论的第一份重要的经典文献。

(资料来源：根据相关资料整理)

2. 主要内容

1) 经济发展阶段论

李斯特将一国的经济发展分为5个阶段，即原始未开化时期、畜牧时期、农业时期、农工业时期和农工商业时期。他称前三个时期为第一阶段，农工业时期为第二阶段，农工商业时期为第三阶段。他认为各国经济发展的阶段不同，采取的贸易政策也应不同。经济发展处于第一阶段的国家应实行自由贸易政策，以促进农业发展，培植工业基础；经济发展处于第二阶段的国家，由于本国工业基础薄弱，还未发展到能与外国产品相竞争的地步，所以必须进行贸易保护，采用高关税措施保护国内工业以免受外国产品竞争的打击；经济发展处于第三阶段的国家应实行自由贸易政策，因为国内工业发展已经成熟，工业产品已处于国际领先地位，具有很强的竞争力，不惧怕别国产品对它构成威胁，可以享受自由贸易政策的福利。李斯特认为，各个国家在不同的历史时期，应该采取不同的外贸政策，像英国处于第三阶段可以采用自由贸易政策，而处于第二阶段的德国应该实施保护贸易，只有这样才可能发展起本国的民族工业，但在民族工业具有一定的国际竞争力时，必须果断地放弃保护。

2) 生产力论

李斯特认为，按照李嘉图的比较优势理论形成的国际分工是一种世界主义经济学观点，忽视了各国自身性质和各自特有利益。他反对比较成本说，认为其不利于德国生产力的发展，主张生产力是创造财富的能力。他说："财富的生产力比之财富本身，不晓得要重要多少倍；它不但可以使原有的和已经增加的财富获得保障，而且可以使已经消失的财富获得补偿。"比较优势论从短期来看，落后国家可以买到一些廉价商品；但从长远看，落后国家的工业却因此发展不起来，就会长期处于从属地位。而如果德国采取保护贸易政策，培育起自己的民族工业，虽然短期内工业品价格比较高，但经过一段时期的发展，民族工业得以壮大，民族生产力得以提高，这才是真正的财富。李斯特说："保护关税如果会使价值有所牺牲的话，它却使生产力有了增长，足以抵偿损失而有余。"

3) 国家干预论

李斯特认为，要想发展生产力，必须借助国家力量，而不能听任经济自发地实现其转变和增长。他以英国作为实例，进一步证明国家干预论的正确性。他指出英国工商业之所以能取得如此大的发展，很大一部分可归因于政府的扶植。而且他认为德国正处于类似于英国发展的初期阶段，政府应该对经济进行干预，实行贸易保护政策。

4) 贸易保护的原则

李斯特认为实行贸易保护政策的目的是为了促进生产力的发展，为了最终不需要保护，所以，保护是有选择地保护。他提出的保护对象有几个条件：

① 幼稚工业才需保护。

② 在被保护的工业得到发展，其产品价格低于进口同类产品并能与外国竞争时，就无需再保护，或者被保护工业在适当时期(如30年)内还不能扶植起来时，也就不需再保护。

③ 一国工业虽然幼稚，但如果没有强有力的竞争者，也不需要保护。

④ 农业不需要保护。

基于李斯特主张保护的是幼稚工业，并且主要是通过关税保护，所以，人们把李斯特的保护贸易理论称作保护幼稚工业论或关税保护贸易理论。

3. 保护幼稚工业的贸易政策

在19世纪资本主义自由竞争时期，美国和德国先后实行了贸易保护政策。

美国是后起的资本主义国家，产业革命进行得比较晚，工业基础薄弱，其工业品无法与英国竞争，因此新兴的北方工业资产阶级要求实行保护贸易。但是南方的种植园主则主要出口农产品，进口工业品，因而要求实行自由贸易，反对高关税政策。随着英、法等国工业革命的不断发展，美国的工业遇到了来自国外的越来越大的竞争和挑战，汉密尔顿的主张在美国的贸易政策上得到反映。1816年，美国提高了制造品进口关税，这是美国第一次实行以保护为目的的关税政策。1828年，美国再度加强保护措施，工业制造品平均从价税率提高到49%。南北战争以北方取胜而告终，削弱了南方种植园主的自由贸易势力，成为进一步推行保护贸易政策的转折点。1890年《麦金莱关税法》实施后，许多幼稚工业产品都大幅度提高了关税，美国也成为当时世界上关税税率最高的国家之一。

19世纪初的德国，工业发展水平远比英法两国落后，德国受到英法两国自由贸易政策的冲击，大量廉价商品涌入德国市场。摆脱外国自由竞争的威胁，保护和促进德国工业的发展，成为德国工业资产阶级的迫切要求。李斯特为德意志民族发出抗议的呼声："德国人为英国砍伐木材、生产扫帚和牧羊已经够久了。"1871年德国取得普法战争胜利后，不断加强对原有工业和新建工业的保护。到19世纪末，德国成为欧洲高度保护贸易的国家之一，针对国内逐步实行了一系列鼓励出口和限制进口的措施。在李斯特贸易理论的指导下，德国最终实现了工业化，跃进世界发达国家的行列。

4. 保护幼稚工业论简评

李斯特保护幼稚工业论的提出，确立了保护贸易理论在国际贸易体系中的地位。该理论的许多观点是有价值的，整个理论是积极的，对落后国家制定对外贸易政策有一定的借鉴意义。他的保护论中保护对象是有条件的，保护是有期限的，保护本身不是目的，而以贸易自由为最终目的，这些主张都是值得肯定的。

当然，该理论的缺陷也较明显，如它对生产力发展的决定因素认识不清，用经济发展阶段论说明人类社会的变迁，并把这种变迁归结为国民经济部门的转换，撇开了生产关系这个根本因素。

三、超保护贸易政策

1. 产生背景

超保护贸易理论是在20世纪30年代提出的凯恩斯主义的国际贸易理论。凯恩斯是英国资产阶级经济学家，他的代表作是1936年出版的《就业、利息与货币通论》。在书中，他对自由贸易理论展开了批评，对重商主义的一些政策进行重新评价，并以有效需求不足为基础，以国家干预为政策基点，创立了保护国内就业的新学说。凯恩斯及其追随者在他们的经济理论发展中提出了一系列保护贸易的理论主张，其中的核心是对外贸易乘数理论。

凯恩斯生活的时代，是世界经济制度发生巨大变化的时代。资本主义经济以垄断代替了自由竞争，尤其是1929年至1933年空前严重的经济危机的爆发，世界市场问题进一步尖锐化，各国相继放弃了自由贸易政策，改为奉行保护政策，强化了国家政权对经济的干预作用。凯恩斯在20世纪30年代之前是一个自由贸易论者，但1929年至1933年的经济大危机彻底改变了他的立场，转而推崇重商主义。他认为重商主义保护贸易的政策确实能够保证经济繁荣，扩大就业，并积极为其提供理论依据。

2. 主要内容

1) *新贸易顺差论*

凯恩斯主义认为，古典学派的贸易理论已经过时了，它的理论前提条件，即充分就业事实上并不存在，现实社会存在着大量的失业现象，所以古典学派贸易理论并不适合当代资本主义。该理论认为净出口属于总需求的一部分，可以刺激国民经济的发展，而进口则会收缩国民经济；一国外贸顺差或逆差对于该国的经济盛衰起着重要的作用；贸易顺差可为一国带来黄金，也可扩大支付手段，压低利息率，刺激物价上涨，扩大投资，这有利于国内危机的缓和与就业率的提高；贸易逆差会造成黄金外流，使物价下降，招致国内经济趋于萧条和增加失业人数。因此，凯恩斯主义提倡国家干预国际贸易，大力推动出口，抑制进口，保持外贸顺差，并将贸易顺差与就业理论联系在一起，主张采用宏观经济管理和调节措施为主要干预手段，以增加有效需求，扩大就业。这一理论为一国实施必要的贸易保护措施以促进和保持外贸顺差，对贸易部门实施宏观调控以增加内需，对扩大就业提供了有力的理论支持。

2) *对外贸易乘数论*

凯恩斯认为投资的增加对国民收入的影响有乘数作用，即增加投资所导致的国民收入的增加是投资增加的若干倍。若用ΔY表示国民收入的增加，K表示乘数，ΔI表示投资的增加，则

$$\Delta Y = K \cdot \Delta I \tag{1}$$

国民收入的增加之所以是投资增加的倍数，是因为新增投资引起对生产资料的需求增加，从而引起从事生产资料生产的人们的收入增加。他们的收入增加又引起消费品需求的增加，从而导致从事消费品生产的人们收入的增加。如此推演下去，结果国民收入的增加等于投资增加的若干倍。现假定新增加的投资 ΔI 为 100 美元，它用于购买投资品便成了投资品生产者(雇主和工人)增加的收入；如果投资品生产者只消费其新增收入的 90%，于是向他们出售商品的人们便得到 90 美元的收入；如果这些人又消费其收入的 90%，即 81 美元，这又成为向他们出售商品的人们增加的收入……如此继续下去，收入也随之增加。收入增加的总和为如下无穷等比数列：

$$\Delta Y = \Delta I(1 + C + C^2 + C^3 + \cdots) = \Delta I \cdot \frac{1}{1 - C} \qquad (2)$$

(2)式中 C 为增加的收入中用于消费的比例 ΔC/ΔY，称为边际消费倾向；1/(1−C)为乘数，若用 K 表示之，即得(1)式。

上例中，边际消费倾向 C 为 0.9，所以乘数 K=1/(1−0.9)=10，因此，投资增加 100 美元，可使国民收入增加 1000 美元(即 100 美元的 10 倍)；如果 C 为 0.5，则 K=2，即投资增加 100 美元，可使国民收入增加 200 美元(即 100 美元的 2 倍)；如果 C 为 0，即人们将增加的收入全部用于储蓄，则 K=1，即国民收入增加为投资增加的 1 倍，也为 100 美元；如果 C 为 1，即人们把增加的收入全部用于消费，则 K 为无穷大，即国民收入增加的倍数为无穷大。可见，乘数的大小是由边际消费倾向决定的，两者成正比例关系。

凯恩斯主义把投资乘数原理引入对外贸易领域，分析了对外贸易与增加就业、提高国民收入的倍数关系。凯恩斯主义者认为，一国的出口和国内投资一样，属于“注入”，对就业和国民收入有倍增作用；而一国的进口，则与国内储蓄一样，属于“漏出”，对就业和国民收入有倍减效应。当商品劳务输出时，从国外获得货币收入，会使出口产业部门收入增加，消费也随之增加，从而引起其他产业部门生产增加、就业增多、收入增加。如此反复下去，收入增加将为出口增加的若干倍。当商品劳务输入时，向国外支付货币，会使产业部门收入减少，消费随之下降、国内生产缩减、收入减少。因此，只有当对外贸易为顺差时，才能增加一国就业量，提高国民收入。此时，国民收入增加将为投资增加和贸易顺差的若干倍。这就是对外贸易乘数理论的含义。

3．超保护贸易论特点

与资本主义自由竞争时期的保护贸易政策相比，超保护贸易政策具有如下特点：

(1) 保护的对象扩大了。超保护贸易不但保护幼稚工业，而且更多地保护国内高度发展或出现衰落的垄断工业。

(2) 保护的目的变了。超保护贸易不再是培养自由竞争的能力，而是巩固和加强对国内外市场的垄断。

(3) 从保护转入进攻。以前贸易保护主义是防御性地限制进口，超保护贸易主义已经不是限于保护国内的工农业生产，而是保护高度发展的垄断集团利益；不是防御性地保护国内市场，而是进攻性地夺取国外市场，实现经济扩张。

(4) 保护的阶级利益从一般的工业资产阶级转向保护大垄断资产阶级。

(5) 保护的措施多样化。保护的措施不仅限于关税和贸易条约，还有各种非关税壁垒和其他奖出限入的措施。

凯恩斯的超保护贸易与重商主义都强调一国贸易顺差有利于本国经济发展，都认为需要通过政府干预来影响国际收支使之朝着有利于本国经济的方向发展，二者都是对经济总体的贸易保护，不特指某些产业，而且都强调保护贸易的货币意义，但对货币的理解是不同的。这些共同点的存在也正是凯恩斯主义超保护贸易理论被称为新重商主义的原因，但二者间也有很多差异：出发点不一样，贸易保护机制作用过程不一样，保护期限也不一样。

4. 超保护贸易政策实施

1929 年至 1933 年的世界性经济危机，使世界矛盾进一步尖锐化。各国垄断资产阶级为了垄断国内市场和争夺国外市场，纷纷要求实行超保护贸易政策。超保护贸易政策的主要内容包括：国家广泛地利用关税和非关税措施，限制外国商品进入本国市场，以维持商品的垄断高价来保持垄断组织的高额利润。同时垄断组织又把一部分垄断高额利润作为补贴(或者由国家补贴)，以倾销价格向国外进行商品倾销，占领国外市场，把自己的生产扩大到最大的限度。具体措施是对进出口贸易实行更严厉的许可证制度及外汇管制，如对进口商品规定进口限额、征收高额进口关税或禁止进口，对出口商品给予津贴或关税减免等。

从 19 世纪 70 年代到 20 世纪 30 年代，资本主义世界出现过两次保护主义的浪潮。第一次是自 1875 年前后开始，除比利时、荷兰和美国外，西方工业国家都较大幅度地提高了关税。第二次保护主义浪潮是在 1929 年的世界性大危机之后，空前严重的经济萧条使市场问题进一步尖锐化，各国政府在对外贸易方面无所不用其极，禁止性关税、外汇战争等纷纷登场。1930 年，美国把关税税率提升到极高的水平，进口商品的平均税率达到 53.2%，由此引发出一场世界主要国家间的关税战。与此同时，这些国家间也爆发了一场货币战，国际经济中各种矛盾激化。

5. 超保护贸易论简评

超保护贸易理论是以自由贸易理论批评者的身份出现的，是对自由贸易理论的补充和发展。这种发展主要表现为对传统贸易理论假定前提的修正。超保护贸易理论是重商主义贸易差额论在垄断资本主义条件下的翻版，它对资本主义国家的对外贸易和国际贸易的发展均起到了十分重要的促进作用。尤其对外贸易乘数理论，在一定程度上反映了对外贸易与国民经济发展之间的内在规律性。“二战”前后，超保护贸易论成为许多资产阶级政府制定经济政策的指导思想。这一理论的应用使这些国家实现了较快的经济增长。

但是，该理论也存在一定的缺陷和不足。例如，该理论掩盖了发达国家经济危机和失业的真正原因，忽视了对外贸易发挥乘数作用的前提条件等。

四、新贸易保护主义

新贸易保护主义是相对于自由竞争时期的贸易保护主义而言的，它形成于 20 世纪 70 年代中期。随着西欧和日本经济迅速赶超美国，发达国家经济发展的不平衡加剧，而两次石油危机使发达国家经济陷入滞涨和衰退，更使它们对世界市场的争夺日益激烈，市场矛盾突出。在此情况下，以美国为首推动的贸易自由化到 20 世纪 70 年代中期逐渐停顿下来，国际贸易中非贸易自由化倾向日趋加强，具体表现如下：

(1) 被保护的商品范围不断扩大。保护对象由传统工业产品、农产品延伸到高精尖产品和服务部门。工业品的保护范围从纺织品、鞋等“敏感性产品”扩展到钢铁、彩电、汽车、计算机等。服务贸易领域里，一些发达国家开始在投资比例、收益汇回等方面做出保护性限制。

(2) 限制进口的措施从关税壁垒转向以非关税壁垒为主。20 世纪 70 年代以来，发达国家竞相采用非关税壁垒来限制商品出口，并使之成为限制进口的主要措施。根据关贸总协定的初步统计，到 90 年代初，非关税措施的种类由 70 年代末的 800 多项增至 8 大类 75 种，计 3000 多项。同时用于限制进口的商品范围也日益扩大。从 1966 年到 1988 年，受到非关税限制的进口占总进口的比例，日本从 34%升至 50%，美国从 27%升至 57%，欧洲共同体(简称“欧共体”，现“欧洲联盟”，即“欧盟”)从 15%升至 58%，经济合作与发展组织由 17.5%升至 54%。

(3) 奖出限入措施的重点由限制进口转向鼓励出口。随着世界市场上贸易战的日益加剧，各国政府发现仅依靠贸易壁垒来限制进口难以满足本国企业扩大国外市场的需要，而且往往遭到其他国家的谴责和报复。因此，许多发达国家把奖出限入措施的重点从限制进口转向鼓励出口，从财政、组织、精神等方面鼓励出口，促进商品输出。

(4) 从贸易保护制度转向系统化的管理贸易制度。有人把管理贸易称为“有组织的自由贸易”和“不断装饰的保护贸易”。首先以立法形式使贸易管理法律化、制度化，如美国 1974 年贸易法案中的“301 条款”授权美国总统对给予美国出口实施不公平待遇的国家进行报复。其次在不放弃多边协调的同时，更多地采用单边管理、双边协调。

(5) 新贸易保护主义使贸易上的歧视性有所增强。

五、战略性贸易政策

20 世纪 80 年代中期，詹姆斯·布朗德、巴巴拉·斯潘塞等人提出战略性贸易政策理论。该理论一出现，对国际贸易理论体系以及许多国家对外贸易政策的制定都产生了重大影响。战略性贸易政策是指在不完全竞争和规模经济条件下，一国政府可以通过生产补贴、信贷优惠、出口补贴、国内税收优惠等保护政策手段，扶持本国战略性的工业成长，即保护和扶持那些需大规模生产以获取规模经济，并能产生外部经济的高新技术产业和对本国未来发展至关重要的行业。尽管对该理论的尖锐批评此起彼伏，同时其基本模型自身也有待进一步完善，但重要的是，该理论在很大范围内转化为了实际的政策建议并得到了有效实施。以最具有战略性特征的高科技产业为例，政府运用包括研发补贴在内的各种政策工具扶持本国的高科技产业已经是司空见惯的现象。而事实上，战略性贸易政策理论的实际影响力更为深远，绝非是对一些产业进行扶持本身所能反映的。

战略性贸易政策主要包括战略性出口补贴政策和战略性进口关税政策。战略性出口补贴政策是指政府向国内厂商提供出口补贴以鼓励其攻占更多的国际市场，在国际市场竞争中迫使外国竞争对手做出让步，把外国厂商的利润转移到本国厂商身上，以增进本国福利。该政策效应通常以美国波音公司与欧洲空中客车公司之间的竞争性博弈为例进行分析。战略性进口关税政策是指政府以征收进口商品关税的形式把部分外国厂商的垄断利润转移到国内，同时保护国内相关产业的成长。此外该政策理论认为，采取保护贸易政策，除了实现本国经济目标以外，重要的是还有利于实现社会公平、国家安全等非经济目标。

实践当中，美国、欧盟国家和日本是战略性贸易政策的主要实施国。其中，美国大量运用战略性贸易政策提高本国关键产业的竞争力，在农业技术进步、国防和国家安全导向技术的研究开发、信息技术和高科技产业的建立和发展中，美国政府都发挥了主导作用；欧盟国家运用战略性贸易政策的情况也相当普遍，政府出面支持、协调研究与开发项目并进行补贴；日本在很多产业中也成功地运用了进口保护以促进出口的战略性贸易政策。

中国加入世界贸易组织以后，减少了许多与 WTO 有关协议不一致的行政干预或政府干预。但是，选择对外贸易的自由化并非不要政府干预，相反，加入 WTO 要求政府具有更高超的干预手段，促进贸易利益的最大化。学习战略性贸易政策可能更具有实际意义。

六、21 世纪金融危机后的新一轮贸易保护主义政策

2008 年，由美国次贷危机演变为的金融风暴席卷全球，世界上多数国家的外贸出口受阻、增幅下降，导致部分企业生产经营困难，亏损增加，国家经济总量增幅亦有所下降。美国、欧盟国家和日本经济全部陷入衰退，新兴经济体的增速也大幅放缓。在这样的大环境下，2009 年初美国率先出台经济刺激方案，提出购买美国货，扩大美国人的就业条款，由此引发了新一轮贸易保护主义的浪潮。具体表现为实施主体的全球性和区域性、保护客体的广泛性与延伸性，而且保护措施表面渐趋合法化，开始从单纯的贸易政策转向综合的经济、竞争政策。

第三节　自由贸易政策

从历史上看，自由贸易政策盛行的时期主要有三个阶段：第一个阶段是 18 世纪中期至 19 世纪末的资本主义自由竞争时期，由英国开始实行自由贸易政策；第二个阶段是“二战”后到 20 世纪 70 年代的贸易自由化时期；第三个阶段是仍未结束的自 20 世纪 90 年代开始的贸易自由化趋势时期。

一、资本主义自由竞争时期英国的自由贸易政策

自由贸易政策在历史上多为经济强盛国家所采用，因而常被称为“强者”的政策。英国自 18 世纪中叶开始进入产业革命，当时的英国“世界工厂”地位已经确立并获得巩固，重商主义的保护贸易政策成为英国经济发展和英国工业资产阶级对外扩张的一大障碍。这时，英国工业资产阶级便要求在世界市场上进行无限制的自由竞争和自由贸易政策。他们要求其他国家供给英国粮食、原料和市场，而由英国向他们提供工业制成品。因此，英国新兴的工业资产阶级迫切要求废除重商主义时代所制定的一些外贸政策和措施。

1. 英国自由贸易政策的胜利

在 19 世纪 20 年代，以伦敦和曼彻斯特为基地的英国工业资产阶级开展了一场大规模的自由贸易运动，运动的中心是废除谷物法。工业资产阶级经过不断的斗争，最终战胜了地主、贵族阶级，取消了重商主义的保护贸易政策，使自由贸易政策逐渐取得胜利。主要表现在：

(1) 废除谷物法。

1833 年英国棉纺织业资产阶级成立全国性的反谷物法同盟，展开了声势浩大的反谷物

法运动。经过斗争，该条例终于在1846年废除，并于1849年生效。正如马克思所说："英国谷物法的废除是自由贸易在19世纪取得的最伟大的胜利"。

(2) 简化税法，降低关税税率和减少纳税税目。

1825年英国开始简化税法，废止旧税率，建立新税率。关税税率大大降低，所征关税完全是财政关税，禁止出口的法令完全废除。1842年英国进口纳税的商品项目共有1052个，1859年减至419个，1860年又减至43个，到1882年已逐步减少到10余种。纳税商品数目减少，大大简化了复杂的关税法则。

(3) 废除航海法。

航海法是英国限制外国航运业竞争和垄断殖民地航运事业的一项政策。从1824年开始，英国逐步废除这些限制性法令，到19世纪50年代，英国的沿海贸易和对殖民地贸易全部开放给其他国家，重商主义时代制定的航海法全部废除。

(4) 取消特权公司。

在1813年和1814年，东印度公司对印度和中国贸易的垄断权分别被废止。从此对印度和中国的贸易开放给所有的英国人，把殖民地贸易纳入自由贸易体系。

(5) 改变对殖民地的贸易政策。

在18世纪，英国对殖民地的航运享有特权，殖民地的货物输入英国享受特惠关税和待遇。1849年航海法废止后，殖民地可以对任何国家输出商品，也可以从任何国家输入商品。通过关税法的改革，废止了对殖民地商品的特惠税率，从此，殖民地与外国输入的商品均处于同等的竞争地位。同时也准许殖民地与外国签订贸易协定，英国不再干涉殖民地与任何外国建立直接的贸易关系。

(6) 签订自由通商条约。

1860年英法通商条约以及后来的英意、英荷等通商条约，相互提供最惠国待遇，放弃贸易歧视，意味着英国自由贸易政策在国际上的胜利。

2. 自由贸易政策的理论

随着西欧、尤其是英国资本主义的发展，重商主义观点已不再适应工业资产阶级对经济发展的要求，重农主义思想在这样的背景下呼之欲出。重农主义提倡商业的自由竞争，反对重商主义的贸易差额论，反对课征高额关税。英国学者大卫·休谟也主张自由贸易，提出物价与现金流出入机制的理论。

古典政治经济学家亚当·斯密在《国富论》中系统地提出国际分工的理论，由大卫·李嘉图继承并加以发展。后来经马歇尔等人的进一步演绎和补充，自由贸易理论不断充实和完善。

二、"二战"后至20世纪70年代的贸易自由化政策

第二次世界大战以后，随着世界经济的恢复、发展和经济全球化，世界范围内出现了贸易自由化趋势。美国的经济实力空前提高，膨胀的经济使其既有需要又有能力冲破当时发达国家所流行的高关税政策；日本和西欧的经济在"二战"后也迅速得到恢复；生产国际化和资本国家化使国际分工进一步深化；跨国公司的迅速兴起也迫切需要一个自由贸易环境以推动商品和资本的自由流动。这一切推动着发达国家的对外贸易政策先后出现了自

由化倾向。

1．战后贸易自由化的主要特点：

(1) 战后贸易自由化席卷全球，世界大多数国家和地区都受到影响。

(2) 战后美国为了在经济、政治和军事上向外扩张，积极主张取消关税和进口数量限制，成为战后贸易自由化的积极倡导者和推动者。

(3) 战后贸易自由化是垄断资本向外扩张的要求，代表了垄断资本利益。发达国家经济的高速增长，垄断资本要求占领更多的世界市场，都促使本国政府倡导和推行贸易自由化。

(4) 战后贸易自由化是在关贸总协定的框架下进行的，一些国际性机构或组织也将实现贸易自由化作为政策目标。

2．战后贸易自由化的理论基础

战后贸易自由化的理论基础可归纳为新要素理论和国际贸易新理论两部分。

新要素理论即为解释“里昂惕夫之谜”而产生的，它认为生产要素不仅仅是生产要素禀赋理论所说的劳动、资本和土地，技术、人力资本、研究与开发、信息以及管理等等，都是生产要素，这些无形的“软件”要素越来越成为形成贸易的基础，它决定着一国比较优势格局。新要素理论主要有人力资本论、技术差距论、信息贸易论等。

国际贸易新理论主要是指“二战”后，为解释新的贸易现象而产生的一系列国际贸易理论学说。传统国际贸易理论无法或不能全部解释这些现象，新贸易理论因此得以涌现和发展，主要包括上一章介绍的产业内贸易理论、产品生命周期理论等。

三、20世纪90年代的贸易自由化趋势

20世纪90年代以来，随着世界经济的好转和经济全球化的加速，以信息技术为中心的高新科技迅猛发展，贸易自由化在已有的基础上，进一步向纵深发展。越来越多的发展中国家开始推行经济自由化政策，贸易自由化已成为不可逆转的主流。

这一时期的贸易自由化的特征主要包括：

(1) 世界贸易组织的建立。

在推动全球贸易自由化方面，以WTO为代表的多边贸易体制所起的作用不可小觑。可以说，全球贸易自由化就是伴随着GATT的发展而发展的，并在WTO建立后进入新的历史阶段。“乌拉圭回合”(即第八轮多边贸易谈判)后，贸易自由化的范围已被扩大到服务业、知识产权、农产品和纺织品等领域。WTO的国际协调机制日益健全，是贸易自由化的重要制度保障。

(2) 发展中国家成为贸易自由化的重要推动力量。

自20世纪90年代初以来，随着贸易经济的恢复和发展，世界上大多数国家都驶入了经济发展的快车道。在72个《关税及贸易总协定》(简称《关贸总协定》)发展中国家缔约方中，有58个国家实施了单方面的贸易自由化改革。一向实行严格进口限制的印度、巴基斯坦等国，也在90年代初实行较为自由化的经济改革措施。与以往不同的是，在这次贸易自由化浪潮中，发展中国家整体也是积极参与者，使这次贸易自由化有了更为广阔的背景和更深厚的经济基础。

(3) 区域性经贸集团加速了贸易自由化的进程。

目前世界上约有 2/3 的区域经贸集团组织是在 20 世纪 90 年代下半期确立的。一般各经贸集团组织都要求其成员方在一定时期内逐步消减关税和非关税壁垒，放松金融和投资管制，逐步实现投资、贸易的自由化。目前，欧盟是国际上第一个最大的无关税集团。其他区域经贸集团组织也都在加快贸易自由化的进程。

贸易自由化虽然在其发展过程中由于涉及不同国家不同集团的利益而反复出现贸易保护主义行为，但从整体上看，贸易自由化仍是主导 21 世纪的基本潮流。

本章小结

国际贸易政策是一国政府在一定时期内为实现一定的政策目标而对本国进出口贸易制定并实施的政策。从总体上规定了该国国际贸易活动的指导方针和原则，有自由贸易政策和保护贸易政策两种基本类型。国际贸易政策经历了重商主义的国际贸易政策、自由竞争时期的自由贸易政策和保护贸易政策、超保护贸易政策以及当前的贸易自由化和新贸易保护主义等。

案例分析

我国对汽车产业的保护

鉴于汽车产业在国民经济中的重要地位，汽车产业是许多国家重点保护的产业之一，中国也不例外。“入世”前中国采用了关税与非关税壁垒、投资管理措施、贸易权和分销权限制、金融服务限制等措施，多管齐下地对汽车产业实施保护。

新中国成立至今，鉴于中国工业在国际上仍处于较为落后地位，我国基本上执行的是李斯特的保护幼稚产业的保护贸易政策。在该保护思想的指导下，中国采取了多种关税与非关税壁垒措施，辅之以进口替代政策，对汽车等产业实施了不同程度的保护。在众多贸易保护手段中，我国采用最多的还是传统的贸易保护手段，即高关税和进口配额。1986 年正式向关贸总协定提出“复关”时，我国总体关税水平在 40%以上，大大高于世界平均水平。当时发达工业国家工业品平均关税水平仅为 4.7%，而发展中国家为 13%。如果分行业和产品来看，中国汽车总体关税水平也高于全国平均关税水平。以轿车为例，1994 年以前，中国关税总水平约为 40%，而轿车为 180%～220%；2002 年中国关税总水平为 12.7%，工业品平均关税水平为 11.7%，而轿车关税水平为 43.8%～50.7%。这说明汽车是政府重点保护行业，同时长期奇高的关税保护也说明中国对汽车产业实行了过度保护。

除关税壁垒外，我国还采用了部分非关税壁垒措施作为汽车产业的主要保护手段，如配额、进口许可证、外汇管制、进口数量限制等。这在 1994 年开始实施的《汽车产业政策》中体现得尤为明显。贸易保护使得国内汽车厂商在价格上与国外汽车厂商相比，具有明显的竞争优势。这些保护在我国汽车产业发展过程中发挥了一定的积极意义。

(资料来源：根据相关资料整理)

思考题：

1．我国汽车产业的发展是如何体现李斯特保护幼稚工业论的？

2．一国经济发展在借鉴李斯特保护幼稚工业论时应注意些什么？

3．结合当今国际贸易自由化的背景，谈谈你对于保护幼稚工业论借鉴意义的认识。

练　习　题

1. 既然自由贸易有贸易保护所不具有的诸多好处，为什么到目前为止没有任何一个国家实行完全的自由贸易？什么时候“自由贸易时代”会到来？

2. 如何看待本杰明·富兰克林 1779 年提出的“从来没有一个国家是被贸易所摧毁的”论断？

3. 比较各种贸易保护理论的出发点和政策主张。

4.“二战”后，美国既是贸易自由化的主要倡导者，同时又是新贸易保护主义的重要发源地，如何解释这一现象？

第五章　进口保护政策：关税

本章教学目标

通过本章的学习，读者应熟练掌握关税的种类及征收方法；了解海关税则和通关手续；学会运用局部均衡分析法分析小国征收关税的经济效应。

章首阅读

原装进口奶粉 2014 年税率下调

财政部日前发布了《2014 年关税实施方案》(以下简称《方案》)。其中，消费者最为关心的奶粉关税问题，《方案》规定，供婴幼儿食用的零售包装配方奶粉暂定税率为 5%。但业内人士认为，关税的调整对奶粉的市场价格影响并不大。

根据《方案》，与 2013 年的调整方案一样，乳蛋白部分水解配方、乳蛋白深度水解配方、氨基酸配方、无乳糖配方等特殊婴幼儿奶粉 2014 年暂定税率仍然为 5%，比最惠国税率的 20%下调了 75%。不同的是，2014 年的调整方案增加了供婴幼儿食用的零售包装配方奶粉这一项目，暂定税率为 5%，比最惠国税率的 15%下调了 67%。即原装进口奶粉基本都享受 5%的关税税率。

进口奶粉此次降低进口关税税率又会否影响进口奶粉的终端价格？业内人士认为，关税的调整对奶粉的市场价格影响并不大。

“事实上，2013 年就把乳蛋白部分水解配方奶粉的税率调低为 5%。目前市面上几乎所有奶粉都采用了乳蛋白部分水解这个生产工艺，也就是说大部分洋奶粉早已享受 5%的税率。”有奶粉代理商在接受《羊城晚报》记者采访时表示，过去一年如果不是发改委的反价格垄断调查，很多洋奶粉仍会继续涨价。

上述代理商认为，一般而言，一罐洋奶粉进入中国，除了需要缴纳关税，缴纳 10%的质检费用、17%的增值税，还有 10%的总代理费用，10%～20%的渠道费用，20%～30%的经营成本费用等。降低的关税根本没办法弥补快速增长的经营费用。再加上终端入场费、人工费等经营费用每年都在大幅度增长。“可见即使关税下调，奶粉的零售价也不可能降。”

第一节　关税概述

一、关税的概念

关税(Tariff)是指进出口商品经过一国关境时，由政府所设置的海关对本国进出口商所征收的税收。由于征收关税提高了进出口商品的成本和价格，客观上限制了进出口商品的数量，所以关税又被称为关税壁垒。

英国是最早实行统一国境关税制的国家。英国资产阶级革命在1688年取得胜利后，便建立了这种国境关税制。之后，法国、比利时、荷兰受英国的影响，也设立了统一的国境关税。随后，世界各国普遍采用，实行至今。

关税是最悠久的国际贸易政策工具。尽管“二战”以来，世界各国的关税水平都已大幅降低，但同其他贸易政策工具相比较，关税仍然是最普遍的一种对外贸易政策工具。

二、关税的特点

与其他税种相比较，关税的特点主要有：

(1) 关税是一种间接税。关税主要是对进出口商品征税，其税负可以作为成本的一部分加在货价上，转嫁给买方或消费者。即由进出口商人先将关税交给国家，其再将关税转加到商品价格中，最后由消费者分摊。

(2) 关税的征税人是海关。征收关税是海关工作的一个重要组成部分。《中华人民共和国海关法》规定：“中华人民共和国海关是国家的进出关境监督管理机关，海关依照本法和其他有关法律、法规，监督进出境的运输工具、货物、行李物品，征收关税和其他税费，查缉走私，并编制海关统计和其他海关业务。”根据海关税法和有关规定，海关对各种进出口商品依据不同的税目和税率征收关税。监督管理、征收关税和查缉走私是当前我国海关的三项基本任务。

(3) 关税的纳税主体和客体是进出口商和进出口货物。在税法中，征税涉及纳税主体与客体。纳税主体也称课税主体，是指在法律上负有纳税义务的自然人和法人，也称纳税人。纳税客体也称课税客体或课税对象。关税的纳税主体是本国的进出口商。当商品进出国境或关境时，进出口商根据海关规定向当地海关交纳关税，他们是纳税主体。关税的纳税客体是进出口商品。

(4) 关税具有涉外统一性，执行统一的对外经济政策。关税是一个国家的重要税种。国家征收关税不单是为了满足政府财政上的需要，更重要的是利用关税来贯彻执行统一的对外经济政策，实现国家的政治、经济目的。在我国现阶段，关税被用来争取实现平等互利的对外贸易，保护并促进国内工农业生产发展，为社会主义市场经济服务。

三、关税的作用

1．增加财政收入

关税是国家税收的一种，组织财政收入是关税的基本职能之一。在早期，关税收入曾占一些国家财政收入的很大比例，例如，1805年美国联邦政府的财政收入90%—95%是来自关税，1900年仍占41%强。在当今，大多数国家特别是发达国家关税占财政收入的比重已经大大下降，如美国在1995年关税收入占财政收入比重约为2%。但在少数国家关税收入仍然是财政收入的重要来源。

2. 保护本国产业

关税的一个重要职能是抵御外来竞争和保护国内产业。征收关税必然使进口商品的成本增加，削弱其竞争能力，增加了对国内产品的需求，从而刺激国内生产和就业。特别是对幼稚工业而言，为了使其避免来自外国发展成熟的竞争对手的竞争，就需要通过征收关税或政府干预予以暂时保护，当这些工业成长起来并能够承受外来竞争时，对它们的保护方可移去。此外，如果市场是完全竞争性的，各种市场信息畅通，产业的发展变化就可以得到及时的反应，资源配置可以得到迅速调整。但在现实当中，这种市场的不完全性意味着调整需要一个较长时期，而征收关税将增加进口成本，阻碍进口的激增，从而使本国产业有充裕的时间来进行调整。

3. 关税可以调节一国进出口贸易

许多国家通过制定和调整关税税率来调节进出口贸易。在出口方面，通过低税、免税和退税来鼓励商品出口；在进口方面，通过税率的高低、减免来调节商品进口。对于国内不能生产或生产不足的商品，制定较低税率或免税以鼓励进口；对于国内能大量生产或非必需品的进口，则制定和适用较高税率，以限制进口或达到禁止进口的目的。此外，关税还可以调整贸易差额。当一国贸易逆差过大时，可以通过提高关税税率或征收附加税限制进口，缩小贸易差额。

4. 关税是一国实施对外贸易政策的重要手段

一国是实施自由贸易政策还是保护贸易政策，贸易保护程度的高低以及实施贸易保护是否存在着歧视性等都体现在该国的关税政策上。如在自由贸易政策下，多数商品适用较低的关税税率或免征关税；在保护贸易政策下，一国往往对进口商品通过课征关税予以限制，限制程度则取决于关税税率的高低。在一国对外贸易关系发展过程中，实施歧视性待遇通常采用的重要做法之一，就是针对来自于不同国家或地区的商品适用不同的关税税率。

【资料卡 5-1】

进口奢侈品降税引争议 降税被质疑给富人减负

有关部门关于降低进口中高档消费品税负的动议，引发各方关注。一些业内人士指出，进口环节税负高是导致消费者去国外购买奢侈品的主要原因，是消费外溢和税款损失的背后“推手”。

争议一：降税是否能把奢侈品消费留在国内？

世界奢侈品协会的调查显示，中国2012年有望成为全球第一大奢侈品消费国，但与此同时，中国消费者境外购买奢侈品的金额4倍于国内，每年数百亿美元流失海外，也创下了世界第一。据了解，我国奢侈品进口环节涉及的税种主要有消费税、增值税和关税，能否通过降税把奢侈品消费留在国内？

争议二：奢侈品降税是否在给富人"减负"？

【焦点】在当前中国贫富差距不断拉大的背景下，降低进口奢侈品税负的观点可能会招来为富人"减负"的质疑。那么，给进口奢侈品降税，是否会有损税收的公平原则？

【观点一】这涉及对现行税制中奢侈品定义进行动态调整的问题。我国对高档手表、化妆品等进口商品征收消费税的初衷是为了对富人征税，体现社会公平，但如今许多当时的奢侈品已变成有大众消费特征的中高档商品，因此建议降低或取消这部分进口商品的消费税。否则消费者就有"被奢侈"、"被富裕"之嫌。

【观点二】刘尚希：对高档奢侈品征收消费税，主要目的是从维护社会公平出发，调节收入分配，即对少数富人能够消费的产品征收消费税，增加的收入用于对低收入群体的补助，从而缩小贫富差距。

(资料来源：根据相关资料整理)

第二节　关税的主要种类

关税种类繁多，按不同的标准可以从不同的角度进行分类。

一、按照征收的对象或商品流向分类

按照征收的对象或商品流向，关税可分为进口税、出口税、过境税。

1．进口税

进口税(Import Duty)是指进口商品进入一国关境时，由该国海关对本国进口商所征收的一种关税。当一个国家建有自由港、自由贸易区或保税仓库时，则在外国货物从自由港、自由贸易区或保税仓库进入进口国的国内市场销售时予以办理海关手续，征收进口关税。进口税又称正常关税或进口正税。

由于世界各国所征收的关税大多采用这种税，所以国际上通常所称的关税或国际关税协定，国际关税谈判所指的关税，一般均指进口税。

征收进口税，可以增加进口货物成本，削弱其在进口国市场的竞争能力，保护进口国商品的生产和经济的发展。因而，在国际贸易竞争中，进口税一直被作为一个重要的和公认的保护手段。一方面它具有调节本国市场需求、调节市场价格和增加国家财政收入等作用。另一方面它也能成为关税壁垒，阻碍国际贸易的发展，以及使本国被保护的企业产品产生依赖性，缺乏在国际市场上的开拓和竞争能力。

各国进口税税率的制定是基于多方面因素的考虑，从有效保护和经济发展出发，对不同商品制定不同的税率。一般来说，采取关税升级做法，即进口税税率随着进口商品加工程度的提高而提高。工业制成品税率最高，半制成品次之，原料等初级产品税率最低甚至免税；对于国内紧缺而又急需的生活必需品和机器设备予以低关税或免税，而对国内能大量生产的商品或奢侈品则征收高关税。同时，由于各国政治、经济关系的需要，会对来自不同国家的同一种商品实行不同的税率。

一般说来，进口税税率可以分为普通税率和最惠国税率。

1) 普通税率

普通税率适用于未签订任何关税互惠贸易条约国家之间的贸易。普通税率是最高税率，一般比优惠税率高 1～5 倍，少数商品甚至更高。目前仅有个别国家对极少数(一般是非建交)国家的出口商品实行这种税率，大多数国家只是将其作为其他优惠税率减税的基础。因此，普通税率并不是被普遍实施的税率。

2) 最惠国税率

最惠国税率适用于签有最惠国待遇条款的贸易协定国家之间的商品贸易。最惠国待遇(Most-Favored-Nation Treatment，MFNT)又称“无歧视待遇”，是指缔约国一方现在和将来给予任何第三方的一切特权、优惠和豁免，也同样给予对方。最惠国税率是互惠的，且比普通税率低。

最惠国税率比普通税率要低，税率差幅则往往很大。例如，美国对绸缎进口，最惠国税率为 11%，普通税率为 60%。第二次世界大战以后，大多数国家加入《关税及贸易总协定》或签订了双边贸易条约或贸易协定，相互提供最惠国待遇，享受最惠国税率，因此，正常进口税通常就是指的最惠国税。但最惠国税率并非是最低税率。在最惠国待遇中往往规定有例外条款，如在缔结关税同盟、自由贸易区或有特殊关系的国家之间规定更优惠的关税待遇时，最惠国待遇并不适用。

2．出口税

出口税(Export Duty/Export Tax)是出口国海关根据关税税则对出口商品所课征的关税。

征收出口税的目的主要有以下几点：

(1) 增加财政收入。从世界范围来看，发达国家几乎不再征收出口税，但大多数发展中国家由于其税源有限，仍在征收出口税。如拉丁美洲的大多数国家征收 1%～5%的出口税。

(2) 限制重要的原材料大量输出，保证国内供应。

(3) 提高以使用该国原材料为主的国外加工产品的生产成本，削弱其竞争能力。

(4) 控制和调节某些商品的出口流量，防止盲目出口，以保持其在国外市场上的有利价格。

(5) 防止跨国公司利用“转移定价”逃避或减少在所在国的纳税，向跨国公司出口产品征收高额出口税，维护本国的经济利益。

(6) 反对跨国公司在发展中国家低价收购初级产品。例如，1975 年 1 月几内亚对铝矾土及其副产品征收特别出口税。

我国历来采用鼓励出口的政策，但为了控制一些商品的出口流量，采用了对极少数商品征收出口税的办法。被征收出口税的商品主要有生丝、有色金属、铁合金、绸缎等，出口税率从 10%到 100%不等。

3．过境税

过境税(Transit Duty)又称通过税或转口税，是一国海关对通过其关境再转运第三国的外国货物所征收的关税。其目的主要是增加国家财政收入。过境税在重商主义时期盛行于欧洲各国。随着资本主义的发展，交通运输事业的发达，各国在货运方面的竞争激烈，同时，过境货物对本国生产和市场没有影响，于是，到 19 世纪后半期，各国相继废除了过境税。第二次世界大战后，关贸总协定规定了“自由过境”的原则。目前，大多数国家对过境货物只征收少量的签证费、印花费、登记费及统计费等。

二、按照差别待遇和特定的实施情况分类

按差别待遇和特定的实施情况，关税可分为进口附加税、差价税、特惠税和普遍优惠制。

1．进口附加税

进口附加税(Import Surtax)是指进口国海关对进口的外国商品在征收进口正税之外，出于某种特定目的而额外加征的关税。征收进口附加税的目的主要包括：应付国际收支逆差，维持进出口平衡；防止外国商品的低价倾销；对某个国家实行歧视或报复等。比如乌克兰政府为了保护国内汽车生产商的利益，于2009年3月初对汽车征收13%进口附加税，同时，国内汽车销售商自3月6日起已停止从国外进口汽车。因此，进口附加税又被称为特关税。进口附加税不同于进口税，在一国海关税则中并不能找到，也不像进口税那样受到世界贸易组织的严格约束而只能降不能升，其税率的高低往往视征收的具体目的而定。

一般来说，对所有进口商品征收进口附加税的情况较少，大多数情况是针对个别国家和个别商品征收进口附加税。进口附加税主要有反倾销税、反补贴税、紧急关税、惩罚关税和报复关税五种。

1) 反倾销税

反倾销税(Anti-dumping Duty)是对实行倾销的进口货物所征收的一种临时性进口附加税。征收反倾销税的目的在于抵制商品倾销，保护本国产品的国内市场。因此，反倾销税税额一般按倾销差额征收，由此抵消低价倾销商品价格与其正常价格之间的差额。

2) 反补贴税

反补贴税(Countervailing Duty)又称反津贴税、抵消税或补偿税，是指进口国为了抵消某种进口商品在生产、制造、加工、买卖及输出过程中接受的直接或间接奖金或补贴而征收的一种进口附加税。征收反补贴税的目的在于增加进口商品的价格，抵消其所享受的贴补金额，削弱其竞争能力，使其不能在进口国的国内市场上进行低价竞争或倾销。

关贸总协定《补贴与反补贴税守则》规定，征收反补贴税必须证明补贴的存在及这种补贴与损害之间的因果关系。如果出口国对某种出口产品实施补贴的行为对进口国国内某项已建的工业造成重大损害或产生重大威胁，或严重阻碍国内某一工业的新建时，进口国可以对该种产品征收反补贴税。反补贴税税额一般按奖金或补贴的数额征收，不得超过该产品接受补贴的净额，且征税期限不得超过5年。另外，对于接受补贴的倾销商品，不能同时既征反倾销税又征反补贴税。

3) 紧急关税

当某类商品进口量剧增，对国内相关产业带来巨大威胁或损害时，按照WTO有关规则，可以启动一般保障措施，即在与有实质利益的国家或地区进行磋商后，在一定时期内提高该项商品的进口关税或采取数量限制措施，以保护国内相关产业不受损害。《关税及贸易总协定》第19条规定了“对某些产品进口的紧急措施”，以规范各成员保障性紧急关税措施的采用；根据世界贸易组织《保障措施协议》的规定，当一缔约方因为履行贸易自由化承诺，导致来自于其他成员方的某一产品进口量激增，并对国内同类或相似产品造成严重损害或威胁时，进口国可以采取限制进口数量或征收临时性进口关税的手段，缓解进

口对国内同类产品的竞争压力。可见，保障性关税是保障措施的主要救济手段之一。

4) 惩罚关税

惩罚关税(Penalty Tariff)是指出口国某商品违反了与进口国之间的协议，或者未按进口国海关规定办理进口手续时，由进口国海关向该进口商品征收的一种临时性的进口附加税。这种特别关税具有惩罚或罚款性质。例如，美国在与别国进行贸易谈判时，就经常扬言若谈判破裂就要向对方课征高额惩罚关税，以此逼迫对方让步。这一手段在美国经济、政治实力鼎盛时期非常有效，但随着世界经济多极化、全球化等趋势的加强，这一手段日渐乏力，且易招致别国的报复。

5) 报复关税

报复关税(Retaliatory Tariff)是指一国为报复他国对本国商品、船舶、企业、投资或知识产权等方面的不公正待遇，对从该国进口的商品所课征的进口附加税。通常在对方取消不公正待遇后，报复关税也会相应取消。例如，2003 年 1 月，世贸组织裁定美国《伯德修正案》非法，并限期美国予以废除。然而，美国国会却一直置之不理。世贸组织认定《伯德修正案》使日本减少对美出口收入 5210 万美元，并认可日本在这一范围内通过实施报复性关税减少美国对日出口。于是日本从 2005 年 9 月 1 日起对从美国进口的钢产品在征收一般关税的基础上再追加 15%的报复性关税。这是日本首次对美征收报复性关税。同期，欧盟和加拿大从 2005 年 5 月也对纤维、农产品等美国产品实施追加 15%的报复性关税。需要注意的是，报复关税也像惩罚关税一样，易引起他国的反报复，最终导致关税战。

征收进口附加税主要是为弥补正税的财政收入作用和保护作用的不足。由于进口附加税比正税所受国际社会约束少，使用灵活，因而常常会被用作限制进口与贸易斗争的武器。过去，我国在合理地、适当地应用进口附加税的手段方面显得非常不足。比如，因长期没有自己的反倾销、反补贴法规，不能利用反倾销税和反贴补税来抵制外国商品对我国的低价倾销，以保护我国同类产品的生产和市场。直到 1997 年 3 月 25 日，我国颁布了《中华人民共和国反倾销和反补贴条例》，才使我国的反倾销、反补贴制度法制化、规范化。

2. 差价税

差价税(Variable Levy)又称差额税，是按国内市场和国际市场的价格差额对进口商品征收的关税。当某种本国商品的国内价格高于同类的进口商品的价格时，为了削弱进口商品的竞争能力，保护国内生产和国内市场，按国内价格和进口价格间的差额征收关税，这种关税就叫差价税。它是一种滑动关税。典型的例子是欧共体国家对农产品进口征收的关税。欧共体成立后为促进本地区农业的发展和保护农场主的利益，首先实施共同农业政策(CPA)，制定了农产品的目标价格(Target Price)，作为干预农产品市场的标准。目标价格即从欧共体内部生产效率最低而价格最高的内地中心市场的价格为准而定的价格。其次，确定门槛价格(Threshold Price)，即用目标价格减去从内地中心市场到主要进口港的所付的一切开支后的价格，该价格是差价税估价单基础。差价税由有关产品的门槛价格与进口价格的差额决定。

3. 特惠税

特惠税(Preferential Duty)又称优惠税，是对来自特定国家或地区的进口商品给予特别优惠的低关税或免税待遇。使用特惠税的目的是为了增进与受惠国之间的友好贸易往来。特惠税有的是互惠的，有的是非互惠的。

特惠税最早开始于宗主国与其殖民地及附属国之间的贸易，目前仍在起作用。最有影响的洛美协定国家之间的特惠税，是目前世界上免税程度最大的一种特别优惠的关税，它是欧盟向参加协定的非洲、加勒比海和太平洋地区的发展中国家单方面提供的特惠关税。按照洛美协定，欧共体在免税、不限量的条件下，接受受惠国的全部工业品和96%农产品，而不要求受惠国给予反向优惠，并放宽原产地限制以及其他部分非关税壁垒。

4．普遍优惠制

普遍优惠制(Generalized System of Preferences，GSP)简称普惠制，是发达国家给予发展中国家出口的制成品和半制成品(包括某些初级产品)普遍的、非歧视的、非互惠的一种关税优惠制度。普遍性、非歧视性和非互惠性是普惠制的三项基本原则。普遍性是指发达国家对所有发展中国家出口的制成品和半制成品给予普遍的关税优惠待遇；非歧视性是指应使所有发展中国家都无歧视、无例外地享受普惠制待遇；非互惠性是指发达国家单方面给予发展中国家特殊关税减让而不要求发展中国家给予对等待遇。

普惠制的目的是通过给惠国对受惠国的受惠商品给予减、免关税优惠待遇，使发展中的受惠国增加出口收益，促进其工业化水平的提高，加速国民经济的增长。普遍优惠制是发展中国家在联合国贸易和发展会议上长期斗争的成果。

从 1968 年联合国第二届贸易和发展会议通过普惠制决议至今，普惠制已在世界上实施了 40 多年。至今世界上共有 38 个给惠国：欧洲联盟 27 个成员国、挪威、瑞士、日本、加拿大、美国、澳大利亚、新西兰、俄罗斯、白俄罗斯、乌克兰、哈萨克斯坦、土耳其。希腊、西班牙、葡萄牙和保加利亚、波兰、匈牙利既是给惠国又是受惠国。值得一提的是，美国虽然给予我国最惠国待遇，但是在 GSP 上，它始终不肯对中国让步，它和保加利亚是 38 个给惠的发达国家中不对中国给惠的两个国家。因此，至今世界上 38 个给惠国中有 36 个给予我国普惠制关税减免优惠待遇。普惠制在实施 40 多年来，确实对发展中国家的出口起了一定的积极作用。但由于各给惠国在提供关税优惠的同时，又制定了种种烦琐的规定和严厉的限制措施，使得建立普惠制的预期目标还没有真正达到，广大发展中国家尚需为此继续斗争。

【资料卡 5-2】

普惠制方案

普惠制方案，即普惠制给惠方案，是各给惠国政府或国家集团根据普惠制的原则、目标，结合本国的国情所制定的具体的普惠制实施方案，定期或不定期地以政府法令的形式公布。现在，世界上有 38 个给惠国实施了 14 个普惠制方案，其中欧盟 27 个成员国执行一个共同的普惠制方案，其他给惠国实施各自的普惠制方案。各给惠国的普惠制方案内容虽然不尽相同，但根据联合国贸易和发展会议的有关规定，一般均包含 6 个基本要素，即给惠产品范围、关税削减幅度、保护措施、原产地规则、受惠国家/地区名单和有效期。

1．给惠产品范围(Product Coverage)

各给惠方案中都列有给惠产品清单或排除产品清单。凡列入给惠产品清单(即肯定清单)的产品，只要符合方案中的有关规定都可以享受普惠制待遇；凡列入排除产品清单(即“否定清单”)的产品，均不能享受普惠制待遇。一般地说，对协调编码制度(HS)1～24 章的农产品，因各给惠国对本国农业生产采取比较严格的保护措施，给惠产品较少，往往列出给惠产品清单。对 HS25～97 章的工业产品，因排除产品占少数，往往列出排除产品清单，主要是敏感性产品以及那些直接影响给惠国本国就业的产品，如某些纺织品、鞋类、皮革制品、石油化工产品等被排除在外。手工艺品一般都被列入给惠产品范围。

2. 关税削减幅度(Tariff Cut Depth)

普惠制减免关税，是在最惠国税率的基础上再进行削减或豁免。普惠制关税削减幅度又称普惠制优惠幅度，是普惠制税率与最惠国税率的差额。一般地说，大多数给惠国对农产品实行减税，且优惠差幅较小；对工业品则免税较多，且优惠差幅较大。

3. 保护措施(Protective Measures)

各给惠国为了保护本国生产者的利益，避免普惠制优惠进口过多而对其经济发展带来不良影响，在各自的普惠制方案中都订有保护措施，且有的保护措施非常严格。保护措施有四大类：例外条款、预定限额、竞争需要标准和“毕业”条款。这些措施是实现普惠制的原则与目标的重大障碍。

4. 原产地规则(Rules of Origin)

原产地规则是各给惠国对于受惠国出口产品享受普惠制待遇必备条件的规定，是普惠制的主要组成部分和核心内容。为了确保普惠制关税优惠待遇的好处，只给予在发展中国家生产、收货和制造，并从发展中国家运出的产品，各给惠国都制定了详细的原产地规则。原产地规则的主要内容包括原产地标准、直接运输原则和证明文件等。其中最重要的是原产地标准。

5. 受惠国家和地区(Beneficiaries)

受惠国家和地区——各给惠国的普惠制方案中都列有受惠国家和地区的名单，就普惠制的概念而言，统称为受惠国。各给惠国根据各自的政治、经济政策以及发展中国家的经济发展状况选择其受惠国，由于没有一个统一的、客观的政治、经济标准，一些发展中国家被某些给惠国或某个给惠国排除在受惠国(地区)名单之外，受到歧视。

6. 有效期(Duration)

根据联合国贸易和发展会议决议，普惠制的实施期限以十年为一个阶段。现在普惠制的给惠方案都已进入第四个十年实施阶段。为了适应形势的变化和贸易的发展，给惠国在其普惠制实施期限内每年或数年不定期地公布其修改的内容。各个给惠方案的有效期自方案生效之日起算。

(资料来源：根据相关资料整理)

第三节 关税的征收方法和海关税则

关税征收的最基本的两种方法是从量税和从价税。在这两种税收的基础上，又有复合税和选择税。

一、关税的征收方法

关税的征收方法又称征收标准，一般来说，可分为从量税、从价税、混合税和选择税四种。

1．从量税

从量税(Specific Duty)是以进口货物的重量、数量、长度、容量和面积等计量单位为标准计征的关税。其中，重量单位是最常用的从量税计量单位。从量税的计算公式为

从量税税额＝货物计量单位数×从量税率

以重量为单位征收从量税时应注意，在实际应用中各国计算重量的标准各不相同，一般采用毛重、半毛重和净重。毛重(Gross Weight)指商品本身的重量加内外包装材料在内的总重量。半毛重(Demigross Weight)指商品总重量扣除外包装后的重量。净重(Net Weight)则指商品本身的重量，不包括内外包装材料的重量。

从量税不受征税对象价格变动的影响，只与征税对象的数量有直接的关系。对于体积大、数量多、价值低的商品而言，从量税具有手续简便的优点，但在同类征税对象价格差别较大和同一征税对象价格波动较大的情况下，从量税容易导致税负失衡。故从量税通常只适用于征税对象比较单一、价格相对稳定的税种(税目)，难以普遍采用。目前很少有国家单纯使用从量税。我国目前对原油、啤酒等少量商品征收从量税。

目前，完全采用从量税的发达国家仅有瑞士一个。

2．从价税

从价税(Advalorem Duty)是以货物价格作为征收标准的关税。从价税的税率表现为货物价格的百分值。从价税的计算公式为

从价税税额＝进口货物总值×从价税率

征收从价税的一个重要问题是确定进口商品的完税价格(Dutiable Value)。所谓完税价格，是指经海关审定的作为计征关税依据的货物价格，货物按此价格照章征税。各国规定了不同的海关估价确定完税价格，目前大致有以下三种：FOB、CIF和进口国的官方价格。美国、加拿大等国采用FOB价格来估价，而西欧等国采用CIF价格作为完税价格，不少国家甚至故意抬高进口商品完税价格，以此增加进口商品成本，把海关估价变成一种阻碍进口的非关税壁垒措施。

为了弥补各国确定完税价格的差异且减少其作为非关税壁垒的消极作用，关贸总协定东京回合达成了《海关估价协议》，规定了六种应依次使用的海关估价方法。其中采用进口商品或相同商品的实际价格(Actual Value)作为估价的主要依据，即以进口国立法确定的某一时间或地点，在正常贸易过程中于充分竞争的条件下，某一商品或相同商品出售或兜售的价格为依据，而不能以臆断或虚构的价格为依据。当实际价格不能确定时，应以可确定的最接近实际价格的相当价格作为确定完税价格的依据。

由于从价税具有税负公平、易于实施、征收简单、税负明确等优点，因此成为目前使用最为广泛的关税税种。目前我国对绝大多数进口商品均征收从价税。

3．混合税

它是指对于同一种商品同时制定从价和从量两种税率，对某种进口商品，采用从量税

和从价税同时征收的方法。它可以是以从量税为主加征从价税，也可以以从价税为主加征从量税。但在实践中，货物的从价税额和从量税额难以同时确定，而且手续繁杂，目前，我国对录像机、放像机、摄像机和摄录一体机等商品实行混合税。

4. 选择税

选择税是指对一种进口商品同时规定有从价税和从量税两种税收，在征收时选择其中一种税额较高的征收。但有时为了鼓励进口，也会选择其中税额较低的一种征收。

二、关税的征收依据

各国征收关税的依据是海关税则。海关税则(Customs Tariff)又称关税税则，是一国对进出口商品计征关税的规章和对进出口应税与免税商品加以系统分类的一览表。海关税则是关税制度的重要内容，是国家关税政策的具体体现。

海关税则一般包括两个部分：一部分是海关课征关税的规章条例及说明，另一部分是关税税率表。其中，关税税率表主要包括税则号列、商品分类目录及税率三部分。商品分类目录将种类繁多的商品或按加工程度，或按自然属性、功能和用途等分类。随着经济的发展，各国海关税则的商品分类越来越细，这不仅是由于商品日益增多而产生技术上的需要，更主要的是各国开始利用海关税则更有针对性地限制有关商品进口和更有效地进行贸易谈判，将其作为实行贸易歧视的手段。

为了减少各国海关在商品分类上的矛盾，统一税则目录开始出现并不断完善，相继产生了《海关合作理事会税则商品分类目录》、《国际贸易标准分类》和《商品名称及编码协调制度》。

海关税则中的同一商品，可以一种税率征税，也可以两种或两种以上税率征税。按照税率表的栏数，可将海关税则分为单式税则和复式税则两类。

1. 单式税则

单式税则(Single Tariff)是指只有一栏税率的海关税则。每个税目只制订一个税率，故又称其为一栏税则，即对来自任何国家的商品均以同一税率征税，没有差别待遇。它是海关早期使用的、比较简单的税则制。目前，只有少数发展中国家如委内瑞拉、巴拿马、冈比亚等仍实行单式税则。

2. 复式税则

复式税则(Complex Tariff)又称多栏税则，是指同一税目下设有两个或两个以上的税率，即对来自不同国家的进口商品按不同的税率征税，实行差别待遇，体现贸易政策的差别。世界上大多数国家都相继实行了复式税则。其中，普通税率是最高税率，特惠税率是最低税率，在两者之间，还有最惠国税率、协定税率、普惠制税率等。复式税则有二栏、三栏、四栏等几种形式。我国目前采用二栏税则，美国、加拿大等国实行三栏税则，而欧盟等国实行四栏税则。

在单式税则或复式税则中，依据制订税则的权限又可分为自主税则或国定税则和协定税则。前者是指一国立法机构根据关税自主原则单独制定而不受对外签订的贸易条约或协定约束的一种税率。后者则指一国与其他国家或地区通过贸易与关税谈判，以贸易条约或协定的方式确定的关税率。协定税则是在本国原有的国定税则以外，通过与他国进行关税减让谈判而另行规定的一种税率，因此要比国定税率低。此外，在单式税则或复式税则中，依据进出口商品流向的不同，还可分为进口货物税则和出口货物税则。

三、关税的征收程序

征收关税的程序即通关手续，又称报关手续，通常包括申报(Declaration)、查验(Inspection)、放行(Release)三个基本环节。具体来说，是指出口商在进出口商品时要向海关申报出口或进口，提交进出口货物的报关单以及有关证明，接受海关的监督与检查，履行海关规定的手续；然后，海关按照有关法令和规定，查验审核有关单证和货物，计算进出口税额；最后，进出口商结清应征税额和其他费用，海关在有关单证上签印，以示货物可以通关放行。

通常进口商应在货物到达后所规定的工作日内办理通关手续。如果进口商对于某些特定的商品，如水果、蔬菜、鲜鱼等易腐商品，要求货到时立即从海关提出，可在货到前先办理提货手续，并预付一笔进口税，至次日再正式结算进口税。如果进口商想延期提货，在办理存栈报关手续后，可将货物存入保税仓库，暂时不缴纳进口税。在存仓期间，货物可再行出口，就不必付进口税，如打算运往进口国国内市场销售，在提货前必须办理通关手续。货物到达后，进口商如在规定日期内未办理通关手续，海关有权将货物存入候领货物仓库，期间一切责任和费用均由进口商负责。如果存仓货物在规定期间内仍未办理通关手续，海关有权处理该批货物。

【资料卡 5-3】

2012 年关税实施方案调整

依据海关总署 2010 年第 85 号公告，经国务院批准，《2012 年关税实施方案》于 2012 年 1 月 1 日起开始实施。《2012 年关税实施方案》包括进口关税调整、出口关税调整、税则税目调整三个方面。调整后，2012 年的关税总水平将达到 9.8%，其中农产品平均税率为 15.2%，工业品平均税率为 8.9%。税目总数由 2010 年的 7923 个增至 7977 个，实施暂定税率的商品总计达 637 项之多，平均税率约为 4.5%，优惠幅度为 56%。

(资料来源：根据相关资料整理)

第四节　小国征收关税的局部均衡分析

关税的经济效应是指一国征收关税对其国内价格、贸易条件、生产、消费、贸易、税收、再分配及福利等方面所产生的影响。关税的经济效应可以从整个经济的角度来分析，也可以从单个商品市场的角度来考察，前者属于一般均衡分析，后者为局部均衡分析。为便于分析和理解，本节仅从局部均衡的角度讨论小国征收关税所产生的经济效应。

设某国为小国，其对某商品 X 的供给、需求、贸易状况如图 5-1 所示。图中，横坐标轴表示商品 X 的数量，纵坐标轴表示商品 X 的价格，S_X 和 D_X 分别代表商品 X 的供给曲线和需求曲线，两线之交点 E 为隔离均衡点，P_e 为隔离均衡价格。在自由贸易条件下，当不计运费时，国内价格等于国际价格，为 P_{X1}。在此价格下，该国对商品 X 的需求量为 AB，本国自行生产的数量为 AC，需进口的数量为 CB。S_F 为该国进口所面对的出口供给曲线，平行于横坐标轴，弹性无穷大。若该国对商品 X 的进口征收额度为 T 的关税(税率为 T/OP_{X1})，则其进口面对的是包括关税在内的新的出口供给曲线 S_{F+T}，征收关税对国内经济产生了以下影响:

(1) 价格效应。这是指征收关税对进口国价格的影响。由于小国对商品的国际价格没有影响力，因此课征关税后，商品 X 的国际价格仍为 P_{X1}，但其国内价格却升至 P_{X2}；且 $P_{X2} = P_{X1} + T$，即小国征收关税使进口品及其进口替代品的国内价格提高了与所征税额相当的幅度。

(2) 贸易条件效应。这是指征收关税对进口国贸易条件的影响。小国对进口商品征收关税使该商品的国内价格上升，从而使其国内生产扩张，消费减少，进口缩减。但小国进口量的减少并不会对国际市场的供求关系产生显著影响，因而不能影响该商品的国际价格，故小国的关税贸易条件效应并不存在。

(3) 消费效应。消费效应即征收关税对可进口品消费的影响。在图 5-1 中，小国征收进口关税后，对可进口商品 X 的需求量因价格提高而由 AB 减至 GH，即减少 BN 数量的 X 商品消费。

(4) 生产效应。生产效应即征收关税对进口国进口替代品生产的影响。如图 5-1 所示，小国征收进口关税后，由于进口品价格提高了等同于关税额的水平，因而刺激进口替代品的生产扩张，直至生产者价格达到($P_{X1} + T$)的水平，即进口替代品的产量由 AC 增至 GJ。所增加的 CM 数量的进口替代品生产乃关税的生产效应，又称替代效应(Substitution Effect)或保护效应(Protection Effect)。关税愈高，保护程度亦愈高。当关税提高为 $P_{X1}P_e$ 或更高时，实为禁止性关税，关税的保护效应发挥得最完全。

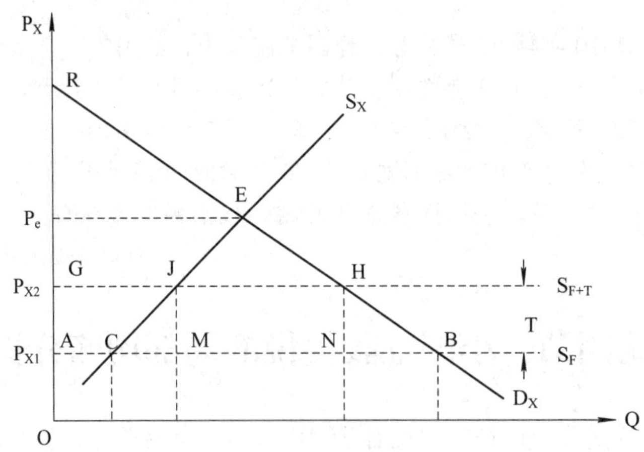

图 5-1 小国征收关税的经济效应

(5) 贸易效应。贸易效应即征税引起的进口量变化。征收关税后，由于生产增加、消费减少，所以进口数量由 CB 减为 JH。其中，所减少的 BN 数量的进口乃消费减少所致；减少的 CM 数量的进口则由生产增加所致。故关税的贸易效应为消费效应和生产效应之和(见图 5-1)。

(6) 财政效应。财政效应即征收关税对国家财政收入发生的影响。小国征收额度为 T

的关税后，政府取得了 C 的关税收入，使财政收入增加，此乃关税的财政效应。

(7) 收入再分配效应。征税前，商品 X 的消费量为 AB，征税后，商品 X 的消费量为 GH，故消费者剩余减少了 a+b+c+d。然而，征收关税后，生产者由于增加 CM 的进口替代品生产而增加了生产者剩余 a，政府由于征收关税而增加了 c 的财政收入。a 和 c 实际上是社会收入由消费者增加消费负担而转移给生产者和政府的部分。

(8) 关税的国际收支效应。对进口商品征收关税，导致进口数量减少，意味着进口同样多商品所要支付的外汇减少，改善了国际收支状况，称之为国际收支效应。利用关税的这种作用可以调节进出口商品数量，维持国际收支平衡，对于外汇收支逆差较大的国家可以采取限制进口数量的方法来予以平衡，但这并非长远之计。

(9) 福利效应。如上所析，征税后，消费者剩余减少 a+b+c+d，其中 a 转移为生产者剩余增加的部分，c 成为政府的关税收入，余下的 b 和 d 是征税所致的福利净损失或无谓的损失，即关税的社会成本。b 代表生产的净损失，由增加 CM 数量的进口替代品生产使资源使用效率下降所致；d 代表消费的净损失，是关税人为地抬高了进口品价格进而扭曲消费所产生的消费效用的净损失。

大国征收关税与小国相似，其所产生的各种效应大小也决定于课税商品的供给和需求弹性及所征关税的高低。在一定的供给和需求条件下，一国政府可通过征收最适关税以使其福利最大化。

第五节　关税结构理论

一、关税水平

关税水平(Tariff Level)是指一个国家的平均进口税率。用关税水平可以大体衡量或比较一个国家进口税的保护程度，也是一国参加国际贸易协定进行关税谈判时必须解决的问题。关税水平的计算主要有简单平均法和加权平均法。

1．简单平均法

简单平均法是根据一国税则中的税率(法定税率)来计算的，即不管每个税目实际的进口数量，只按税则中的税目数求其税率的算术平均值。由于税则中很多高税率的税目是禁止性关税，有关商品很少或根本没有进口，而有些大量进口的商品是零税或免税的，因此，简单平均法不能如实反映一国关税水平，很少被使用。

2．加权平均法

加权平均法是用进口商品的数量或价格作为权数进行平均的。按照统计口径或比较范围的不同，又可分为全额加权平均法和取样加权平均法两种。

1) 全额加权平均法

全额加权平均法即按一个时期内所征收的进口关税总金额占所有进口商品价值总额的百分比计算。计算公式为

$$关税水平=\frac{进口税额总款}{进口总值}\times 100\%$$

在这种计算方法中，如果一国税则中免税的项目较多，计算出来的数值就偏低，不易看出有税商品税率的高低。因此，另一种方法是按进口税额占有税商品进口总值的百分比计算，这种方法计算出的数值比上述方法高一些。计算公式为

$$关税水平=\frac{进口税额总款}{有税商品进口总值}\times 100\%$$

由于各国的税则并不相同，税则下的商品数目众多，也不尽相同，因而这种方法使各国关税水平的可比性相对减少。

2) 取样加权平均法

取样加权平均法即选取若干种有代表性的商品，按一定时期内这些商品的进口税总额占这些代表性商品进口总额的百分比计算。计算公式为

$$关税水平=\frac{若干种有代表性商品进口税款总额值}{若干种有代表性商品进口总值}\times 100\%$$

若各国选取同样的代表性商品进行加权平均，对各国的关税水平比较则成为可能。这种方法比全额加权平均法更为简单和实用。

二、名义保护率

根据世界银行的定义，对某一商品的名义保护率(Nominal Rate of Protection, NRP)，是指由于实行保护而引起的国内市场价格超过国际市场价格的部分占国际市场价格的百分比。用公式表示为

$$名义保护率=\frac{进口货物国内市价-自国外进口价}{国外进口价}\times 100\%$$

或

$$名义保护率=\frac{进口货物国内市价-国际市场价格}{国际市场价格}\times 100\%$$

名义保护率与关税水平衡量一国关税保护程度不同，名义保护率衡量的是一国对某一类商品的保护程度。由于在理论上，国内外差价与国外价格之比等于关税税率，因而在不考虑汇率的情况下，名义保护率在数值上和关税税率相同。名义保护率的计算一般是把国内外价格都折成本国货币价格进行比较，因此受外汇兑换率的影响较大。

三、有效保护率

有效保护率(Effective Rate of Protection, ERP)又称实际保护率，是指各种保护措施对某类产品在生产过程中的净增值所产生的影响，即由于整个关税制度而引起的国内增值的提高部分与自由贸易条件下增值部分相比的百分比。由此，有效保护率被定义为征收关税所引起国内加工增加值同国外加工增加值的差额占国外加工增加值的百分比。用公式表示为

$$有效保护率=\frac{国内加工增值-国外加工增值}{国外加工增值}\times 100\%$$

或

$$ERP = \frac{V' - V}{V} \times 100\%$$

式中：ERP 为有效保护率；V' 为保护贸易条件下被保护产品生产过程的增值；V 为自由贸易条件下该生产过程的增值。

有效保护主要是关税制度对加工工业的保护。有效保护率计算的是某项加工工业中受全部关税制度影响而产生的增值比。

有效保护率也可用下列公式计算

$$ERP = \frac{t - a_i t_i}{1 - a_i}$$

式中：t 为进口最终产品的名义关税率；a_i 为进口投入系数，即进口投入物在最终产品中所占的比重；t_i 为进口投入物的名义关税率。

名义保护与有效保护的区别在于：名义保护只考虑关税对某种产成品的国内市场价格的影响；有效保护则着眼于生产过程的增值，考察了整个关税制度对被保护商品在生产过程中的增加值所产生的影响，它不但注意了关税对产成品的价格影响，也注意了投入品(原材料或中间产品)由于征收关税而增加的价格。有效保护理论认为，对生产被保护产品所消耗的投入品课征关税，会提高产出品的成本，减少产出品生产过程的增值，从而降低对产出品的保护。因此，一个与进口商品相竞争的行业中的企业，不仅要受到对进口商品征收关税的影响，而且要受到对所使用的原材料和中间产品征税的影响。

当最终产品的名义税率小于原材料的名义税率时，最终产品的有效保护率小于对其征收的名义税率，甚至会出现负保护。负保护的意义是指由于关税制度的作用，对原料征收的名义税率过高，使原料价格上涨的幅度超过最终产品征税后附加价值增加的部分，从而使国内加工增值低于国外加工增值。这意味着生产者虽然创造了价值，但由于不加区别地对进口成品和原材料征收关税，使这种价值减低，生产者无利可图，而鼓励了成品的进口。

四、关税结构

关税结构又称为关税税率结构，是指一国关税税则中各类商品关税税率之间高低的相互关系。世界各国因其国内经济和进出口商品的差异，关税结构也各不相同。但一般表现为：资本品税率较低，消费品税率较高；生活必需品税率较低，奢侈品税率较高；本国不能生产的商品税率较低，本国能够生产的税率较高。其中一个突出的特征是关税税率随产品加工程度的逐渐深化而不断提高。制成品的关税税率高于中间产品的关税税率，中间产品的关税税率高于初级产品的关税税率。这种关税结构现象称为关税升级或阶梯式关税结构。

本章小结

关税是一国对外贸易政策的重要手段。关税种类繁多，根据不同的标准可以分为不同的种类。关税的征收方法有从量税、从价税、混合税和选择税四种。一国的海关税则和国际统一税则目录是征收关税的基本依据。

小国征收关税可以达到保护本国工业的目的，并给政府带来可观的关税收入，但带来的是消费者利益和社会效率的损失，造成社会经济净损失，收入被进行了重新分配。但大国征税有可能提高国民收益。理论上存在能使大国的经济收益达到最大的适当税率，称为“最优关税率”。

拓展训练

我国遭遇反倾销调查的案件数量不断上升，是世界上遭遇反倾销调查最多的国家。1979年8月，欧盟对我国出口的糖精钠发起反倾销调查，这是中国产品第一次遭遇反倾销调查。自此，国外对华反倾销调查便愈演愈烈。据WTO统计，从1995年到2009年，全球范围内各国共发起了3 865起反倾销调查，其中我国遭遇的反倾销调查高达746起，占全球总量的19.30%。我国连续15年成为全球遭遇反倾销调查最多的国家，成为全球反倾销的“最大受害国”。对中国提出反倾销诉讼的国家和地区在不断扩大，从1995年至2009年15年间全球共有27个国家和地区对我国产品实施了反倾销调查。我国遭遇反倾销调查的产品种类也在不断增加。涉案商品从传统的服装、罐头、纺织品等劳动密集型产品开始向化工、钢铁、电子等行业的技术密集型产品扩张，多集中于中国具有优势的产品上，这对我国出口商品结构的调整造成了十分不利的影响。

为什么我国频繁遭遇反倾销调查?

外部原因：

① 贸易保护主义的抬头。一方面，从国际大环境来看，近年来由于受到经济危机的影响，全球经济普遍不景气导致贸易保护主义抬头。另一方面，改革开放以来，中国经济一直保持着持续高速增长，“中国威胁论”开始泛滥，因而很多国家使用贸易保护手段来保护本国产业的发展。

② 非市场经济国家的地位，使得我国在遭受反倾销调查时受到相关条款的约束。

内部原因：

① 企业应对反倾销的消极态度。据统计，半数国内企业由于没有应诉而直接导致败诉。这不仅仅会使我国企业在对华反倾销调查中不战而败，同时也会引起其他国家对我国提出反倾销调查的多米诺骨牌效应。

② 部分出口企业的无序竞争。由于我国一些出口企业的行为不规范，缺乏自我约束机制，导致企业间存在相互杀价的恶性竞争行为。为了争夺有限的市场蜂拥而上，使出口变成了纯粹的价格竞争，严重扰乱了出口的秩序，也给国外对华反倾销调查带来可乘之机。

③ 出口产品结构和地理结构不合理。从产品结构来看，主要集中于轻工、纺织等劳动密集型产品以及机电、电子等低附加值的产品的出口；从地理结构来看，主要集中在美国、中国香港、日本、欧盟、东盟以及韩国六大地区。

(资料来源：根据相关资料整理)

练 习 题

1. 关税的主要种类有哪些?

2．从价税、从量税和混合税指什么？在工业化国家，最常见的是进口关税还是出口关税？发展中国家的情况呢？

3．名义关税和有效关税的区别是什么？关税的有效保护率是如何测度的？

4．已知一件衬衫的进口价格为 10 元，生产每件衬衫需投入价值 5 元的棉纱和价值 3 元的尼龙。计算对衬衫、棉纱和尼龙分别征收 15%、6%、10%的进口关税时，该国对衬衫的有效保护率。

5．用局部均衡分析法，分析小国征收关税后的消费、生产、贸易、收入和再分配效应。

第六章　进口保护政策：非关税措施

本章教学目标

通过本章的学习，读者应熟练掌握传统非关税壁垒的概念、特点、种类以及新非关税壁垒的主要措施。

章首阅读

汽车绿色壁垒案

最近，在美国、西欧主要国家以及日本之间，又展开了建立汽车贸易壁垒的新较量，这标志着世界汽车三大市场之间的贸易摩擦又将升级。由于日本轿车在美欧市场上长期受到顾客的欢迎，日本轿车在美欧市场的份额是美欧企业在日本市场份额的几倍。

2008年，欧洲市场要求销售的所有轿车的二氧化碳排放量要比1995年下降25%，这无疑是冲着日本和韩国企业而来的。对此，韩国的汽车企业以“在技术上难以达到”而反对；日本汽车工业协会则表示“与欧洲企业共同努力”，但是不明确表示保证届时达标。欧盟首先强制要求日韩企业先达标，否则不能向欧洲市场出口。据分析，由于在欧洲市场上，从日本进口的轿车以高级休闲车和大型轿车为主，其平均的二氧化碳排放水平比欧洲当地生产的车要高出近10%。若要达标，日本车就要平均减少31%以上的二氧化碳排放量。

日本政府也不示弱，在1999年3月19日日本立即实施“歧视性”的新法案。1999年4月1日实施的《节能修正法》规定，到2010年，在日本市场上销售的不同质量和用途的汽车，必须达到相应的节能标准，以减少汽车的废气排放。具体规定是：两人(按110千克计)乘坐时总质量在1000千克以下的汽油轿车要比1995年的相当车型节能17.7%；同期1000～1249千克的轿车要节能25.7%；1250～1499千克的轿车要实现30%以上的节能；1500～1749千克和1749千克以上的轿车要比1995年分别实现节能24%和9.7%。

由于美国和西欧主要国家生产的轿车在日本市场有近90%属于1250千克以上的范围，即几乎所有的美欧轿车都要在日本市场上受到更加严格的节能要求；而日本车在国内市场由于主要是轻型和微型车，因此受此修正法案的影响就没有外国企业那样大。美国政府2009年3月向世贸组织提交了一份意见书，该意见书指出，日本单方面提高汽车节能标准是直接阻碍国外汽车进口的不正当行为，要求世贸组织正式调查。

思考：1. 美国、西欧主要国家、日本之间互设贸易壁垒的出发点是什么？

2. 美国、西欧主要国家、日本之间互设贸易壁垒对中国汽车业的发展有何影响？

第一节 非关税措施概述

一、非关税措施的概念

非关税措施(Non-tariff Measures，NTMs)也称作非关税壁垒，是国际贸易中除关税以外的一切直接或间接限制外国商品进口的法律和行政措施的总称。

随着关税及贸易总协定缔约方进口关税税率的不断下降，贸易壁垒的重点从关税壁垒转向非关税壁垒。20 世纪 60 年代后期以来，发达国家为了转嫁经济危机，实现超额垄断利润，主要采用非关税壁垒来限制进口。20 世纪 70 年代以来，非关税壁垒措施在国际贸易中的作用日益凸显，并已经成为贸易保护的主要手段。据统计，非关税壁垒目前已达 1000 多项。重要的是，非关税壁垒常常采用处于关贸总协定法律原则和规定的边缘或之外的歧视性贸易措施，从而形成“灰色区域措施”，以避开关贸总协定的直接约束。它的大量使用，在一定程度上构成了对以关贸总协定为主体的国际贸易体系的威胁。

二、非关税措施的特点

非关税措施与关税措施都有限制进口的作用，但与关税措施比较，其具有以下几个特点：

1. 灵活性和针对性

关税税率的制定，一般要通过立法程序，一旦制定，必须严格执行。关税税率具有稳定性和连续性的特征，如果调整关税税率，必须经过烦琐的法律程序和手续，还要受到最惠国待遇条款的约束，因此关税措施难以应付一些紧急情况，灵活性差。而非关税措施的制定，通常只需经过行政程序，手续简捷，灵活性强。同时非关税措施往往可以针对某个国家或某种具体商品制定，具有较强的针对性。

2. 有效性

关税实际上是一种进口限制的间接手段，只是通过价格机制来影响进口。在税率一定时，并不能确定进口将会是多少，必须受到进口国进口需求弹性和出口国出口供给弹性的影响，从而关税的保护作用也是不确定的。由于关税措施是通过关税税率以达到限制进口的目的的，如果出口国以出口贴补、商品倾销等办法降低出口商品价格，关税往往难以起到限制商品进口的作用。而一些非关税措施如进口配额等预先规定进口的数量和金额，超过限额就直接禁止进口，排除价格机制作用，在限制进口方面更直接、更严厉，因而更有效。

3. 隐蔽性和歧视性

一般说来，关税一经制定，通常都以法律形式公之于众，进出口商比较容易获得有关信息。而一些非关税措施往往不公开，或者规定极为复杂的标准和手续，使进出口商难以对付和适应。非关税措施涉及的多是各种产品标准、技术标准、环境标准等，而且经常处于变化中，具有很大的隐蔽性。一些国家对某些商品的质量、规格、性能和安全等规定了极为严格和特殊的标准，检验手续烦琐、复杂多变，往往由于某一个规定不符便使商品不能进入市场。非关税措施又往往以国际、国内公开立法为基础，具有形式上的合法性。如WTO的有关协议允许各成员采取反倾销措施，在国内立法方面，美国除了《反倾销法》外，还有《购买美国产品法》、《综合贸易法》、“超级301条款”等。同时，一些国家还常常针对某个国家采取相应的限制性的非关税措施，更加强了非关税措施的隐蔽性和歧视性。

第二节　非关税措施的种类

一、传统非关税措施

1．进口配额制

1) 进口配额制的含义

进口配额制(Import Quota System)又称进口限额制，是指一国政府在一定时期(如一季度、半年或一年)内，对于某些商品的进口数量或金额加以直接限制；在规定的期限内，配额以内的货物准予进口，超过配额的货物则不准进口，或加征较高的关税甚至罚款以后才准许进口。

2) 进口配额的种类

进口配额按其实施方式的不同可以分为绝对配额和关税配额两大类。

(1) 绝对配额(Absolute Quotas)：指在一定时期内，对某些商品的进口数量或金额规定一个最高额度，达到了这个额度后，便不准进口。绝对配额按其实施方式不同分为全球配额、国别配额和进口商配额三种形式。

① 全球配额(Global Quotas)：适用于世界范围的配额，它对于来自任何国家或地区的同一商品一律适用。主管当局通常按进口商的申请先后或过去某一个时期的进口实际额批给一定的额度，直到总配额发放完毕为止，超过总配额就不准进口。全球配额在实施贸易限制过程中，基本贯彻了非歧视原则。

② 国别配额(Country Quotas)：在总配额内按国别和地区分配给固定的配额，超过规定的配额便不准进口。实行国别配额可以使进口国根据它与有关国家或地区的政治经济关系分配不同的配额。

国别配额的分配方式有自主配额和协议配额两种。自主配额(Autonomous Quotas)又称片面配额(Unilateral Import Quotas)，是由进口国完全自主地、单方面强制规定在一定时期内从某个国家或地区进口某种商品的配额。这种配额不需要征求输出国的同意。自主配额一般参照某国过去某年的输入实绩，按一定的比例确定新的进口数量或金额。由于各国或地区所占比重不同，可以有效地贯彻国别政策，但由于分配额度有差异也容易引起某些出口国家或地区的不满和报复。因此，有些因家采用协议配额来缓和彼此之间的矛盾。协议配额(Agreement Quotas)又称双边配额，即由进口国和出口国通过协议所确定的配额。由于配额是双边协商决定的，因而较易执行。

③ 进口商配额(Importer Quotas)：进口国政府把某些商品的配额直接分配到进口商，分到配额的多少决定着进口量的多少。进口商按政府行政机构分配的额度组织进口。

(2) 关税配额(Tariff Quotas)：指在配额额度内进口，可以享受优惠关税或免税，超过限额后所进口的货物则适用较高或一般的税率。有的国家则对超额进口加征附加税甚至罚款。关税配额的特点是将关税和配额结合起来，具有一定的灵活性。

【资料卡 6-1】

进口配额炒至天价

目前，国内棉价徘徊于 1.83 万元/吨，美国、印度棉价分别为 1.47 万元/吨、1.38 万元/吨左右，国内外棉价最多倒挂 4500 元/吨。

在常人看来，进口棉花贸易商的日子应是无比滋润。据一中等规模棉花贸易商透露，棉花外贸企业除“中”字头的，都没有进口配额。大型加工厂会有进口配额，但他们受外贸经营权和信用额度的影响，进口棉花数量有限，棉花贸易商进口来的棉花，加上棉纺企业或加工厂手上的配额，才能完成一桩交易。但现因没有进口配额，不少南京棉花贸易商手上滞留上万吨棉花，浮亏上亿。

在这种情况下，“倒配额”应运而生。目前南京市场一个进口配额都被炒到 3500 元/吨了，加上美国、印度原本的进口价，与国内棉花市价都相差不远了，可见其疯狂。

(资料来源：根据相关资料整理)

2. “自动”出口限制

1) “自动”出口限制的含义

“自动”出口限制(Voluntary Restriction of Export)又称“自动出口配额制”(“Voluntary” Export Quotas)或“自愿出口配额制”，是指出口国家或地区在进口国的要求或压力下，“自动”规定某一时期内(一般为 3 至 5 年)，某些商品对该国出口的数量或金额的限制，在限定的配额内自行控制出口，超过配额即禁止出口。其目的在于避免因这些商品出口过多而严重损害进口国生产者的利益，招致进口国采取严厉措施限制从该国的进口。

“自动”出口限制最早出现于 20 世纪 30 年代的美日纺织品贸易中。到了六七十年代，“自动”出口限制被广泛采用，范围已从纺织、钢铁、小汽车扩大到彩电、电子元件和船舶等，甚至涉及如奶酪、苹果、肉类等一些农产品。

“自动”出口限制带有明显的强制性，它通常是在进口国家的压力或要求下被迫做出的。进口方多以商品大量进口使其有关工业部门受到严重损害、造成所谓的“市场混乱”为理由，要求有关国家对其出口实行“有秩序地增长”，“自动”限制商品出口，否则就单方面强制限制进口。

2) “自动”出口限制的种类

“自动”出口限制一般采取两种形式：非协定的“自动”出口限制和协定的“自动”出口限制。

(1) 非协定的“自动”出口限制：由出口国单方面自行规定出口到某国的限额，以限制商品的出口。内容包括：政府规定配额并予以公布，出口商必须向有关机构申请配额，领取出口授权或出口许可证才能输出；出口国的出口厂商和同业公会根据政府的意图规定额度控制出口。

(2) 协定的“自动”出口限制：由出口国与进口国通过谈判的方式签订“自限协定”(Self-restriction Agreement)或“有秩序的销售协定”(Orderly Marketing Agreement)。在协定的有效期内规定某些商品出口配额，出口国则根据此配额实行出口许可证制或出口配额签证制(Export Visa)，自行限制出口，进口国则根据海关统计进行监督检查。协定的“自动”出口限制是“自动”出口限制的主要形式。

3) “自动”出口限制协定的内容

“自动”出口限制协定的内容日趋复杂，各种协定内容不尽相同，一般包括以下几个方面。

(1) 配额水平(Quota Level)：规定有效期内各年度“自动”出口的限额。通常是以签约前一年的实际出口量为基础，协定第一年限额，并确定其余各年度的增长率。

(2) “自动”限制出口的商品分类和细目：早期“自动”限制商品的品种较少，分类较笼统。20 世纪 70 年代以来，品种增多，分类也日趋复杂。如 1974—1977 年的日美纺织品协定中，将日输美的棉、化纤、毛三大类纺织品共分成六组 243 项，按组分别规定各自限额，对组内“特别项目”又规定个别限额。

(3) 限额的融通：各种受限商品的限额相互之间适用的权限与数额问题，主要有两种融通做法。

① 水平融通：指同一年度内组与组、项与项之间在一定百分率内的融通使用。

② 垂直融通：指同组同项水平在上下年度间的融通，即在协定中规定留用额(Carry-over)和预用额(Carry-in)。留用额指当年未用完的配额拨入下年度使用的额度和权限，预用额是指当年配额不足而预先使用下年度的额度的权限。留用额和预用额的规定一般都有一些限制条件。例如，留用额不得超过实际余额，某些项目的留用额只限于同类项目使用，某些特定商品规定较低的留用额，甚至禁止使用留用额；预用额必须在下年度配额中扣除，预用额不得超过 5%。

(4) 保护条款：指协定规定进口国方面有权通过一定的程序，限制或停止进口某些造成“市场混乱”或使进口国市场厂商受损害的商品。

【资料卡 6-2】

日美汽车贸易中的“自动出口配额”

日本汽车自 20 世纪 60 年代开始进入美国市场，到 80 年代初，对美国汽车产业造成了严重的冲击。1979—1980 年美国汽车业失业率的上升和利润的下降，使福特汽车公司和美国汽车工人联合工会向美国国际贸易委员会申请使用“201 条款”的保护，提出出口到美国的日本汽车总数限制在 160 万辆。日本政府在知道这一消息后主动于 5 月 1 日宣布它会“自愿”限制在美国市场上汽车的销售。1981 年 4 月至 1982 年 3 月，限制总额为 183 万辆。

最初几年里，自愿限制总额几乎都用完。1987 年之后，日本公司开始在美国境内生产汽车，美国从日本的进口自然下降，实际进口逐渐低于限制总额。到 1994 年 3 月，美国对日本汽车的自愿出口限制就取消了。

(资料来源：根据相关资料整理)

3. 进口许可证制

1) 进口许可证制的含义

进口许可证制(Import Licence System)是进口国家规定某些商品的进口必须申领许可证，没有许可证一律不予进口的制度。进口许可证上规定了进口国别、货物名称、进口数量与金额和有效期限。进口许可证制的实行，不仅可以在数量和金额以及商品性质上进行限制，而且可以控制来源国国别和地区。

2) 进口许可证的分类

(1) 按进口许可证与进口配额的关系分类，进口许可证可以分为以下两类：

① 有定额的进口许可证：进口国预先规定有关商品的进口配额，然后在配额的限度内，根据进口商的申请，对每笔进口货物发给一定数量或金额的进口许可证，配额用完即停止发放。此类进口许可证一般由进口国当局颁发给本国提出申请的进口商，也有将此权限交给出口国方自行分配使用(通常是国别配额情况)，又转化为出口国依据配额发放的出口许可证。有定额的进口许可证实际上成为进口配额的证明。

② 无定额的进口许可证：进口国预先不公布有关商品的进口配额，只是在个别考虑的基础上发放有关商品的进口许可证。因为它是个别考虑的，没有公开的标准，发放权完全由进口国主管部门掌握，因此更具有隐蔽性，起到更大限制进口的作用。

(2) 按进口商品的许可程度分类，进口许可证可分为以下两类：

① 公开一般进口许可证(Open General Licence，OGL)：又称公开进口许可证、一般进口许可证或自动进口许可证，是指对国别或地区没有限制的许可证。凡列明属于公开一般进口许可证的商品，只要填写公开一般进口许可证后，即可获准进口，填写许可证只是履行报关手续，供海关统计和监督需要。因此这类商品实际上是“自由进口”的商品。

② 特种许可证(Special Licence，SL)：又称非自动进口许可证，即进口商必须向有关当局提出申请，获准后才能进口。这种许可证适用于特殊商品以及特定的目的申请，如烟、酒、麻醉物品、军火武器或某些禁止进口物品。进口许可直接受管理当局控制，往往都是规定商品的进口国别或地区以贯彻国别地区政策。

进口许可证制是与 WTO 的基本原则相违背的，如果这种作法运用不当，不仅会妨碍贸易的公平竞争，还容易导致对出口国实行歧视性待遇。而且特种许可证的发放如果没有法律保障，就很容易成为进口国有关机构腐败的温床。所以 WTO 要求，如果有关成员因特殊情况要采用进口许可证制，也要使用公开一般进口许可证，并且发放程序要透明。

4. 进出口的国家垄断

进出口的国家垄断(State Monopoly)也称国营贸易，是指对外贸易中的某些商品的进出口由国家直接经营，或者把这些商品的经营权给予某些垄断组织。经营这些受国家专控或垄断的商品的企业，称为国营贸易企业。总体上讲，进出口的国家垄断的目的在于，保证国内的供应和生产，防止国内市场的混乱；通过国家垄断贯彻政府的政治经济意图。

发达国家的进口和出口的国家垄断主要集中在四类商品上。第一类是烟和酒，这些国家的政府机构从烟和酒的进出口垄断中，可以获得巨大的财政收入。第二类是农产品，这些国家把农产品的对外垄断销售作为国内农业政策的一部分。美国的农产品信贷公司就是发达国家最大的农产品贸易企业。第三类是武器，西方国家的武器贸易多数由国家垄断。

第四类是石油。它是一国的经济命脉，主要的石油进出口国家都对石油贸易进行垄断经营。

5. 外汇管制

外汇管制(Foreign Exchange Control)是一国政府通过法令对外汇的收支、结算、买卖和使用所采取的限制措施。其目的是控制外汇的使用，限制外汇资本流动，稳定货币汇率，改善或平衡国际收支。

在外汇管制下，进口商必须向外汇管制机构指定的银行购买外汇；本国货币出入国境的携带也受到严格的限制等。政府通过控制外汇的供应数量来掌握进口商品的种类、数量和来源国别，从而起到限制进口的作用。

外汇管制的方式较为复杂，一般可分为以下几种：

(1) 数量型外汇管制：指国家外汇管理机构对外汇买卖的数量直接进行限制和分配。一些国家在实行数量型外汇管制时，往往与进口许可证相结合。

(2) 成本型外汇管制：指国家外汇管理机构对外汇买卖实行复汇率制，利用外汇买卖成本的差异，间接影响不同商品的出口。实行外汇管制的国家对于国内需要而又供应不足或不生产的重要原料、机器设备和生活必需品，用较为优惠的汇率；对于国内可大量供应或非重要的原料和机器设备用一般的汇率；对于奢侈品和非必需品使用最不利的汇率。

(3) 混合型外汇管制：指同时使用数量型和成本型的外汇管制，对外汇实行更为严格地控制，以控制商品的进出口。

外汇管制从第一次世界大战期间开始出现，20 世纪 30 年代大多数资本主义国家采用这种手段管理国际收支。20 世纪 50 年代以来，随着资本主义国家经济的恢复和发展，国际收支状况改善，特别是国际货币基金组织的的作用，大多数发达国家都不同程度地放宽了外汇管制。20 世纪 90 年代以来，一些发展中国家也逐渐放宽了外汇管制。

6. 歧视性政府采购政策

歧视性政府采购政策(Discriminatory Government Procurement Policy)是指国家通过法令和政策明文规定政府机构在采购商品时必须优先购买本国产品，从而形成对外国产品的歧视，限制外国货的进口。

歧视性的政府采购做法包括：

(1) 优先购买本国产品与服务。不少国家通过制定法令，规定政府机构要优先购买本国产品。例如，美国 1933 年通过的“购买美国货法案”(Buy American Act)中规定，凡是联邦政府所需采购的货物，必须是美国制造的产品，或者是美国原料制造的，只有在美国自己生产数量不够，或者国内价格过高的情况下，才可以购买外国货。在价格方面的具体规定如下：该商品的国内价格要超过国际市场同类商品的 6%以上。对于国防部的采购，这一标准达到 12%，甚至一度达到 50%。

(2) 强调产品与服务中的国产化程度。在一些政府不得不使用的外国产品和服务中，有时会提出一些其他的要求，如零部件国产化程度、当地产品含量或本国提供服务的比例等。

(3) 偏向国内企业的招标。在政府出资的工程招标中采用偏向国内企业的标准或程序。一些国家虽然没有明文规定外国企业不能投标，但通过一些苛刻的歧视性标准和不透明的程序使得外国企业实际上不可能中标。

(4) 直接授标。有的政府工程不通过招标而直接将标授予一家特定企业(一般都是本国企业)。

政府的歧视性采购如果小于自由贸易情况下本国的供给量，对进口量和国内生产都不会产生影响。本国的生产量足以满足政府的购买量，政府采购对生产也不会产生任何扭曲。只是政府采购将一部分消费者从购买本国商品挤到了购买进口商品的行列。

但是，如果政府的采购量超过自由贸易情况下本国的供给量，歧视性采购政策就会影响国内生产和贸易。

7. 最低限价和禁止进口

1) 最低限价

最低限价(Minimum Price)指一国政府规定某种进口商品的最低价格，若进口商品低于最低限价，则禁止进口或征收进口附加税。附加税税额即是进口价格和最低限价之间的差额。进口国有时把最低限价定得很高，进口商若以最低限价进口，则无利可图。例如，1985年智利对进口绸坯布规定，每公斤的最低限价为 52 美元，低于此限价，将征收进口附加税。

2) 禁止进口

禁止进口(Prohibitive Import)即当一些国家感到实行进口数量限制已不能走出经济与贸易困境时，往往颁布法令，公布禁止进口的货单，禁止这些商品的进口。

8. 国内税

国内税(Internal Taxes)是指在一国境内，对生产、销售、使用或消费的商品所应支付的捐税，一些国家往往采用国内税制度直接或间接地限制某些商品的进口。对进口产品征收高于国内产品的税费，则构成对进口产品的不公平限制，与 WTO 的国民待遇相违背。但是由于国内税的制定和执行通常不受贸易条约和多边协定的限制，而且有些国家的地方政府亦有设税的权限，所以更能起到限制进口的目的。例如，美国和日本进口酒精饮料的消费税都高于本国同类产品。

9. 进口押金制度

进口押金制(Advanced Deposit)又称进口存款制，是指为防止投机、限制进口，维持国际收支平衡而采取的一种经济措施，进口商在进口货物运达以前，必须预先按进口金额的一定比率和规定的时间，在指定的银行无息存放一笔现金，方能获准报关进口，存款须经一定时期后才发还给进口商。其作用是政府可以从进口商获得一笔无息贷款，进口商则因周转资金减少并损失利息收入而减少进口，从而起到了限制进口的作用。例如，意大利政府从 1974 年 5 月 7 日到 1975 年 3 月 24 日，对 400 多种进口商品实行进口押金制度。它规定，凡项下商品进口，无论来自哪一个国家，进口商必须先向中央银行交纳相当于进口货值半数的现款押金，无息冻结 6 个月。据估计，这项措施相当于征收 5%以上的进口附加税。

10. 专断的海关估价制度

海关估价(Customs Valuation)是指一国(或地区)海关为推行关税政策和对外贸易政策等的需要，根据法定的价格标准和程序，为征收(从价)关税而确定某一进口商品完税价格的方法和程序。海关估价是国际贸易中的一个重要环节，是为征收从价关税而产生的一个工作程序，目的是确定正确的完税价格，防止申报人主观上的低报、漏报、瞒报、偷报与客观上的错报。但是，有些国家对进口货物估价时，违背《海关估价协议》，人为地高估进口商品的价格，增加进口商的税收负担；有些国家不仅高估完税价格，还任意改变货物的入关口岸，让进口货物在海关人员少、仓库狭小、商品检验能力差的海关进口，以拖延商品过关时间，从而达到限制进口的目的。在各国专断的海关估价制度中，以“美国售价制”最为典型。美国售价制的特殊估价标准使焦油产品、胶底鞋类、蛤肉罐头和毛手套等商品的国内售价很高，从而使这些商品进口税收负担大大增加。

二、现代非关税措施

随着经济全球化和贸易自由化步伐的加快，世界各国之间的经济贸易竞争日趋激烈，世界各国为了争夺世界市场和经济贸易利益，致使贸易保护主义再度抬头。但由于近几十年来，在原关税及贸易总协定和后来成立的世界贸易组织的协调和推动下，全世界的关税大幅度削减，同时传统的非关税壁垒如配额、进口许可证等也受到限制，从而使其在贸易保护中的地位和作用日趋下降，因此，以传统贸易壁垒为象征的旧的贸易保护主义逐渐消亡，取而代之的环保标准、质量标准、技术标准、卫生标准、绿色壁垒、知识产权壁垒、劳工标准、动物福利等花样繁多的新型非关税壁垒措施日益成为新的贸易保护主义的主要内容。

1．技术性贸易壁垒措施

1) 技术性贸易壁垒的含义

技术性贸易壁垒(Technical Barriers to Trade, TBT)是指一国或地区以维护国家或地区安全，保护人类、动植物生命及健康，阻止欺诈，保护环境，保证质量为理由，或以贸易保护为目的所采取的技术性措施。

技术性壁垒标准既包括决定一种商品特性的规格，如质地、纯度、营养价值、尺寸、用途等，也包括设计和说明、证书、标记、商标及检验程序等。这些标准不仅日益复杂，而且经常变化，手续繁杂，标准也不透明，使外国商品难以适应，最终达到限制外国商品进入，保护市场的目的。

2) 技术性贸易壁垒的主要措施

各国技术性贸易壁垒措施主要有以下几种：

(1) 严格、繁杂的技术法规和技术标准。目前，工业发达国家颁布的技术法规种类繁多。随着竞争的加剧，工业发达国家对于许多产品规定了极为严格的技术标准(Technical Standard)，有意识地利用标准作为竞争的手段，把标准中的技术差异作为贸易保护主义的措施。有些标准的规定甚至是经过精心策划的，专门用以针对某个国家的出口产品。技术标准不仅在条文上可以对外国产品规定许多限制，而且在标准的实施上也可以设置重重障碍，以限制进口和销售。如日本对进口化妆品要求与日本的化妆品成分标准(JSCL)、添加剂标准(JSFA)和药理标准(JP)的要求一致，只要其中一项指标不合格，日方就可以拒之门外。

(2) 严格的卫生检疫措施。卫生检疫措施是指为保护人类、动植物的生命或健康而采取的措施。由于各国的文化背景、生活习惯以及维护人身健康、安全及生活环境等方面，特别是收入水平的差异，发展中国家的产品往往难以达到发达国家的近乎苛刻的要求。例如，日本对于入境农产品检验规定：首先由农林水产省下属的动物检疫所和植物防疫所从动植物病虫害角度进行检疫，之后还要由日本厚生劳动省下属的检疫所对具有食品性质的农产品从食品角度进行卫生防疫检查等。日方还采取分批检验的办法，导致进口通关放慢。

(3) 商品包装、标签的规定。商品包装、标签的规定是指各国在商品包装及包装标志等方面做了种种规定，不符合规定者不准进口。一是对包装材料的要求。许多国家对商品包装和标签规定了苛刻的要求和烦琐的内容，如美国禁止使用稻草作为包装填充物，除非领事馆签发证书；日本、西欧、美国则规定禁止使用聚氯乙烯塑料包装袋包装食品。二是对包装标志的要求。许多国家对商标的标签要求包括产品的名称、净重或数量、商品的结构、成分说明、有效日期、用法、用量、用途价值、特性、缺陷、原产地标志等，非常烦琐。如，美国联邦贸易委员会(FTC)要求纺织品标有成分和保护标签；美国食品医药管理局(FDA)负责对进口食品、药品、保健品、化妆品、洗涤用品、医疗设备的管理和监测，对商品的纯度和标签等要求严格，在商品入境时会作抽检。自 1987 年以来，我国每年被美国海关扣留的食品中约有 25%是由于不符合“美国食品标签法”的规定的。

【资料卡 6-3】

日本“肯定列表制度”

“肯定列表制度”(Positive List System)全称为“食品中残留农业化学品肯定列表制度”，是日本为加强食品中农业化学品(包括农药、兽药和饲料添加剂)残留管理而制定的一项新制度。

近年来，由于日本进口农产品频繁出现农业化学品超标事件，同时日本国内也发现了违法使用未登记农药的问题，消费者对食品安全产生了严重的信任危机。在“肯定列表制度”出台之前，日本只对目前世界上使用的 700 余种农业化学品中的 350 种农业化学品进行了登记或制定了限量标准，对于进口食品中可能含有的其余 400 多种农业化学品则无明确的监管措施，监管实际上处于失控状态，严重威胁日本食品安全。在上述背景下，日本于 2003 年出台了“食品中残留农业化学品肯定列表制度”，并于 2006 年 5 月开始实施。

日本“肯定列表制度”涉及的农业化学品残留限量包括“沿用原限量标准而未重新制定暂定限量标准”、“暂定标准”、“禁用物质”、“豁免物质”和“一律标准”五大类型。其中，“沿用原限量标准而未重新制定暂定限量标准”涉及农业化学品 63 种，农产品食品 175 种，残留限量标准 2470 条；“暂定标准”涉及农业化学品 734 种、农产品食品 264 种，暂定限量标准 51392 条；“禁用物质”为 15 种；“豁免物质”为 68 种；其他的均为“一律标准”，即食品中农业化学品最大残留限量不得超过 0.01 毫克/公斤。可见，日本现行的“肯定列表制度”对食品中农业化学品残留限量的要求更加全面、系统、严格。

(资料来源：根据相关资料整理)

2. 绿色贸易壁垒

1) 绿色贸易壁垒的含义

绿色贸易壁垒又称环境贸易标准，是指进口国政府以保护生态环境、自然资源以及人类和动植物的健康为由，以限制进口保护贸易为根本目的，通过颁布复杂多样的环保法规、条例，建立严格的环境技术标准，制定烦琐的检验、审批程序等方式对进口产品设置贸易障碍。

2) 绿色壁垒措施的表现

(1) 一些自愿性措施呈现出向强制性法规方向转化的趋势。标准本身一般不具有强制约束力，但标准一旦被法规应用，便使得各种绿色技术措施以法律形式固定下来，变成贸易保护的工具。ISO 14001、各种环境标志认证、HACCP 认证等都属于自愿性的措施，以生产者自愿为原则决定是否申请认证。但近年来，一些自愿性的措施呈现出向强制性法规方向转化的趋势。如美国规定自 1997 年 12 月 18 日起，所有对美国出口的水产品的生产企业必须建立并运行 HACCP，就此将 HACCP 从原来的生产企业自发的安全卫生控制行为演变成官方对食品安全性管理的强制性要求。

(2) 由于技术水平的提高和贸易需求的变化，各国不断修订和更新标准，使得标准变动频率越来越快。如：日本政府宣布，用 3 年时间新设约 200 种农药残留标准，2006 年后，将全面禁止含有未设定标准农药的进口农产品的流通；近年来，欧盟对农药与兽药的使用限制越来越严格，1999 年对进口动物源性产品含抗生素的检验标准是 5×10^{-9}，2001 年提高到 10^{-9}，超过这个标准就要做退货处理。

(3) 推行国内 PPM 标准越来越成为实施绿色贸易壁垒的有效工具。按产品生命周期来划分，有不同类型的环境标准，包括产品标准、周围环境标准、排放标准及加工和生产标准(PPM 标准)。PPM 标准就是通过规定产品加工生产过程所允许采用的技术和标准化规范，对产品的生产过程进行管制。在原先的 WTO 有关环境与贸易的条款以及各国的国内法规中更多关注的是对最终产品本身制定标准，而不管这种产品是如何被加工、生产制造出来的。因而，绿色贸易壁垒主要表现为对产品本身品质采取贸易行动。因此，更多的是通过前三种类型标准的制定来达到限制进口的目的的。随着国际贸易的发展，现代国际贸易更加关注的是产品的加工生产方法。由进口国政府部门对出口国生产企业的生产过程和加工方式的安全卫生提出具体要求，并以此进行检查、认可或注册已经越来越成为一些国家常用的绿色贸易壁垒手法。目前，PPM 标准与环境标志挂钩的倾向已越来越明显。

3. 社会壁垒

社会壁垒是以劳动者的劳动环境和生存权利为借口采取的贸易保护措施。国际上对于有关社会保障、劳动者待遇、劳工权利、劳动标准等问题的关注由来已久。相关的国际公约有 100 多个，包括《男女同工同酬公约》、《儿童权利公约》、《经济、社会与文化权利国际公约》等。目前，在社会壁垒方面颇为引人注目的标准是 SA8000。SA8000 是社会责任标准体系 (Social Accountability 8000 International Standard)的简称，用于向各国消费者标明生产商和经销商的生产和销售行为符合国际社会对其的社会责任要求，其所提供的相关产品需符合国际公认的最低劳工权利标准。其标准包括：不使用或支持使用童工；为劳工提供安全、健康的工作环境；尊重劳工的集体谈判权；遵守工作时间的规定；保证达到最低工资标准等。这项标准的实施无疑会增加广大发展中国家出口产品的成本。虽然目前它只涉及人身权益以及与健康、安全、机会平等等与核心要素有关的初始审核，但随着对其不断的修订和完善，该标准最终可能发展成为一个覆盖道德、社会和环境等范围很广的国际性标准。

由于发展中国家和发达国家在社会发展上的巨大差异，广大发展中国家认为发达国家强制推行社会责任标准的主要目的，不在于真正关心发展中国家的劳工待遇，而在于通过实施 SA8000 提高进口产品成本，进而达到限制对劳动力密集型产品的进口。2002 年，由于美国客户怀疑中国深圳某玩具厂使用 400 名童工包装玩具，便立刻前往调查，虽然没有发现童工，但确认工厂存在加班加点和工资偏低的问题，并且在多次试验中提供虚假资料，因此取消该厂及关联企业的供应商资格，导致这家有 4 间工厂，近 8000 人的集团公司被迫关闭。

本章小结

与关税措施相比，非关税措施具有更强的灵活性、针对性、有效性、隐蔽性和歧视性等特点。

进口配额在其发展过程中出现了绝对配额与关税配额两种形式。与关税相比，配额的经济效应更具有管制性。

“自动”出口配额制是进口国威迫出口国“自动”限制本国产品出口的一种非关税壁垒。若成功实施这项措施，其经济影响与等价的进口配额相同。

在世界贸易组织的协调和推动下，全世界的关税大幅度削减，同时传统的非关税壁垒如配额、进口许可证等也受到限制，从而使其在贸易保护中的地位和作用日趋下降，因此，以传统贸易壁垒为象征的旧的贸易保护主义逐渐消亡，取而代之的是环保标准、质量标准、技术标准、卫生标准、两反一保、绿色壁垒、劳工标准、动物福利等花样繁多的新型非关税壁垒措施。

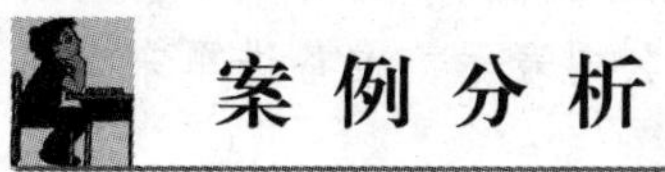

案例分析

材料一：

南京桂花鸭出口遭遇尴尬

2001 年第六届世界华商大会期间，南京特产“桂花牌”盐水鸭作为秦淮小吃“八绝”中的一绝，被端上“秦淮风情晚宴”招待 5000 华商，引来满堂喝彩。意大利华人协会会长陈光都对桂花鸭更是赞不绝口，当场递了一张纸条给在场的南京市政府办公厅负责人，要求帮忙联系参观考察桂花鸭公司。考察后，陈光都当即与桂花鸭公司商定要将桂花鸭引进意大利和欧洲市场。正当很多人认为南京人为之骄傲的桂花鸭走出国门指日可待时，南京桂花鸭公司总经理却十分低调地告诉记者，由于国内外食品检验标准及认证方式差异很大，即使是桂花鸭这样国内公认的名牌产品，要想很快走出国门也并非易事。

作为市、省和全国三级名牌产品，南京桂花鸭可谓家喻户晓，在全国近 30 个省市自治区 50 多个城市都有销售网络，年销量 600 万只。尽管桂花鸭获得了国内有关部门认证的“绿色食品”、“原产地标记产品”等称号，并通过了 ISO 9002 国际质量认证，但要出口还须通过有关国家近乎苛刻的一系列食品安全性监测关，有的不仅要检验食品本身，还要对生产基地的环境进行检测，特别是对食品生产过程中添加剂、污染物、重金属超标及农药、兽药残留等的检测非常严格。该公司总经理介绍，其实桂花鸭酝酿出口已不是一次了，早在1999年德国一家公司就联系要进口桂花鸭，南京桂花鸭公司为此试验了近两年时间，最后不了了之，最主要的原因是在国内难以找到符合外商要求的鸭源。尽管南京桂花鸭公司目前在江苏和河南的五个生鸭基地都拿到了国内的绿色认证，但国际标准要比国内的绿色标准要求高得多。

(资料来源：根据相关资料整理)

材料二：

南京桂花鸭首销香港市场

2012年11月，3.2吨南京知名食品桂花鸭进入香港后销售一空，这是南京桂花鸭近10年来首次进入外销市场。

为满足香港方面的桂花鸭订单，还不具备出口备案资格的南京桂花鸭(集团)有限公司(以下简称桂花鸭公司)在南京检验检疫部门的协助下，第一时间完成了出口食品生产企业卫生备案的所有手续，并对出口产品实施检验检疫。在内地，桂花鸭的主要检测指标有10多项，香港市场的主要检测指标则高达30多项，除了检测微生物、理化指标，还须检测重金属含量、兽药残留等指标。仅兽药残留一项指标，就要检测盐酸克伦特罗(即“瘦肉精”)等多种药物成分。此次为进入香港市场，桂花鸭连闯企业自检、法定机构检测、第三方检测等三道检测，才顺利入港。

桂花鸭公司根据香港消费者的口味习惯，将鸭子的盐分适度下调，并延长了“货架期”(内地对盐水鸭的货架期要求一般是2个月，而香港市场的要求是4个月)。此批3.2吨桂花鸭入港，40天销售一空。桂花鸭公司表示，准备进军东南亚市场，将南京桂花鸭带给更多的华人品尝。

南京出入境检验检疫局卫生与食品检验监督处副处长郑欣回忆说，20世纪90年代，南京国营肉联厂为了外汇创收，曾少量出口芦花鸭。但随着境外市场对食品安全的标准越来越高，盐水鸭很难再满足现代化食品安全标准，出口之路逐渐被阻。

南京盐水鸭近10年无外销，主要还和中式卤菜难以满足食品安全检测要求有关。有关人士介绍，大部分鸭企的厂房难以满足出口验收要求，大量盐水鸭仍是作坊式生产，鸭子宰杀进车间后，全靠大师傅调制口味，高温煮多长时间、一只鸭子放多少盐等，都由大师傅凭经验掌握。

一名业内人士提醒鸭企，现代化食品工业的关键是“安全”，国外市场尤其是欧美市场，对肉制品把关尤其严格，检测指标动辄四五十个。中式卤菜在提升硬件设施的同时，更应增强食品安全意识，才能将盐水鸭等中式卤菜销往更多地方。

(资料来源：根据相关资料整理)

思考题：

1．根据材料一、材料二，谈谈你对南京桂花鸭出口之路的认识。

2．我们应如何看待当今国际贸易中的非关税壁垒?

3．南京桂花鸭的出口为我国相关行业的外贸企业提供了哪些启示?

练　习　题

1. 什么是非关税壁垒？非关税壁垒有何特点？
2. 非关税壁垒有哪些主要种类？
3. 什么是进口配额制？绝对进口配额与关税配额的区别是什么？
4. 进口许可证主要有哪些分类？
5. 试述歧视性政府采购政策的福利影响。

第七章　出口鼓励与出口管制政策

本章教学目标

通过本章的学习，读者应熟练掌握出口信贷、出口补贴、出口信贷国家担保制、商品倾销、外汇倾销等鼓励出口政策的基本概念及特性；了解出口管制的目的、形式、程序及出口管制的具体对象，学会用局部均衡分析法分析出口补贴对一国福利水平的影响。

章首阅读

美对华光伏双反棒砸下　终裁关税最高超 250%

美国对中国光伏产品的“双反调查”最终裁决结果昨日终于落定，美国商务部宣布了对中国光伏电池及组件的双反终裁结果，反倾销税率为 18.32%～249.96%，反补贴税率为 14.78%～15.97%，具体产品为中国产晶体硅光伏电池、组件、层压板、面板及建筑一体化材料等。对处于困境中利薄如纸的中国光伏业来说，这一惩罚性关税，无疑是不能承受之重。

按照美国贸易救济案处理程序，美国国际贸易委员会预定 11 月 23 日作出终裁。由于美国正处大选关键时期，贸易保护主义成为拉选票的撒手锏，因此，业界对美国国际贸易委员会的终裁结果并不乐观。更让业界担忧的是，如果欧盟的“双反调查”也参照美国，推出类似范围的税率，中国光伏业将在劫难逃。

中国商务部新闻发言人沈丹阳 10 月 11 日回应称，“美国在新能源领域挑起贸易摩擦，向全世界发出了贸易保护主义和阻碍新能源发展的消极信号”。

从美国商务部最终的裁决结果看，虽然调低了反倾销税的低档，即从初裁的 31.14%降至 18.32%，但高档依然维持在 249.96%；同时，将反补贴税率从初裁的 2.9%～4.73%调高至 14.78%～15.97%。也就是说，反倾销税最低是 18.32%，反补贴税最低是 14 .78%，两者相加，在 33%以上。

在反倾销方面，尚德所获最终税率为 31.73%，天合为 18.32%，另 59 家制造商为 31.73%，其余中国制造商则将面临 249.96%的高额反倾销税；在反补贴方面，尚德等 10 家公司反补贴税率为 14.78 %，其余中国制造商为 15.97%。

被征收最高综合税率的光伏龙头尚德电力美国总经理 E. L. MickMcDaniel 表示：“这一裁决并不公平，单边贸易壁垒不会让任何一家公司更具竞争力，但会使得太阳能与其他发电方式相比更加处于劣势。没有人会从全球贸易战中获益。”

欧盟如效仿将是灭顶之灾。美国双反调查终裁结果已经出炉，高额关税让中国光伏产业很受伤，但业界更为担心的是，如果光伏主要市场欧盟也效仿美国，针对中国光伏产品征收高额关税，那将是中国光伏产业的灭顶之灾。

(资料来源：根据相关资料整理)

出口贸易可以带动一国的经济发展，增加就业，提高国民的福利水平，但是有些商品的出口或在特定条件下的某种商品出口的扩大则会损害出口国的利益。各国为了更好地发展经济，在制定和实施贸易政策时，除了利用关税措施限制外国商品进口外，还通过政府指令，在经济、行政、组织等方面采取各种鼓励或限制商品出口的措施。

第一节 鼓励出口措施

一、出口补贴

出口补贴(Export Subsidy)又称出口津贴，是一国政府为了降低出口商品的价格，增强其在国外市场上的竞争能力，在出口某种商品时给予出口厂商的现金补贴或财政上的优惠待遇。

1. 出口补贴的分类

出口补贴分为直接补贴和间接补贴两种基本方式。

1) 直接补贴

直接补贴(Direct Subsidy)是指政府在出口某商品时，直接付给出口商的现金补贴，主要来自于财政拨款。直接补贴的目的在于弥补出口商品因为国际市场价格过低所造成的亏损，或者补偿出口商出口商品所获得利润低于国内利润所造成的损失。有时补贴金额还可能大大超过实际的差价或利差，这就包含了出口奖励的意味。美国和一些欧洲国家对农产品出口普遍采取直接补贴方式，且有时补贴金额超过实际差价，极大地刺激了该类产品的出口。

2) 间接补贴

间接补贴(Indirect Subsidy)是指政府对某些商品的出口给予财政上的优惠。如退还或减免出口商所缴纳的销售税、消费税、增值税、所得税等国内税，对进口原料或半成品再加工出口给予减免或退还已交纳的进口关税，免征出口税，提供比在国内销售货物更优惠的运费等。其目的在于降低商品价格，以便更有效地打进国际市场。

2. 出口补贴的经济效应分析

从经济效应上看，一般来说，出口补贴的结果会使出口国工业生产增加，国内消费减少，出口量增加，国内价格上涨。由于出口补贴使得出口比在国内销售更加有利可图，而且政府没有限制出口数量，企业当然要扩大生产，尽量出口，除非在国内市场销售也能获得同样的收入。又由于补贴只是给出口的商品，要想在国内市场获得同样的收入，除了提价别无他法。在涨价之后，消费自然减少。从另一个角度说，国内消费者也必须付出与生产者出口所能得到的一样的价格，才能确保一部分商品留在国内市场而不是全部出口。

如图 7-1 所示，出口产品的国际价格为 P_w，在没有补贴时，生产量为 OQ_3，国内需求量是 OQ_2，出口量为 Q_2Q_3。现在假设政府对每单位商品的出口补贴为 S，单位商品出口的实际所得变成$(P_w + S)$元。在这一价格下，生产者愿意扩大生产增加出口，新的生产量为 OQ_4，国内的需求量则因为国内市场价格的上升而减少至 OQ_1，供给在满足了国内需求之后的剩余 Q_1Q_4 即为出口。由于国内价格上涨，消费者剩余减少面积(a + b)，生产者剩余增加面积(a + b + c)。因政府又提供了面积(b + c + d)的补贴，所以，政府补贴与消费者损失之和减去生产者盈余后，整个社会仍发生净损失(b + d)。

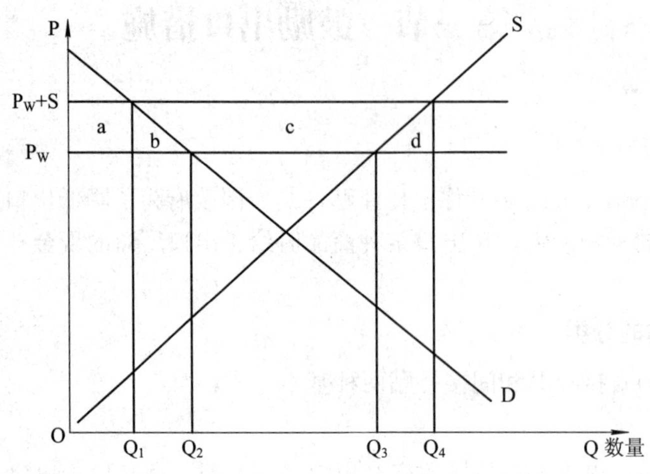

图 7-1　出口补贴的经济效应分析

但如果受补贴方是个大国，出口补贴对其国内价格、生产、消费及社会利益虽然具有相同的经济效应，但程度是不同的。因为出口大国增加出口的结果会造成国际市场价格下降，出口商品生产者就不能得到全额出口补贴效应，生产和出口的增长也会小于小国，国内价格的涨幅和消费量的下降也会小于小国，但整个社会的净损失却比小国实行补贴时要大。因此在出口已占世界市场很大份额时，还是用补贴来刺激出口未必是明智之举。

应当看到，出口补贴行为会扭曲商品在国际市场上的价格，易于在价格竞争中获取一定优势，甚至会对进口国的商品或同类商品的生产造成损害，显然是国际贸易中的不公平行为。然而，对于发展中国家来说，给予某些出口工业制成品以适度的补贴，仍是减少其国际收支逆差的重要一环。鉴于此，世界贸易组织在原则上反对出口补贴行为的同时，还是允许某些发展中国家在特殊情况下可以适度运用这种做法。因此，我们应该正确对待和运用这种手段，既充分遵循国际规范，又不放弃可以增强本国出口制成品竞争力的时机。

【资料卡 7-1】

WTO《补贴与反补贴措施协议》中关于出口补贴的规定

在《补贴与反补贴措施协议》中，补贴被定义为“在某一成员领土内，由政府或任何公共机构向企业提供的财政资助，以及采取任何形式的收入支持或价格支持和由此而给予的某种优惠。”根据该协议，在满足以下三个条件时，补贴才得以成立：第一，补贴是由政府和公共机构提供的；第二，政府或公共机构提供了财政资助或任何形式的收入或价格支持；第三，补贴使产业或企业得到了利益。

《补贴与反补贴措施协议》将补贴分为专向性补贴和非专向性补贴。判断一项补贴是否属于专向性补贴，即是否由主管机构特定地授予某个企业或某一产业、某些企业或某些产业的补贴，应遵循三项原则：第一，如果授予补贴的主管机构或该机构据以行动的立法，将补贴的获得明确限于某些企业，则该补贴即具有专向性；第二，如果授予补贴的主管机构或该机构据以行动的立法，对获得补贴的资格和数额规定了客观的标准或条件，一旦符合标准或条件即自动取得资格，则该项补贴不具有专向性；第三，如果虽按上述两项原则而表现为非专向性，但有理由相信其在实际上具有专向性，则还应考虑其他因素。这些因素包括：由有限数量的特定企业使用的补贴计划、由特定企业为主支配使用的补贴、向特定企业提供不成比例的大量补贴、授予补贴的机构以任意的方式作出授予补贴的决定等。不应将各级政府所采取的确定或改变普遍适用的税率的行为视为专向性补贴。

《补贴与反补贴措施协议》将补贴分为禁止性补贴、可申诉性补贴和不可申诉性补贴三种形式，并分别规定了相应的行为规则和处理程序。禁止性补贴又称“红灯补贴”，是指除《农业协议》规定之外，法律上或事实上以出口实绩或进口替代作为唯一条件或条件之一所提供的补贴，即出口补贴。可申诉性补贴又称“黄灯补贴”，指一成员政府实施的任何补贴，不管它是国内补贴还是出口补贴，只要对另一成员方造成有害影响的，都属于可申诉性补贴。不可申诉性补贴又称“绿灯补贴”，包括所有非专向性补贴以及专项性补贴中的三类补贴(即研究发展资助补贴、落后地区发展补贴和环境保护资助补贴)。

(资料来源：根据相关资料整理)

二、出口信贷

出口信贷(Export Credit)是一个国家为了鼓励商品出口，加强商品的国际竞争力，通过银行对本国出口厂商或国外进口厂商提供的一种优惠性贷款。它是一国出口厂商利用本国银行的贷款扩大商品出口，特别是对金额较大、期限较长，如成套设备、船舶等大型设备出口的一种重要手段。

1. 出口信贷的特点

出口信息具有以下几个特点：

(1) 出口信贷以出口项目为前提，以促进本国商品出口为目的。所以，贷款的全部或大部必须用于购买提供贷款国家的出口商品。

(2) 期限长。出口信贷以 1 年以上的中长期贷款为主，为配合周转期长、成交金额大的出口项目的实施，出口国常常向本国出口商或国外进口商提供期限在 3 至 5 年或 5 年以上的对外贸易中长期贷款，促进出口。

(3) 利率低。出口信贷的利率一般低于相同条件资金贷款的市场利率，利差由出口国政府补贴。

(4) 金额大。出口信贷的贷款金额，通常占买卖合同的 80%左右，其余由进口厂商支付现金。

(5) 出口信贷发放往往与出口信贷担保结合。各国为了鼓励出口，避免或减少信贷风险，一般都设立专门的银行办理此项业务，如美国的进出口银行、日本的输入输出银行、法国的对外贸易银行、加拿大的出口开发银行等。除此之外，这些机构同时向商业银行提供低利贷款补贴，支持他们的出口信贷业务。

2. 出口信贷的主要类型

1) 卖方信贷

卖方信贷(Supplier's Credit)是指出口方银行向本国出口厂商(即卖方)提供的贷款，其贷款合同一般由出口商与银行签订。卖方信贷通常用于那些金额大、期限长的项目。因为这类商品的购进需要很多资金，进口商一般要求延期付款，而出口商为了加速资金周转，往往需要取得银行的贷款。卖方信贷正是银行直接资助出口商向外国进口商提供延期付款，以促进商品出口的方式。

2) 买方信贷

买方信贷(Buyer's Credit)是指出口方银行直接向外国进口商(买方)或进口方银行提供的贷款。其附加条件是这种贷款必须用于购买债权国的商品，这样可以起到促进商品出口的作用，这种贷款也称为约束性贷款。在具体操作中有以下两种形式：

(1) 买方商业信贷：出口方银行向进口厂商提供的买方信贷。在这种信贷方式中，进口商除自筹资金缴纳 15%左右的定金外，其余货款将由银行提供的贷款以即期付款方式一次性地支付给进口厂商，然后按贷款协议所规定的条件向银行还本付息。

(2) 买方银行信贷：出口方银行向进口方银行提供的买方信贷。在具体业务中，进口厂商首先支付 15%左右的定金，再由出口方银行贷款给进口方银行，然后由进口方银行以即期付款的方式代进口厂商支付其余的货款，并按贷款协议规定的条件向出口方供款银行还贷付息。进口厂商则与银行在国内按商定的方式结算清偿。对于出口方银行来说，贷款给国外的买方银行，还款风险大大降低。因此，这种方式较为流行。

3) 混合信贷

混合信贷是出口国银行发放卖方信贷或买方信贷的同时，从政府预算中提出一笔资金，作为政府贷款或给予部分赠款，连同卖方信贷或买方信贷一并发放。由于政府贷款收取的利率比一般出口信贷要低，这更有利于出口国设备的出口。卖方信贷或买方信贷与政府信贷或赠款混合贷放的方式，构成了混合信贷。

4) 福费廷(Forfeiting)

福费廷业务是 20 世纪 50 年代产生于西欧，60 年代获得较大发展的出口信贷业务，即买单信贷。其基本含义是权利的转让。它是出口商把经进口商承兑的、期限为 3 至 5 年的远期汇票无追索权地售予出口商所在地的银行或大金融公司，提前取得现款的一种资金融通方式。在付款承诺书上通常要有无条件的、不可撤销的、可以转让的银行担保。在这项业务中承担最终风险的是担保银行，通常采用固定利率，一般是每半年偿还一部分，使用西欧的主要货币。

三、出口信贷国家担保制

出口信贷国家担保制(Export Credit Guarantee System)是国家为了扩大出口，对于本国出口厂商或商业银行向外国进口厂商或银行提供的信贷，由国家设立的专门机构出面担保，当外国债务人拒绝付款时，由其按照承保的数额给予补偿。

对出口信贷进行担保往往要承担很大的风险。由于该措施旨在为扩大出口提供服务，收费并不高，以免加重出口商和银行的负担，因此，往往会因保险费收入总额不抵偿付总额而发生亏损。例如，1986 年，英国出口信贷担保署亏损 11.99 亿美元，美国进出口银行亏损 3.33 亿美元，日本通产省出口担保课亏损 8.1 亿美元。严重的亏损情况使得私人保险公司不愿也无力经营，所以，对出口信贷进行担保只能由政府来经营和承担经济责任。目前，世界上有的发达国家和许多发展中国家都设立了国家担保机构，专门办理出口信贷保险业务。中国进出口银行除了办理出口信贷业务外，也办理出口信用保险和信贷担保业务。

1. 国家担保机构担保的项目

国家担保机构担保的项目通常是商业保险公司不愿承保的出口风险项目。这类风险可以分为两类：

(1) 政治风险(Politics Risk)。由于进口国发生政变、革命、暴乱、战争以及政府实行禁运、冻结资金或限制对外支付等政治原因所造成的损失，国家担保机构可以给予出口商或放贷银行补偿。这种风险的承保金额一般为合同金额的 85%～95%。

(2) 经济风险(Economy Risk)。由于进口商或借款银行破产倒闭无力偿付、货币贬值或通货膨胀等一些经济原因造成的损失，国家担保机构可以给予出口商或放款银行补偿。担保金额一般为合同金额的 70%～80%。为了扩大出口，有时对于某些出口项目的承保金额达到 100%。

2. 出口信贷国家担保制所担保的对象

(1) 对出口厂商的担保。出口厂商出口商品时提供的信贷可向国家担保机构申请担保。一些国家的担保机构本身不提供出口信贷，但是可以为出口厂商取得出口信贷提供一些便利条件。

(2) 对银行的直接担保。供款银行所提供的出口信贷均可申请担保。它是国家担保机构直接对供款银行承担的一种责任。一些国家为了鼓励出口信贷业务的开展和保障贷款的安全，常常给银行极优惠的待遇。例如，英国出口信贷担保署对商业银行向出口厂商提供的一些信贷，一旦出现过期不能付款时，该担保署可给予 100%的补偿。

3. 担保的期限和费用

出口信贷国家担保的期限通常依贷款期限的不同分为短期与中长期两种。短期信贷担保一般为 6 个月，最长不超过一年。为了简化手续，有的国家对短期信贷采用综合担保的方式，出口厂商一年只需办理一次投保，就可承担在这一年中对海外的一切短期信贷交易。一旦外国债务人拒付时，出口厂商就可以从担保机构得到补偿。中长期信贷担保时间通常为2至15年，最长可达20年。由于这种信贷金额大、时间长，一般采用逐笔审批的特殊担保方式。

出口信贷国家担保是各国鼓励出口的措施之一，所以收费低廉，保险费率根据出口担保的项目内容、金额、期限长短和输往国别或地区而有所不同。各国保险费率不同，英国为0.25%～0.75%，德国为1%～1.5%。

四、商品倾销

商品倾销(Products Dumping)是指商品以低于国内市场价格，甚至低于生产成本的价格，在国外市场大量抛售，打击竞争对手，占领和垄断市场。

1. 商品倾销的分类

商品倾销按倾销目的的不同可以分为三种：

1) 偶然性倾销

偶然性倾销(Sporadic Dumping)通常是指因为本国市场销售旺季已过，或因公司改营其他业务，在国内市场上很难售出的积压库存，以倾销的方式在国外市场抛售。由于这种倾销持续时间短、销售量小，对进口国同类产业影响不大，进口国通常较少采用反倾销措施。

2) 间歇性或掠夺性倾销

间歇性或掠夺性倾销(Intermittent Predatory Dumping)是以低于国内价格甚至低于成本的价格在国外市场销售，其目的是为了打击竞争对手，垄断市场，从而获得高额垄断利润。这种倾销严重损害了进口国的利益，违背了公平竞争原则，因而许多国家都采取反倾销措施予以制裁。

3) 持续性倾销

持续性倾销(Persistent Dumping)是指长期地、持续地以低于国内市场价格在国外市场销售商品。这种倾销因具有长期性，所以采用“规模经济”，扩大生产，降低成本，或依靠本国政府的出口补贴来进行。

20世纪70年代以来，持续性倾销日益增多。其之所以能够存在和维持，一般来说必须具备以下三个条件：

(1) 出口商品生产企业在本国市场上有一定的垄断力量，在很大程度上可以决定价格的形成。

(2) 本国与外国的市场隔离，不存在倒买倒卖的可能性。

(3) 两国的需求价格弹性不同，出口国需求价格弹性低于进口国需求价格弹性。当这些条件成立时，企业就有可能通过在国内市场索要高价，而向外国购买者收取较低的价格，使利益最大化。

2. 商品倾销的利润补偿途径

商品倾销由于实行低价策略，必然会导致出口商利润减少甚至亏损。这一损失一般可以通过以下途径得到补偿：

(1) 采用关税壁垒和非关税壁垒措施控制外国商品进口，防止对外倾销商品回流，以维持国内市场上的垄断高价。

(2) 出口国政府对倾销商品的出口商予以补贴，以补偿其在对外倾销商品中的经济损失，保证外汇收入。

(3) 出口国政府设立专门的机构，对内高价收购，对外低价倾销，由政府负担亏损。如美国政府设立的农产品信贷公司，在国内高价收购农产品，而按低于国内价格一半的价格长期向国外倾销。由此引发的农产品信贷公司的亏损则由政府财政给予差额补贴。

(4) 出口商在以倾销手段挤垮竞争对手，垄断国外市场后，再抬高价格，以获得的垄断利润来弥补以前倾销商品的补贴。实际上，采用上述措施，往往不仅能够弥补损失，而且还会带来较高利润。

商品倾销成为当今世界各国争夺市场，扩大出口的重要措施之一，这也加剧了各国在世界市场上的矛盾，各种形式、各种程度的贸易战频频发生，反倾销也成为各国贸易保护的有力武器，其中，发展中国家成为最大的受害者。发达国家并不遵循世界贸易组织对此的规定。事实上，反倾销已成为一些国家特别是发达国家实行贸易保护主义的一种工具。

五、外汇倾销

外汇倾销(Exchange Dumping)是出口企业利用本国货币对外贬值的机会，争夺国外市场的特殊手段。当一国货币贬值后，出口商品以外国货币表示的价格降低，提高了该商品的竞争能力，从而扩大了出口。与此同时，进口商品的价格由于本国货币贬值而上升，从而削弱了进口商品的竞争力，达到限制进口的作用。

当然，外汇倾销不能无限制和无条件地进行，只有满足以下三个必备条件才能起到促进出口、限制进口的双重作用：

一是货币贬值的程度大于国内物价上涨的程度。货币贬值必然引起一国国内物价上涨。当国内物价上涨程度赶上或超过货币贬值的程度时，内外贬值差距消失，也就不存在外汇倾销了。但一般来讲，国内物价上涨滞后于货币贬值。因此，外汇倾销可以在一段时间内进行，促进货币贬值国的商品出口。

二是其他国家不同时实行同等程度的货币贬值和其他报复性措施。

三是不宜在国内通货膨胀严重的背景下贸然采用。

最后，必须注意实行外汇倾销的代价十分昂贵。由于外汇倾销的实质是降低出口商品的外汇标价以换取出口数量的增加，从而达到增加外汇收入的目的。因此，外汇倾销实际上使同量出口商品所能换回的进口商品数量减少，贸易条件趋于恶化。这就是说，外汇倾销可以推动商品出口大量增加，并不等于出口额必然随之增加。另外它有时甚至会引起国内经济的混乱，出现得不偿失的结果。

【资料卡 7-2】

广 场 协 议

“广场协议”(Plaza Accord)的表面经济背景是解决美国因美元定值过高而导致的巨额

贸易逆差问题，但从日本投资者拥有庞大数量的美元资产来看，“广场协议”是为了打击美国的最大债权国——日本。

20 世纪 80 年代初期，美国财政赤字剧增，对外贸易逆差大幅增长。美国希望通过美元贬值来增加产品的出口竞争力，以改善美国国际收支不平衡状况。1985 年 9 月，美国、日本、前联邦德国、法国、英国等五个发达工业国家财政部长及五国中央银行行长在纽约广场饭店(Plaza Hotel)举行会议，达成五国政府联合干预外汇市场，使美元对主要货币有秩序地下调，以解决美国巨额的贸易赤字。这就是有名的“广场协议”。

“广场协议”签订后，五国联合干预外汇市场，各国开始抛售美元，继而形成市场投资者的抛售狂潮，导致美元持续大幅度贬值。协议签订后，在不到 3 个月的时间里，美元快速下跌到 200 日元附近，跌幅 20%。

有专家认为，日本经济进入十多年低迷期的罪魁祸首就是“广场协议”。但也有专家认为，日元大幅升值为日本企业走向世界、在海外进行大规模扩张提供了良机，也促进了日本产业结构调整，最终有利于日本经济的健康发展。因此，日本泡沫经济的形成不应该全部归罪于日元升值。

(资料来源：根据相关资料整理)

六、促进贸易发展的组织措施

第二次世界大战后，西方国家为了促进出口贸易的扩大，在制定一系列的鼓励出口政策的同时，还不断加强出口组织措施。

(1) 成立专门组织，研究与制定出口战略。

美国 1960 年成立了“扩大出口全国委员会”，其任务是向美国总统和商务部长提供有关改进和鼓励出口的各项措施的建议和资料；1978 年成立了“出口委员会”和“跨部门的出口扩张委员会”，附属于总统国际政策委员会；1979 年成立了“总统贸易委员会”，集中统一领导美国对外贸易工作；1992 年成立了国会的“贸易促进协调委员会”；1994 年 1 月又成立了第一批“美国出口援助中心”，等等。日本、欧盟国家也有类似的组织。

(2) 建立商业情报网，加强国外市场情报工作，及时向出口商提供商业信息和资料。

英国的海外贸易委员会在 1970 年就设立了出口信息服务部，向有关出口厂商提供信息，以促进商品出口。日本政府出资设立的日本贸易振兴会(其前身是 1951 年设立的“海外市场调查部”)，就是一个从事海外市场调查并向企业提供信息服务的机构。

(3) 设立贸易中心，组织贸易博览会，以推销本国商品。

贸易中心是永久性设施，可提供商品陈列展览场所、办公地点和咨询服务等，而贸易博览会是流动性的展出，这些工作可以使外国进口商更好地了解本国商品，从而起到促销的作用。例如，意大利对外贸易委员会对由其发起的展出支付 80%的费用，对参加其他国际贸易展览会的公司也给予其费用 30%～35%的补贴。

(4) 组织贸易代表团出访和接待来访，以加强国际经贸联系。

许多国家为了推动和发展对外贸易，组织贸易代表团出访，其费用大部分由政府支付，加拿大就是一例。此外，许多国家还设立专门机构接待来访团体。例如，英国海外贸易委员会设立接待处，专门接待官方代表团，并协助本国公司、社会团体接待来访的外国工商界人士，以促进贸易。

(5) 组织出口厂商的评奖活动，以形成出口光荣的社会风气。

英国从1919年起开始实行“女王陛下表彰出口有功企业”的制度，并规定受表彰的企业在五年之内可使用带有女王名字的奖状来对自己的产品进行宣传。又比如，有的国家对有突出贡献的出口商颁发总统奖章或授予荣誉称号，或者由总理亲笔写感谢信。这样都能较有力地推动本国对外贸易的发展。

第二节　出口管制措施

出口管制(Export Control)是指国家出于某些政治、军事和经济目的，通过法令和行政措施，对本国出口贸易实行管理和控制，限制和禁止某些战略性商品和其他重要商品出口到国外。

一、出口管制的原因

1. 政治原因

冷战时期结束后，世界政治格局发生了变化。为了稳定国际新秩序、促进国际政治环境稳定，破坏世界安定的战争行为自然要受到世界各国人民的谴责。联合国在国际事务中日益发挥着重要的作用，对实行战争侵略的国家实行制裁、禁运就是迫使发动战争的国家停止侵略行为的主要措施。

2. 军事原因

为了彻底制止核战争的爆发，禁止无核国家发展核武器，国际社会通过了“核不扩散条约”，各国都有义务对可能用于核武器制造的技术与装置、原料的出口实施出口管制。同样，国际社会对化学武器及其原材料的出口也应限制。

3. 经济原因

发达国家为了保持其在技术上的领先地位，对高技术及相关产品的出口加以限制；为了缓和与进口国家在贸易上的摩擦，在进口国的压力下，出口国实行“自动”限制出口；为了保护国内生产秩序和资源，对某些物资的出口加以限制。

4. 其他原因

有些国家从保护人权的目的出发，禁止劳改产品的出口；有的为了保护地球生态环境和濒危动物，会对一些物资进行全球性的贸易禁运；有的为了国家文化发展，保护历史文物，对一些特殊商品的出口实行限制。

二、出口管制的商品

出口管制的商品主要可分为以下几类：

1. 战略物资及尖端技术

战略物资及尖端技术如军事装备、高技术产品等。这些产品对维护国家安全，保持科学技术的优势地位具有重大意义。

2．国内紧缺物资

国内紧缺物资包括国内市场紧缺的商品及国内生产所需的原材料、半成品等。这些商品直接影响国内市场的供应，是保持经济稳定发展的重要物资。

3．珍贵文化艺术品、贵金属

珍贵文化、艺术品及黄金、白银等特殊商品。

4．“自动”限制出口的商品

这是为了缓和与进口国的贸易摩擦，在进口国的要求下或迫于对方的压力，不得不对某些具有很强国际竞争力的商品实行出口管制。如根据纺织品“自限协定”，出口国必须自行管理本国的纺织品出口。与上述几种情况不同，一旦对方的压力有所减缓或者基本放弃，本国政府自然会相应地放松管制措施。

5．出口国或组织垄断的商品

出口国或组织垄断的商品，例如欧佩克(OPEC)组织对其成员石油产量及出口量的管制，其目的是维护其垄断价格。

6．跨国公司的某些产品

跨国公司在发展中国家的大量投资，虽然会促进东道国经济的发展，但同时也可能利用国际贸易活动损害后者的对外贸易和经济利益。例如，跨国公司实施“转移定价”策略就是一个典型的例子。因此，发展中国家有必要利用出口管制手段来制约跨国公司的这类行为，以维护自己的正当权益。

【资料卡 7-3】

继续对华出口管制：美国算错的一笔账

美国商务部日前发布了美国出口管制新政策《战略贸易许可例外规定》，仍将中国排除在 44 个可享受贸易便利措施的国家和地区之外。对此，中国商务部新闻发言人姚坚回应称，美方依然维持对中国的这种歧视性做法，不符合中美建设相互尊重、互利共赢的合作伙伴关系定位，中方对此深感失望。

和往常一样，对于放松对华出口管制的允诺，美国再次爽约。在 5 月举行的中美第三轮战略与经济对话上，美方对于放宽对华高科技产品出口管制的承诺并未体现在其近日公布的《战略贸易许可例外规定》中。不仅如此，美国还一如既往地把中国排除在可以享受美贸易便利化措施的国家和地区之外。

作为奥巴马政府 5 年出口倍增计划的一项重要措施，美国于 2009 年 8 月开始全面评估现行的出口管制体系，并于去年 8 月 31 日正式启动出口管制体系改革程序。本次《战略贸易许可例外规定》的颁布是其出口体系改革的实质进展，是奥巴马政府出口管制体系改革计划当中的重要一步。该规定将 44 个国家和地区列入可享受美国贸易便利化措施的范围之内，而中国不在其列。

(资料来源：根据相关资料整理)

三、出口管制的形式

1. 单边出口管制

单边出口管制是指一国根据本国的需要，制定出口管制方面的法案，设立专门的执行机构，对本国的某些商品出口进行审批和颁发出口许可证，实行出口管制。单边出口管制是由一国单方面自主决定，是实施歧视性贸易政策的手段。例如：早在1917年美国国会就通过《1917 年与敌对国家贸易法案》，禁止对“敌对国”进行财政金融和商业贸易。随着国际政治经济形势变化，美国又相应地制定并多次修改了各种出口管制法规条例。总体上来讲，管制程度较以前有所松动，手续也日渐简便。

2. 多边出口管制

多边出口管制是指几个国家政府，通过一定的方式建立国际性多边出口管制机构，商讨和编制多边出口管制货单和出口管制国别，规定出口管制的办法，以协调彼此的出口管制政策和措施，达到共同的政治和军事目的。

1949 年 11 月，在美国操纵下西欧 12 国成立的“巴黎统筹委员会”(Coordinating Committee for Multilateral Export Control，COCOM)就是一个实行多边出口管制的组织机构，其主要宗旨就是管制对社会主义国家出口商品，其主要功能是编制增减多边“禁运”货单，规定禁运的国别和地区等。随着冷战的结束，该组织已失去了过去的意义，于1994年4月1日正式解散。

四、出口管制的方式

一国控制商品出口的方式多种多样，最普遍使用的方式是出口许可证制度。出口许可证根据不同的商品、管制程度不同，可分为一般许可证和特种许可证。

1. 一般许可证

一般许可证无需向有关机构申请，只要在出口报关单上填明该商品的一般许可证编号，经海关核实，就可办妥出口手续。

2. 特种许可证

特种许可证即需要由有关机构审批颁发的许可证。例如，对于那些属于敏感商品的出口，必须向有关机构申请特种许可证。出口商品要在许可证上填写出口的内容和目的地以及用途等，再附上其他有关证件一起报批，批准后方能出口。

总之，出口管制一直是一些国家保护本国政治、经济利益，贯彻对外政策的最有效手段，这对双方国家乃至世界经济发展都造成负面影响。

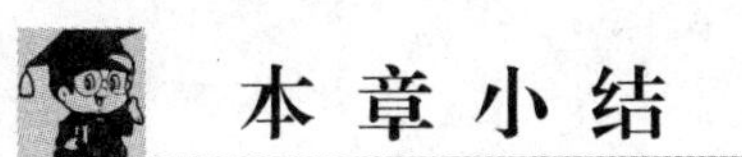

本章小结

鼓励出口和出口管制措施是各国根据本国的实际情况，在世贸组织规则的约束下，在保证本国生产需求、政治稳定、经济发展的前提下，积极扩大商品出口维护本国利益的有效手段。

各国采取的鼓励出口的措施主要包括出口补贴、出口信贷、出口信贷国家担保制、商品倾销、外汇倾销及促进出口的其他措施等。

出口管制措施主要是对特殊商品的出口管制和采取单边或多边的组织管制措施。

案例分析

2007 年 6 月 19 日，美国商务部正式公布了《对中华人民共和国出口和再出口管制政策的修改和阐释；新的经验证最终用户制度；进口证明与中国最终用户说明要求的修改》，并于当日生效。这意味着酝酿多时的美国对华出口管制新政策正式出台，然而，其中只有程序上的变化，而无实质性的放松，有的方面甚至是变本加厉的。

这个新规定新增了 31 项对华军事用途出口时需申请许可证的物项，包括航空发动机、飞机、水底照相机、激光器、贫铀、机床、高性能计算机等 20 大类中的部分产品。

其次，新规定要求，凡是总价值超过 5 万美元、需申请许可证的对华出口物项，不论出于何种管制原因(此前仅限于美国安全原因)，均需获取中国商务部出具的《最终用户和最终用途说明》，只有高性能计算机和高端红外热像仪除外。

新规定最大的“亮点”就是新设立的所谓“经验证最终用户”(VEU)授权制度。美国出口商向获得 VEU 的中国最终用户出口符合条件的产品可以免于申请出口许可证。

由于美国实行严格的出口管制，2006 年中国进口机床总额为 72.4 亿美元，其中从美国的进口仅占 8%；集成电路进口总额为 1 056 亿美元，其中从美国进口为 63 亿美元，仅占 6%；半导体材料及器件进口总额约 160 亿美元，其中从美国进口不足 3%。

2006 年，中国高技术产品进口年均增长 31%，而同期中国从美国进口的高技术产品占同类进口的比重由 18.3%下降到 9.1%。

2007 年美国出台的新规定又增加了 31 项对华出口需申请许可证的物项，扩大了许可证商品范围，进一步加大了企业的经营成本和风险，打击了两国企业开展高技术贸易的信心，影响了中美高技术贸易的顺利发展。

对于中国企业而言，从美国进口这类产品费尽周折，因此越来越不愿与美国的生产商做生意。上海 SMIC 公司驻美国硅谷的代表山姆·王说，他们公司如果从欧洲进口半导体产品，两个星期就能到货，如果从日本进口，则需两个月，但要从美国进货，半年都不一定能到货。

更为重要的是，这种管制政策，部分造成了目前中美贸易的不平衡。这种不平衡不仅是经济全球化带来的国际产业分工与结构调整的结果，也是美国经济政策特别是对华实行严格出口管制的必然产物。

(资料来源：根据相关资料整理)

思考题：

1．美国一些商品限制对华出口是出于什么考虑？

2．结合材料及前面章节的知识，分析造成中美贸易不平衡的原因。

练　习　题

1．什么是买方信贷？什么是卖方信贷？两者的区别是什么？

2．什么是外汇倾销？实施的条件是什么？

3．简述主要的出口鼓励措施。

4．商品倾销的类型及弥补倾销造成亏损的途径有哪些？

5．一个国家为什么要对出口进行管制？

6．用局部均衡分析法分析一国实行出口补贴的经济效应。

第八章　区域经济一体化

本章教学目标

通过本章的学习，读者应了解区域经济一体化化的现状及发展特点；掌握区域经济一体化的主要形式以及区域经济一体化对国际贸易的影响；熟悉区域经济一体化的含义及其效应。

章首阅读

亚太地区成为全球引人注目的亮点

当前全球区域经济一体化的发展呈现出了进一步加速的新趋势，以自由贸易协定(Free Trade Agreement，FTA)为核心的各种形式的区域贸易协定数量在不断增加。据 WTO 统计，截至 2012 年 1 月 15 日，向 WTO 通报的各种区域贸易协定达 511 个，并正以平均每月缔结 1 个的速度递增。

自 20 世纪 90 年代初再次掀起区域一体化浪潮以来，欧洲、北美地区一直处于世界一体化水平的领头羊地位，而亚太地区在此方面一直处于落后的状态。21 世纪以来，伴随着地区经济的起飞，亚太经济一体化进程开始大幅加速，逐渐呈现出 APEC 稳步推进，东盟一体化，“东盟+中国”、“东盟+日本”、“东盟+韩国”(3 个“10+1”)，“东盟+中日韩”(“10+3”)，“东盟+中日韩印澳新”（“10+6”）等 RTA 进程并行、交叉推进的格局。

据 WTO 统计，截至 2012 年 6 月 15 日，亚太主要国家(地区)参与的 RAT(已生效)数量如下：澳大利亚(8)、加拿大(7)、智利(19)、中国(10)、日本(13)、韩国(12)、墨西哥(16)、新西兰(9)、俄罗斯(7)、新加坡(19)、美国(13)、东盟(5)。除此之外，各国还有大量处于谈判及研究阶段的区域贸易协定。

第一节　经济全球化

自 20 世纪 80 年代中期以来，随着高科技产业的迅猛发展，全球信息网络快速普及，世界各国的经济活动日益相关，各国的生产、贸易、投资、金融等经济行为逐渐在全球范围内展开，生产要素出现全球配置和重组，世界各国经济走向相互依赖和融合。

一、经济全球化的含义

经济全球化是指随着社会生产力的发展，商品和生产要素跨越国界自由流动，资源在全球范围或地区范围内优化组合。世界各国、各地区经济，包括生产、流通和消费领域，更加紧密地联系在一起，使世界经济越来越成为一个不可分割的有机整体。

经济全球化是一个历史过程，一方面在世界范围内各国、各地区的经济相互交织、相互影响、相互融合成统一整体，即形成“全球统一市场”；另一方面在世界范围内建立了规范经济行为的全球规则，并以此为基础建立了经济运行的全球机制。在这个过程中，市场经济发挥主体作用，生产要素在全球范围内自由流动和优化配置。

【资料卡 8-1】

住在美国东部的皮尔瑞纳先生一天的生活

清晨，他是被日本产的索尼牌闹钟叫醒的，而该闹钟的部分零件由韩国和泰国生产。皮尔瑞纳先生穿上了中国产的晨袍，打开了收音机，收音机里广播的是中东危机，他考虑这是否会引起汽油涨价，而他应该购买一辆德国产的 Mercedes 小轿车，还是购买一辆日本产的 Honda 小轿车呢？当皮尔瑞纳先生进入浴室时又有些犹豫：是用荷兰生产的 Philips 电动剃须刀还是用英国生产的 Gillette 剃须刀刮胡须?太太建议他将房子进行装修扩建，但是木材在涨价，因为美国政府迫使加拿大提高出口到美国的木材价格。当他下楼喝橘子汁(巴西生产的)时，门铃响了，保姆米瑞纳(墨西哥人)来打扫卫生。在皮尔瑞纳先生家里，早餐是用法国制造的咖啡壶、加拿大输送的天然气烧煮来自印度尼西亚、巴西、哥伦比亚的混合咖啡，配瑞士生产的饼和面包，夹着比利时生产的草莓酱。

(资料来源：根据相关资料整理)

二、经济全球化的成因

经济全球化的产生可以追溯到西欧资本主义的兴起和近代市场经济的建立，而经济全球化进程显著加快以至被人们所感知并为之震撼，则是第二次世界大战以后的事情。尤其是 20 世纪的最后 20 年，在技术进步的推动下，全球化的浪潮更是汹涌澎湃。

(1) 各国经济体制的趋同，为经济全球化发展扫清了体制上的障碍。

在今天的世界上，已经有越来越多的国家认识到，只有选择市场经济体制，才能加快本国经济发展的速度，提高本国经济的运转效率和国际竞争力。封闭经济由于缺少外部资源、信息与竞争，呈现出经济发展的静止状态。计划经济体制则由于存在信息不完全、不充分、不对称和激励不足等问题，而导致资源配置与使用的低效率。所以，不管是传统的封闭经济，还是起源于苏联的计划经济都不约而同地走上了向市场经济转型的道路。由此而造成的各国在经济体制上的趋同，消除了商品、生产要素、资本以及技术在国家与国家之间进行流动的体制障碍，促成了经济全球化的发展。

(2) 科学技术的进步为经济全球化的发展创造了物质基础。

信息技术的进步，降低了企业的远距离控制成本。多媒体技术的发展与互联网的诞生，使这种成本大幅度降低，以至于从理论上来讲，对于任何有能力进行全球扩张的企业，它的活动范围都可以达到全球各地。

(3) 微观经济主体的趋利动机是推动经济全球化发展的基本动因。

商品与要素价格在全球不同地区的差异为企业在全球范围内的“套利”活动提供了空间。于是，便有了对外投资、技术转让以及企业生产过程的分解与全球配置。在这种微观主体世界范围内的套利活动中，跨国公司扮演了主角。

跨国公司可以凭借其独有的知识产权、技术诀窍、管理战略以及资金实力，一方面，利用发展中国家低成本的生产要素，将产品销售到价格更高的市场上进行套利；另一方面，将巨额剩余资本转向资本稀缺、投资回报率高的发展中国家进行资本套利。同时跨国公司能够将生产和销售活动配置于世界各地，并将每一个分支机构及其所联系的企业在职能专门化的情况下，组成一个一体化的网络，通过在世界各地的生产、销售等活动而服务于母公司的发展战略。当跨国公司利用优势而大举进行全球性套利活动的时候，其客观的效应便是推动了经济的全球化发展。

(4) 世界范围内商法体系的趋同为经济全球化的发展提供了相对统一的法律制度环境。

主导世界社会和经济规范的两大法系是英美法系和大陆法系。近年来，两大法系发展的一个重要特征就是互相融合与趋同发展；另外，随着贸易一体化、投资一体化的发展，国际经济组织的统一立法活动深入开展，这为经济全球化的发展创造了统一的法制环境。

三、经济全球化对发展中国家的影响

经济全球化既是机遇，又是挑战。一方面，经济全球化给每个国家都提供了更为宽广的舞台，另一方面，由于不合理的国际经济秩序的存在，发达国家与发展中国家的矛盾激化。经济全球化对于发展中国家来说，机会与风险并存。发展中国家既要很好地把握它带来的机遇，又要趋利避害，规避它带来的风险。

1．经济全球化带来的有利因素

经济全球化带来的有利因素包括以下几点：

(1) 可以充分地利用外资。大量外资的进入，有助于解决发展中国家在经济建设过程中遇到的资本严重不足的问题。

(2) 资本的进入带来了先进技术、管理经验和企业创新精神。

(3) 资本的进入有利于建立现代企业制度。通过购并当地的企业所实现的外资进入，有助于传统产业结构改造和促进产业竞争。

(4) 外资进入有助于解决发展中国家劳动力就业问题。发展中国家由于人口众多，存在劳动力超额供给和劳动力成本普遍偏低的现象，外资进入得以安排大量的工资低廉的过剩劳动力从事有效就业，从而使发展中国家发展自己具有国际分工优势的劳动密集型产品和产业。

(5) 经济全球化促进了发展中国家的金融市场的完善，有利于发展中国家的金融深化。

(6) 资本的进入有利于非市场经济国家的经济转型。资本进入能够加快现代经济制度的形成。实践证明，一个国家越开放，其经济转型的进度越快。

2．经济全球化带来的弊端

经济全球化带来的弊端包括以下几点：

(1) 大量外资的进入容易造成债务负担，可能引发国际债务危机。如1995年墨西哥爆发了重大的国际债务危机。墨西哥经济与美国经济联系紧密，自1994年2月以来，美国连续6次提高利率，造成了数百亿美元从墨西哥等国抽走流向美国，极大地损害了墨西哥的金融和经济稳定。

(2) 外资进入对民族资本和民族工业冲击较大。外资的过度进入有可能挤垮发展中国家的民族工业，因而可能损害经济的长远发展。

(3) 经济全球化使发展中国家生态环境和可持续发展的矛盾日益尖锐。劳动密集型产业大多属于夕阳产业，发达国家跨国公司在全球范围内配置生产要素资源的同时，把夕阳产业带进了发展中国家，给发展中国家的生态环境造成了严重的破坏。

(4) 跨国资本的进入增大了金融市场的投机性和风险度，容易给短期投机资本冲击较虚弱的发展中国家国内市场造成可乘之机。最明显的例子如20世纪末发生在东南亚的国际金融危机，使许多东南亚国家和地区的汇市、股市轮番暴跌，金融系统乃至整个社会经济受到重创。受汇市、股市暴跌影响，这些国家和地区出现了严重的经济衰退。

(5) 经济全球化背景下的发展中国家经济转型充满了动荡和起伏。经济全球化使得世界范围内各国之间经济紧密联系在一起，发展中国家国内经济稳定与否，不仅取决于国内因素，还要受到国际因素的巨大影响。因此，发展中国家在经济转型过程中充满了变数。

(6) 经济全球化加速了发展中国家和发达国家之间经济发展的不平衡，这种不平衡主要表现在发达国家与发展中国家之间的贫富差距将继续扩大。

【资料卡8-2】

离开“中国制造”的一年

2007年有一本书叫《离开“中国制造”的一年》，在大洋彼岸的美国风靡一时。作者莎拉·邦焦尔尼是一位家庭主妇兼自由撰稿人。全书是根据她2005年的一场实验“全年全家不用中国货”写成的。那一年，全家生活变得糟糕无比：中国产的咖啡机坏了，就没有买新的，因为其他国家的产品太贵了；榨汁机坏了无法修理，因为必须使用中国产的刀片；喜欢做木工活的丈夫再也买不到工具，因为这些工具都是中国产的。一年总算熬过去了，这位家庭主妇在书中写道：“我们根本无法拒绝中国产品。”

廉价的中国商品已经成为美国人日常生活中不可或缺的组成部分。然而，美国的高端商品同时却在不断潜移默化地驾驭着中国老百姓生活的核心，如Windows的操作系统、Google的搜索引擎、音乐软件、高档轿车、波音飞机等。经济全球化导致世界范围内各国之间的经济交往和联系变得非常频繁和复杂，各国的经济生活和经济发展已不再是本国孤立的活动。当今不同社会制度的国家和区域经济一体化组织，在生产力的发展、国际分工与世界市场发展的基础上，通过商品、货币和资本的流通，劳动力的转移和技术的转让，形成了错综复杂的各种类型的国际经济关系。特别是跨国公司的迅速发展，推动了生产与资本的进一步国际化。而交通、通信手段的发展，极大地拉近了国家之间的沟通距离，并且使世界市场的空间范围进一步扩大。世界各国在经济上的依赖程度日益加深，各国经济生活的各个方面或多或少地具有国际贸易的烙印。

(资料来源：根据相关资料整理)

第二节　区域经济一体化

一、区域经济一体化的含义和形式

1. 区域经济一体化的含义

区域经济一体化是指在组成贸易集团的成员之间逐步取消所有歧视性障碍和其他非贸易壁垒，实行自由贸易，进而实现生产要素在成员之间的无障碍流动，并为此而协调成员间的社会经济政策。

一般而言，区域经济一体化强调在参与成员范围内减少与取消歧视性的贸易壁垒，及采用一定程度的共同的对外贸易与经济发展的政策，以期消除成员间的差异，促进资源的最佳利用，求得整体最优的经济结构和经济效果。由此可以把握区域经济一体化的几个基本特征：第一，成员间消除某些方面的歧视，并尽量采用共同的政策与措施；第二，在同样的方面，共同保持对成员外的歧视，并限制单个成员的对外权限；第三，各成员本着互利互惠的原则参与其中，目的在于取得非合作条件下无法获得的某些效果与利益；第四，它的性质可以视为全球范围内无法实现真正意义上的自由贸易与经济合作，只能在局部地区的某些方面进行。

2. 区域经济一体化的形式

1) 按贸易壁垒取消的程度划分

按照贸易壁垒取消的程度或按一体化目标的高低，区域经济一体化组织可分成六种形式，其差别详见表 8-1。

(1) 优惠贸易安排。这是最低级和最松散的经济一体化形式。在优惠贸易安排成员之间，通过协定和其他形式，对全部或部分商品规定其特别的关税优惠。1932 年大英帝国和英联邦成员国建立的英帝国特惠制，以及“二战”后建立的“东南亚国家联盟”均属此类。

(2) 自由贸易区。在自由贸易区内，各成员国通过签定自由贸易协定相互取消所有的贸易壁垒，但各成员国仍保留各自对非成员国的贸易壁垒。1960 年成立的“欧洲自由贸易联盟”，1992 年建立的“北美自由贸易区”等都属这一类经济一体化形式。

(3) 关税同盟。组成关税同盟的成员国之间完全取消关税和其他贸易壁垒，并对非成员国实行统一的关税。关税同盟在一体化程度上比自由贸易区进了一步。它除了包括自由贸易区的基本内容外，还在成员国之间实施统一的对外关税。结盟的目的在于使成员国的商品在统一的关税内的市场上处于有利地位，排除非同盟国商品的竞争。它开始带有超国家的性质。1957 年成立的欧洲经济共同体，1973 年改建的“加勒比海共同市场”均属于典型的关税同盟。

(4) 共同市场。共同市场是比关税同盟更进一步的同盟，其允许参加国之间资本和劳动力自由流动。欧洲联盟于 1992 年实现了共同市场。

(5) 经济同盟。经济同盟是区域经济一体化的高级阶段。其特点是，在实现关税、贸易和市场一体化的基础上，进一步协调成员国之间的经济政策和社会政策，包括货币、财政、经济发展和社会福利政策，以及有关贸易和生产要素流动政策，并拥有一个制定这些政策的超国家的共同机构。2013 年 7 月 1 日，克罗地亚正式成为欧盟成员国，至此，欧盟成员达到 28 个，成为当今世界上经济实力最强、一体化程度最高的国家联合体。目前的欧盟就是此种类型的经济一体化组织。

(6) 完全经济一体化。它是区域经济一体化的最高阶段。在此阶段，各成员国在经济、金融、财政等政策方面均完全统一，成员国之间完全取消商品、资本、劳动力、服务等自由流动的人为障碍，并建立起共同体一级的中央机构和执行机构对所有事务进行控制。事实上完全经济一体化几乎等同于一个扩大的国家，欧盟的目标就是向这种一体化方向迈进。

表 8-1　各种经济一体化组织形式的比较

项目 组织形式	减少彼此间的贸易壁垒	取消彼此间的贸易壁垒	共同的对外贸易壁垒	生产要素的自由流动	实现经济政策的协调	由中心机构决定共同的货币、财政政策
优惠贸易安排	有	无	无	无	无	无
自由贸易区	有	有	无	无	无	无
关税同盟	有	有	有	无	无	无
共同市场	有	有	有	有	无	无
经济同盟	有	有	有	有	有	无
完全经济一体化	有	有	有	有	有	有

2) 按参加国的经济发展水平划分

按参加国的经济发展水平分，区域经济一体化组织可以分为以下两种形式：

(1) 水平一体化。水平一体化又称为横向一体化，它是由经济发展水平相同或接近的国家组成的。从区域经济一体化的发展实践来看，现存的一体化大多属于这种形式。

按成员国构成的不同，水平经济一体化组织可以分为两类：

① 发达国家型：由发达国家组建的经济一体化组织，典型的如欧洲联盟。

② 发展中国家型：由发展中国家组成的经济一体化组织，如东盟自由贸易区。

(2) 垂直一体化。垂直一体化又称为纵向一体化，它是由经济发展水平不同的发达国家和发展中国家共同组建的经济一体化组织形式，也称为南北型经济一体化。如，1994 年 1 月 1 日建成北美自由贸易区，它把经济发展水平不同的发达国家(美国、加拿大)和发展中国家(墨西哥)联系在一起，使建立自由贸易区的国家之间在经济上具有更大的互补性。

3) 按经济一体化内容的范围大小划分

按一体化内容的范围大小划分，区域经济一体化组织有以下两种形式：

(1) 部门一体化。部门一体化是指区内各成员国的一种或几种产业(或商品)的一体化。如，1952年7月25日建立的欧洲煤钢共同体；1958年1月1日建立的欧洲原子能共同体。

(2) 全盘一体化。全盘一体化是指将区域内各成员国的所有经济部门加以一体化。如，欧洲联盟和1991年解散的经济互助委员会。

经济一体化是关于成员间贸易壁垒的撤除和各种合作互助关系的建立。贸易壁垒的撤除被称为一体化中“消极”的一面，合作关系的建立则被称为“积极”的一面，因为合作的建立往往要求参加者改变现有的制度或机构，或建立新的制度和机构以使一体化地区的市场能适当而有效率地运转。

二、区域经济一体化理论

1．关税同盟理论

1) 关税同盟的静态效应

(1) 贸易创造效应：是指关税同盟内部实行自由贸易，成员国之间相互取消关税和非关税壁垒，产品从成本较高的本国生产转往成本较低的成员国生产，从成员国进口导致贸易规模扩大，新的贸易得以创造，从而提高了成员国的福利。

(2) 贸易转移效应：是指建立关税同盟之后对外实行保护贸易政策，导致原来从同盟外国家较低成本的进口，转向从成员国较高成本的进口，成员国之间的相互贸易代替了成员国与非成员国之间的贸易，从而造成贸易方向的转移。

总的来说，关税同盟的建立一方面引起了成员国之间贸易创造的增加，另一方面引起了成员国与非成员国之间的贸易转向。其最终福利取决于二者权衡的结果。

2) 关税同盟的动态效应

第一，规模经济效应。组成关税同盟以后，能把分散的小市场统一起来，成员国的内部市场就扩大了，实现规模经济等技术利益。一体化区域经济的发展，带来各行业各部门经济的相互促进和发展。对于规模报酬递增的产业来说，随着规模的扩大，平均成本下降。

第二，优化资源配置。组成关税同盟以后，成员国之间的竞争加剧，专业化分工的广度与深度不断拓展，使生产要素和资源得以更优化的配置。

第三，促进了竞争。一般认为，高关税会有助于导致垄断。当国内市场比较狭小时，这种作用就更明显。组成关税同盟，在成员国之间降低或取消关税、扩大市场会导致同盟内部竞争加强，专业化分工程度加深，从而提高生产效率和经济福利。

第四，刺激投资的效应。关税同盟建立以后，随着市场的扩大，风险与不稳定性降低，一体经济集团内各企业为应付市场的扩大和竞争的加剧，必然增加投资，更新设备，采用新技术，扩大生产规模，以改进产品品质，降低生产成本。由于成员国之间免除关税，对外统一关税，其结果会吸引关税同盟外的国家到同盟内设立避税工厂，以求获得豁免关税的利益。

第五，生产要素自由流动的经济效应。关税同盟的建立，使得市场趋于统一并且竞争加剧，会推动生产要素在这一区域内的自由流动。一般来说，资本和劳动力从边际生产力低的地区流向边际生产力高的地区，使生产要素配置更加合理，要素利用率提高，从而产量增加，提高了经济效益。

此外，关税同盟建成后，市场扩大、竞争加强、投资增加、生产规模扩大等因素，还会促使生产厂商更加愿意投资于研究与开发，导致技术不断革新。

2. 协议性国际分工原理

协议性国际分工原理是由日本的经济学家小岛清提出来的。他认为以往许多经济学者都是依据比较优势原理来说明一体化内部的分工原理的，他们把比较优势原理同“规模经济”和“竞争激化”并列，并认为比较优势原理是竞争原理的一部分，因而共同体内的分工当然是由竞争激化来推动的。但完全放任这一原理，会导致各国企业的集中和垄断，导致各国相互间严重同质化的发展。

协议性国际分工原理的主要内容如下：

(1) 区域经济一体化的目的是要通过大市场来实现规模经济和成本长期递减。

假设在一体化内只有A国和B国，两国仅生产X和Y两种产品。两国通过协议，将X商品全由A国生产，并把B国X商品的市场提供给A国；另一方面，商品Y全由B国生产，并把A国Y的市场提供给B国。两国这样集中生产，实行专业化分工，随着产量和需求的增加，成本和价格都下降了。A国要把Y商品的市场、B国要把X商品的市场，分别提供给对方，即必须达成互相提供市场的协议，因此把它称为协议性的国际分工。

(2) 实行协议分工必须具备的条件。

① 参与分工的国家的经济发展水平大致相同，这些国家的资本、技术、劳动禀赋情况没有太大差别，实行分工的商品在哪一国都能生产。

② 参与协议分工的商品必须是能够获得规模经济效益的商品。

③ 不论哪一个国家，生产哪一种协议分工的商品的利益都没有太大的差别。也就是说，一国实行专业化分工的产品和让给其他合作国家生产的产品没有优劣之分，否则就不容易达成协议。这种利益或产业优劣主要决定于规模扩大后的成本降低率和随着分工而增加的需求量及其增长率。可见，协议性分工是同一范畴商品内更细的分工。

上述条件表明，协议性分工必须在同等发展阶段的国家间建立，而不能在工业化国家和初级产品生产国这样发展阶段不同的国家之间建立。同时也表明，在发达工业化国家之间，可以进行协议分工的商品范畴的范围较广，利益也较大。另外，生活水平和文化等相互类似、互相接近的地区，容易达成协议，并且容易保证相互需求的均等增长。

第三节　世界主要的区域经济一体化组织

一、欧洲联盟

欧洲联盟(简称“欧盟”，EU)是当今世界一体化程度最高的区域政治、经济集团组织，其前身是欧洲共同体。欧洲共同体是欧洲煤钢共同体、欧洲经济共同体和欧洲原子能共同体的统称。欧盟从内涵与规模上都经历了长期的发展进程。欧盟是世界上最有力的国际组织和世界上第一大经济实体，在贸易、农业、金融等方面趋近于一个统一的联邦国家，而在内政、国防、外交等其他方面则类似一个独立国家所组成的同盟。2012 年 10 月 12 日，欧盟被授予 2012 年诺贝尔和平奖。

1．欧洲一体化的形成与发展

1951 年 4 月法国、联邦德国、意大利、荷兰、比利时和卢森堡六国签订《欧洲煤钢联盟》，并于 1957 年 3 月签订了《欧洲经济共同体》和《欧洲原子能联盟》两个条约，总称《罗马条约》，于 1958 年 1 月 1 日生效，标志着欧洲经济共同体正式成立。到 1967 年，欧洲经济共同体与欧洲原子能共同体、欧洲煤钢共同体合并，统称为欧洲共同体。其发展可分为三个阶段。

第一阶段(1958—1967 年)：建立关税同盟阶段。欧共体成立的初衷是加强欧洲大陆各国的经济合作，恢复战后的欧洲经济，减少在欧洲再次发生世界大战的悲剧的可能性，也为了在东西方冷战中奠定必要的物质基础。根据《罗马条约》，共同体实现内部自由贸易，相互取消关税，撤销相互间贸易壁垒，对外实行统一的贸易政策，但这一目标的真正实现是在 1968 年以后。

第二阶段(1968—1992 年)：实现关税同盟和建立共同市场阶段。从 1961 年到 1970 年的 10 年中，共同体 GDP 的年平均增长率为 4%，高于同期美国的 2.5%，这对成员国的经济合作是一种鼓舞。1987 年 7 月 1 日“单一欧洲法”(反映白皮书内容)正式生效，目标是于 1992 年底建立欧洲共同市场。期间增加了新的成员国如英国、爱尔兰、丹麦、希腊、西班牙和葡萄牙等国家，欧共体变为 12 个国家。

第三阶段(1993 年起)：实行共同市场和建立经济同盟阶段。1993 年 1 月 1 日，欧共体决定实现“单一欧洲法”提出的目标，进入共同市场阶段。1993 年 1 月 1 日《马斯特里赫特条约》生效，欧洲联盟正式成立。欧盟目前已成为一个拥有 28 个成员国，人口超过 5 亿的大型区域一体化组织。

经过欧盟各国的艰苦努力，为过渡到经济货币联盟第三阶段所必要的各项立法程序已全部完成，实施单一货币的技术障碍已基本扫除，1999 年 1 月 1 日，欧元(Euro)正式发行。它标志着欧洲经济货币联盟的建设跨入最高阶段——成立欧洲货币联盟。

欧元是欧洲联盟经济一体化进程的必然产物，它标志着欧盟一体化程度的加深，进一步巩固了欧盟作为世界上最发达的一体化组织的地位。欧洲联盟成立以来，经济一体化的进程在广度上和深度上都有很大发展，经济联合和政治合作不断加深，经济势力大为加强。目前，欧盟已成为当今世界最大的区域经济一体化组织，而且已成为举足轻重的世界经济政治中心之一。

2．欧盟的组织机构

欧洲理事会即欧盟首脑会议，是欧盟的最高决策机构。它由欧盟成员国国家元首或政府首脑及欧盟委员会主席组成，理事会主席由各成员国轮流担任，任期半年。欧盟首脑会议主要负责制订“总的政治指导原则”，其决策采取协商一致的原则。欧盟部长理事会负责日常决策并拥有欧盟立法权，由成员国外长或专业部长组成。其中，外长理事会称为“总务理事会”，处理对外关系和总体政策，每月召开一次会议。

理事会日常办事机构包括：常驻代表团委员会，由各成员国驻欧盟的使团长和副使团长组成，每周举行例会；政治和安全委员会，是处理欧盟共同外交与安全事务的“轴心”，由各成员国驻欧盟代表(大使衔)、欧盟委员会代表和理事会秘书长的代表组成，实行轮值主席制，对外实行“三驾马车”代表制；秘书处，设秘书长、副秘书长，下辖秘书长私人办公室、一个法律处和八个总司。

3．欧洲稳定机制

希腊 2009 年底率先爆发主权债务危机，欧元区由于缺乏一套现成救助机制予以应对，助长了市场恐慌情绪蔓延。在为希腊单独提供 1100 亿欧元救助后，欧盟 2010 年 5 月联合国际货币基金组织设立了总额 7500 亿欧元的三年期临时救助机制，以防其他欧元区国家再步希腊后尘，但为应对类似危机构筑一道永久性防线被提上了议事日程。

2011 年 3 月，欧盟成员国财政部长就欧元区永久性救助机制的具体架构达成一致。名为“欧洲稳定机制”的欧元区永久性救助机制将是一个由欧元区国家依据国际法、通过缔结条约成立的政府间组织，总部设在卢森堡。当月 24 日，欧盟领导人通过债务危机全面应对方案。欧洲稳定机制的有效融资能力为 5000 亿欧元，为了在发债融资时获得最高信用评级，其认缴资本将达到 7000 亿欧元，其中 800 亿欧元为实际到位款项，欧元区国家在欧洲稳定机制 2013 年 7 月正式运作前需支付 400 亿欧元，此后 3 年内再支付 400 亿欧元，而余下的 6200 亿欧元将包括欧元区国家承诺可随时支付的款项和担保。

2011 年 10 月 13 日，斯洛伐克国民议会批准了欧洲金融稳定机制扩容议案。斯洛伐克是欧元区最后一个批准该文件的国家。至此，欧元区所有国家均已经批准欧洲金融稳定机制扩容计划。增加欧洲金融稳定机制(EFSF)有效放贷水平及其弹性是欧盟阻止债务危机蔓延的主要“武器”。根据欧盟规则，欧洲金融稳定机制扩容议案需要欧元区每个国家的批准方能生效。

二、北美自由贸易区

北美自由贸易区(North America Free Trade Agreement，NAFTA)由美加自由贸易区演变而来，它是世界上第一个由最富裕的发达国家和发展中国家联合组成的一体化组织，其发展经过两个阶段。

1．美加自由贸易区的建立

早在 1988 年 2 月，美国和加拿大政府就签署了《美加自由贸易协定》，协定于 1989 年 1 月 1 日起生效，从而建成了美加自由贸易区。其目标是：取消商品贸易、服务贸易和投资、商业、旅行方面的一切障碍，提供双方政府的行为准则，规范私人企业的行为和政府的经济政策。《美加自由贸易协定》的内容涉及关税减免、非关税壁垒、原产地规则、农产品贸易、能源、倾销与补贴、政府采购、劳务、金融、投资、知识产权，以及纠纷的解决等。

2. 北美自由贸易区的建立

1990 年，美国与墨西哥探索订立双边自由贸易协定。此后，美、加、墨三国就北美自由贸易协定进行了为期一年多的谈判，于 1992 年 8 月 12 日签订了《北美自由贸易协定》，宣布成立北美自由贸易区，并于同年 12 月 17 日正式签署了该文件，文件于 1994 年 1 月 1 日生效，北美自由贸易区宣告成立。《北美自由贸易协定》与《美加自由贸易协定》类似，只是有些规定更加严格。其宗旨是取消贸易壁垒，创造公平竞争的条件，增加投资机会，保护知识产权，建立执行协定和解决争端的有效机制，促进三边和多边合作。它的主要内容有三国将在 15 年内分三个阶段取消 9000 多种商品的关税和非关税壁垒，实行商品与劳务的自由流通；开放墨西哥的电信、金融和保险业，三国在北美地区的金融公司给予国民待遇，就原产地规则达成更加严格的规定，以防止区外国利用自由贸易区逃避关税；制定更为完善的保护知识产权的规定以及有关劳工和环境保护问题的补充规定等。

《北美自由贸易协定》规定，三国区内除货物、劳动力、资金可以自由流通外，对知识产权、服务贸易、原产地规则等也作了安排。在 2009 年以前，取消所有商品的关税和数量限制，实现区内贸易的完全自由化。墨西哥向美国和加拿大开放市场，允许美国和加拿大的汽车业、电脑业、电信业，以及银行、运输、保险和证券金融等服务贸易行业到墨西哥投资设厂，开业经营，投资行业与经济范围等与墨西哥本国企业享受同等待遇，不受歧视，平等竞争。

北美自由贸易区的组织机构体系，包括了自由贸易委员会、秘书处、专门委员会、工作组、专家组、环境合作委员会、劳工合作委员会、各国行政办事处、北美发展银行和边境环境委员会。自由贸易委员会是最高级别的机构，它由缔约方内阁及其代表或他们指定的人员组成。自由贸易委员会的职能是监督协定的实施；督促进一步的谈判；解决合作引起的争端；监督根据协定建立的专门委员会和工作组的工作；考虑其他可能影响协定的运作事项。自由贸易委员会每年至少召集一次年会，由各缔约方的代表轮流主持。

三、亚太经合组织

亚太经合组织(Asia-Pacific Economic Cooperation，APEC)自成立以来，在推动区域和全球范围的贸易投资自由化与便利化、开展经济技术合作方面不断取得进展，为加强区域经济合作、促进亚太地区经济发展和共同繁荣做出了突出贡献。亚太经合组织总人口达 27 亿，约占世界总人口的 40.5%。根据国际货币基金组织公布的数据，APEC 成员经济总量约占世界经济总量的 53%，贸易总量约占世界贸易总量的 43%。这一组织在全球经济活动中具有举足轻重的地位。

1980 年 9 月，来自中国、韩国、日本、美国、加拿大、新西兰、澳大利亚、东盟等国家与地区的产业界、学术界与政府官员，以个人身份参与探讨与协调经贸合作的问题，并由此成立了太平洋经济合作会议。该会议成为包括整个太平洋沿岸国家与地区的经济论坛组织，起到了交流资料、沟通信息、协调看法、反映政府观点的作用。但是，这一非官方性质的组织并没有令人满意。1989 年 11 月，澳大利亚、新西兰、美国、加拿大、日本、韩国和东盟成员泰国、马来西亚、新加坡、菲律宾、印度尼西亚、文莱等12国负责外交与经济事务的部长们聚集澳大利亚首都堪培拉，举行了首届部长级会议，并发表了《部长级联合声明》，由以上国家组成亚太经济合作会议(以下简称“经合会”)。

1991年，中国香港和中国台湾加入。此后，墨西哥、智利、巴布亚新几内亚也分别加入。1991年11月，中国以主权国家身份，中国台北和香港(1997年7月1日起改为“中国香港”)以地区经济体名义正式加入亚太经合组织。截至2011年11月，亚太经合组织共有21个成员，成为横跨亚洲、南美洲、北美洲、大洋洲等四大洲的庞大组织。亚太经合组织举行每年一次的部长级会议。1992年9月召开的第四届会议讨论了地区经济发展趋势、多边贸易谈判和区域贸易自由化等问题，并通过了《曼谷宣言》。会议决定在新加坡设立秘书处，直接向经合会汇报工作。

1993年11月，在西雅图举行了首次经合会领导人非正式会议及第五届部长级会议，开始讨论亚太经济合作的实际问题。1994年11月，在印尼的茂物举行了第二次领导人非正式会议，发表《茂物宣言》，提出该组织发达国家及新兴工业经济体在2010年前，发展中经济体在2020年前实现贸易和投资自由化，最终建成环太平洋的自由贸易区。这次会议标志着经合会进入务实阶段。

1996年11月，分别在马尼拉和苏比克(菲律宾)举行了第八届APEC部长级会议和第四次经济领导人非正式会议，所有18个成员均提交了包括关税、非关税、服务、投资、海关手续、标准与合格认证、竞争政策、争端调解、知识产权、原产地规则、政府采购、放宽管制、商业人员流动、乌拉圭回合结果实施和信息收集与分析等15个具体领域的各自的单边行动计划和APEC集体行动计划。会议审议并通过的有关以上内容的《马尼拉行动计划》，从1997年1月1日开始实施其贸易和投资自由化及便利化单边行动计划和集体行动计划，并在执行中进一步健全与完善。由于经合会的成员多、范围广，各成员在经济发展水平、经济结构等方面都存在过于悬殊的差别，因此在很长一段时间内，很难进入良好的区域经济一体化的运行状态。

亚太经合组织于1993年初在新加坡设立秘书处，为各级活动提供支持和服务。亚太经合组织的组织机构包括领导人非正式会议、部长级会议、高官会、委员会和专题工作组等。其中，领导人非正式会议是亚太经合组织最高级别的会议。

四、东南亚国家联盟

东南亚国家联盟 (Association of Southeast Asian Nations，ASEAN)简称东盟，它的前身是马来亚(现马来西亚)、菲律宾和泰国于1961年7月31日在曼谷成立的东南亚联盟。1967年8月7日到8日，印尼、泰国、新加坡、菲律宾四国外长和马来西亚副总理在曼谷举行会议，发表了《东南亚国家联盟成立宣言》，正式宣告东南亚国家联盟成立。同月28日到29日，马、泰、菲三国在吉隆坡举行部长级会议，决定由东南亚国家联盟取代东南亚联盟。

1.《东南亚国家联盟成立宣言》的宗旨和目标

《东南亚国家联盟成立宣言》的宗旨和目标包括：

(1) 以平等与协作精神，共同努力促进本地区的经济增长、社会进步和文化发展。

(2) 遵循正义、国家关系准则和《联合国宪章》，促进本地区的和平与稳定。

(3) 促进经济、社会、文化、技术和科学等问题的合作与相互支援。

(4) 在教育、职业和技术及行政训练和研究设施方面互相支援。

(5) 在充分利用农业和工业、扩大贸易、改善交通运输、提高人民生活水平方面进行更有效的合作。

(6) 促进对东南亚问题的研究。

(7) 同具有相似宗旨和目标的国际和地区组织保持紧密和互利的合作，探寻与其更紧密的合作途径。

2．东南亚国家联盟的成员国

东南亚国家联盟的主要成员国有 10 个，分别为文莱(1984)、柬埔寨(1999)、印度尼西亚、老挝(1997)、马来西亚、缅甸(1997)、菲律宾、新加坡、泰国、越南(1995)。总面积约 450 万平方公里，人口约 5.12 亿。

3．东南亚国家联盟的组织机构

东盟首脑会议为东盟最高决策机构，每年举行两次会议。东盟成员国领导人在峰会上决定有关东盟一体化的关键问题，决定发生紧急事态时东盟应采取的措施，任命东盟秘书长。设立 4 个理事会，其中一个由外长组成，负责协调东盟重要事务，另外 3 个分别负责政治安全、经济一体化和社会文化事务；每个理事会各由一名副秘书长负责。

第四节　区域经济一体化对国际贸易的影响

一、对世界经济贸易的影响

从世界范围看，随着各种类型和层次的区域经济一体化组织的发展和壮大，区域经济一体化已成为当代世界经济发展的普遍现象和共同趋势，在世界市场上起着举足轻重的作用。它们的一系列活动都将对全球的经济贸易格局和整个国际市场产生深远的影响，在当代国际经济生活和世界经济格局的变化中起着越来越重要的作用。

1. 推动了国际贸易的进一步发展

区域经济一体化是为适应战后生产力提高、生产社会化空前高涨而出现的现象。区域经济一体化虽然不能消除各垄断集团的分歧和矛盾，但它在一定程度上缓和了资本主义国家之间、各国际垄断集团之间的矛盾，减少了世界市场上国际经济活动中的混乱和无政府状态，使国与国之间的经济摩擦受到一定的约束。同时，区域经济一体化的结果，使得妨碍生产要素自由流动的各种障碍得到减少或消除，极大地推动了国际贸易的发展。

2. 促进了贸易自由化，优化了贸易条件

区域经济一体化是生产与经济国际化发展的产物，是各国相互依赖不断加深的产物。当经济国际化发展到一定程度时，单个主权国家无法独自解决自身经济的发展，这就促使同一区域中的几个国家携手合作，以新的国际分工为基础，逐步深化原已形成的地区性一体化组织，组建新的更大范围的区域经济一体化组织。当今世界生产国际化、经济一体化程度最高的区域性组织，也是各国间相互依赖最为密切、贸易自由化程度最高的地区。区域经济一体化通过建立关税同盟、共同市场和经济联盟，首先在一体化组织内部实现贸易自由化，促进内部贸易发展。与此同时，在对外方面通过签订优惠贸易协定等，在不同程度上扩大了对外贸易自由化。目前，尽管各区域经济一体化组织之间在一定程度上存在着摩擦和对抗，不利于世界贸易组织自由贸易原则的实施，但由于各经济一体化组织在内部贸易、投资等方面障碍的减少和消除，使得生产要素能够不同程度地自由流动和配置，从而增强了成员国相互间的经济交流与合作，也改善了彼此的贸易条件，使成员国能够比较平等地共享建立区域经济一体化组织所带来的直接和间接效益。

3. 改变了国际贸易的地区分布

“二战”后，随着区域经济一体化的发展，几乎所有的国家都参加国际贸易活动。20世纪70年代，发展中国家由于组成区域一体化组织，贸易额的增长速度超过发达国家，其内部贸易在整个出口贸易中所占比重大幅上升。1986年以来，发展中国家贸易自由化取得较大进展，其中尤以拉美和亚洲的贸易自由化进程最快。在西方发达国家中，由于区域经济一体化的发展，打破了以美国为主导的国际贸易格局。欧盟和欧洲自由贸易联盟两个一体化组织的建立和发展，不仅对成员国的经济发展起了积极的促进作用，而且对世界经贸格局的变化产生重大影响。区域经济一体化将加强世界商品、资金、技术和人员在发达国家之间集中的倾向，因为发达国家是先进科技的发明者和拥有者。若区域一体化组织由发达国家和发展中国家混合组成，则资金和技术将首先流向区域内的发展中国家，然后才是非成员国。北美自由贸易区建立以来，美国对该地区的自由贸易热情不断提高，墨西哥对外国投资者也很具有吸引力。

4. 不利于多边贸易体制的改进和完善

区域经济一体化在区域内实行自由贸易，为多边贸易体制提供了一个试验机会，起到了一定的示范作用，但其消极作用不容忽视。日益增多的区域性经济集团已成为困扰多边贸易体制进一步发展的重要因素。区域经济一体化对区域外实施歧视性待遇，违背了WTO的非歧视原则，它的出现加强了世界市场的垄断，抑制了竞争。削弱了WTO在区域内的影响，使得各国把追求自由贸易的目光转向区域经济集团，从而不利于WTO的进一步发展，更使得在全世界范围内的自由贸易难以实现。

5. 阻碍经济全球化的发展进程

经济全球化追求的目标是在全球范围内平等、公平、互惠、共赢地实现贸易自由化，使世界上所有的国家共同参与国际分工。经济全球化标志着生产社会化进入了一个全新的阶段，给世界各个国家和地区带来难得的机遇，这是生产力发展到一定阶段的必然产物。但是，区域经济一体化实际是以牺牲全球的贸易自由来换取局部范围内的自由，在一定发展阶段会成为经济细化发展的障碍。

二、对成员国内部经济贸易的影响

当代国际经济一体化组织形式多种多样，一体化目标有高有低，结合范围有广有狭，但无论是何种情况的区域经济一体化组织，对成员国内部经济贸易的发展都是有利的。

1. 促进了集团内部贸易的增长

区域经济一体化组织都是从消除集团内部关税和贸易限额开始的，形成区域性的统一市场，再加上集团内国际分工向纵深发展，经济上相互依赖性加强，成员国之间工业品的销售条件比非成员国的商品有利得多。而且通过分工使商品销售渠道稳定，这就使集团成员国间的贸易往来迅速增长，集团内部贸易在成员国对外贸易额中所占比例显著提高，集团的贸易额占世界贸易总额的比重也大幅度上升。

2. 有利于科学技术的协调与合作

区域经济一体化有利于促进集团内部国际分工和生产专业化，国际技术合作的发展有利于促进投资水平的提高。区域经济一体化组织的建立，有利于成员国之间科学技术方面的协调和合作。当今世界市场的竞争越来越体现为物化在商品中的科学技术含量的竞争，科技越先进、产品性能和质量越好，生产成本越低，在国际市场竞争中越处于有利地位。但研制开发高科技性能的新产品，不仅需要投入大量的科技力量和研究经费，培养大量的科技人才，而且投资风险很大，成员国中的多数国家凭单一力量难以胜任重大的科研项目，如原子能的利用、航天技术、计算机技术等。区域经济一体化组织可以联合集团内部的力量，加快新技术和新产品的开发，分散投资风险，大大缩短科技成果转化为生产力的时间，这对于科技和生产的发展及劳动生产率的提高，能起到推动作用。

3. 可促进成员国资源优化配置和产业结构的调整

区域经济一体化组织建立后，成员国之间的竞争加剧，使得生产要素和资源得以更优化地配置。专业分工的广度和深度不断拓展，使生产效率大大提高。

任何一个国家或地区的经济运转，都有其既定的资源基础，在国土边界分割的情况下，各国所拥有的生产要素资源是很不平衡的，其自然地理条件差异性很大，这使各国经济发展具有不平衡性。从集团内部看，各成员国之间无论是经济发展水平，还是资源占有情况和产业结构分布，都存在着很大差异。因此，各国在经济上存在着互补性。从资源优化配置的需要看，组成经济集团可以发挥各自的长处，形成集团的整体优势。发达国家内部新兴行业不断代替旧行业，劳动密集型产业逐步被资本、技术密集型产业取代，同时服务业、信息业不断发展壮大。地区内成员国之间客观条件各不相同，在地区内调整产业结构，进行新的产业布局，有利于发挥各成员国的比较优势，进行资源的优化配置，发挥各自的作用，形成集团的整体优势；同时，由于成员国内部逐渐实行资金、劳务、商品的自由流动，产业结构调整的障碍小。

4. 改变了国际贸易中的地区分布，加强了经济贸易集团的经济力量

区域经济一体化组织的建立和发展，对成员国的经济发展起了一定的促进作用。欧盟的建立和发展对各成员国的经济发展起了一定的促进作用，联合起来的西欧地区的经济力量大大加强。

5. 加速了市场型经济一体化集团内部的资本集中和垄断

(1) 关税同盟使关税与非关税壁垒的减少甚至取消，加剧了成员国间商品的直接竞争，

优胜劣汰，使一些中小企业受到强烈的冲击，有的被淘汰或兼并。

(2) 大企业在市场扩大和竞争加强的刺激下，力求扩大生产规模，增强资本实力，因而趋向于结成或扩大为一国的或跨国的垄断组织。

(3) 在激烈竞争中，为了加强本国企业的竞争能力，成员国政府也都运用国家垄断资本主义政策措施，在资本供应、税收政策等方面提供优惠，以促进企业规模的扩大和企业之间的合并。

(4) 一体化组织的建立，方便和促进了成员国之间的资本流动，各国大企业通过在邻国组织公司，收买企业或收购股票及建立合营企业等方式，使集团内部资本交织。特别是在美国资本大量输入的情况下，为了加强竞争能力，集团成员国和共同体机构也鼓励成员国之间的公司合并，联合起来进行竞争。

三、对非成员国的影响

区域经济一体化对非成员国的经济贸易既有积极作用，也有消极作用。从总体上来看，区域经济一体化对区域外国家的消极作用更加明显。

1. 区域外国家将面对更大集团的贸易保护主义，加剧了世界经济发展的不平衡

由于区域经济一体化具有先天的贸易保护功能，从而使平等竞争、自由贸易受到了一定的限制。区域内贸易的扩大是以牺牲与区域外国家的部分贸易为代价的，即贸易转移效应，使得区域外国家的贸易环境恶化，尤其会使发展中国家的经济发展更为困难，加剧了世界经济发展的不平衡。

由于关税壁垒和贸易障碍的取消仅仅是对区域集团内部成员国而言的，因而从区域外国家输入产品的价格就会高于区域内，从而区域外国家处于不利地位。因此，对区域经济一体化的建立使区域外国家将面对更大集团的贸易保护主义。在《WTO 规则》中，“关税同盟和自由贸易区的例外”条款规定：“关税同盟和自由贸易区成员之间相互给予的贸易优惠可以不必同时给予非成员国。”欧盟和美加自由贸易区就是按照这一原则相互给予优惠的。

2. 发展中国家的贸易环境更加恶化

区域经济一体化以对内自由贸易、对外保护贸易为基本特征。区内贸易的内向性加强，对外来的商品需求相对减弱，因此对发展中国家来说，区域经济一体化使它们的贸易环境更加恶化，并承受来自更多方面的挑战。一是由于区域经济一体化组织内部产业结构、专业分工向高层次发展及内部互补性加强，而发展中国家技术水平低，产业结构落后，多以出口劳动密集型的初级产品为主，加上区内贸易保护主义的影响，使发展中国家的产品难以进入一体化市场内部；二是区内较落后的国家在产业结构、出口商品结构上与大多数发展中国家有相似之处，而这些区内国家可凭借区内保护，占据部分原来属于区外发展中国家的商品市场和投资市场，如葡萄牙 1986 年加入欧共体，取得了令人瞩目的经济成就，而其他发展中国家则不能；三是区外竞争也变得更加激烈，如亚洲“四小龙”为绕过关税壁垒，凭借经济实力，打入区内，投资建厂，建点扩销。

以上三种因素，都造成了大多数发展中国家的贸易环境恶化。也应看到，随着区域经

济一体化的发展，在区域集团内的国家，由于贸易障碍的取消和区域内规模经济范围的扩大，其经济增长率的提高有可能扩大区域外国家的进口贸易，推动世界经济的发展。同时，区域内贸易管理、产品规格、技术标准、流通和交换手续统一，区域内贸易手续的简化和产品标准化范围的扩大，使区域内和区域外的交易成本降低，促进商品的交流。因此，区域经济一体化所带来的有利因素和不利因素，给发展中国家的经济贸易发展，既带来了机遇，也带来了挑战。

本章小结

经济全球化是一个历史过程，一方面在世界范围内各国、各地区的经济相互交织、相互影响、相互融合成统一整体，即形成“全球统一市场”，在世界范围内建立了规范经济行为的全球规则，并以此为基础建立了经济运行的全球机制。在这个过程中，市场经济发挥主体作用，生产要素在全球范围内自由流动和优化配置。

区域经济一体化经历了由低级到高级的发展阶段，其组织形式分别为特惠贸易安排、自由贸易区、关税同盟、共同市场、经济同盟、完全经济一体化等六种。

区域经济一体化推动了国际贸易的进一步发展；促进了贸易自由化，优化了贸易条件；改变了国际贸易的地区分布；不利于多边贸易体制的改进和完善；阻碍了经济全球化的发展进程等。

拓展训练

欧盟实施区域共同发展的经验

欧盟内部各成员国之间的发展水平一直存在巨大差异，成员国之间在产业结构、投资水平、劳动生产率、就业状况以及经济增长率等方面存在着明显的差别。多年来，欧盟一直把促进地区经济协调发展作为一项重要任务，设立了专门机构，制定了扶持计划，并安排了专项资金。

第一，专设协调地区发展的机构，不断完善区域管理体系。欧盟在区域政策方面设置了职能机构和顾问机构。在欧盟委员会中专设一个委员负责地区经济发展，下设一个地区政策总司，专门负责制定和执行地区经济政策。此外，欧盟顾问机构还设立了区域委员会，对欧盟的区域政策和社会发展进行咨询和评价，提出协调区域发展等领域的政策建议，供欧委会和欧洲议会参考。

第二，分期实施规划，明确规划目标，完备各项措施。20 世纪 90 年代以来，欧盟始终坚持通过规划安排资金和项目。通过规划制定阶段性目标，不断加大人力资源开发力度，促进人均 GDP 低于欧盟平均水平 75%的落后地区的经济发展和结构调整。

第三，规范问题区域划分标准，明确区域援助对象、援助领域、援助力度。欧盟首先根据人均 GDP 将欧盟划分成 250 个地区，然后再根据各区域综合因素划分成六个目标区域，制定了六类目标区域结构基金的预算分配标准。在欧盟所有 250 个区域中，依次分为最具活力地区、经济最不发达地区、相对劣势地区、特别不利地区、社会弱势群体聚居区、发展滞后地区等，在不同时期确定不同的援助次序和支持力度。

第四，提供多种形式的资本支持，发挥政府在区域发展中的主导作用。在欧盟解决区域问题的基本思想指导下，各成员国不断发挥协调区域经济关系的主导作用，根据本国实际，制定了相应的区域政策，为问题区域提供政策指导，审查问题区域的区域发展计划，监督区域政策的实施过程。通过各种形式的直接拨款、优惠贷款和减税，对有志于开发问题区域的企业进行经济补偿。

(资料来源：根据相关资料整理)

练　习　题

1. 什么是经济全球化现象?
2. 当前经济全球化发展有哪些主要特征?
3. 简述经济全球化对发展中国家的主要影响。
4. 区域经济一体化组织有哪些主要形式?
5. 区域经济一体化有哪些主要理论?
6. 简述区域经济一体化产生和发展的主要原因。
7. 简述中国—东盟自由贸易区建立和发展的进程。

第九章 国际服务贸易与国际技术贸易

本章教学目标

国际服务贸易与国际技术贸易是国际贸易体系的重要组成部分。通过本章的学习，读者应理解国际服务贸易的含义和特点、国际技术贸易的含义和表现形式，了解服务贸易发展概况以及国际服务贸易壁垒的自由化问题，从总体上把握服务贸易与技术贸易的知识，以进一步巩固对国际贸易体系的认识。

章首阅读

WTO 服务贸易第一案——2004 年美墨电信服务案

1997 年之前，墨西哥的国内长途和国际电信服务一直由 Telmex 公司所垄断；1997 年之后，墨西哥政府授权多个电信运营商可以提供国际电信服务，但根据墨西哥国内法，在国际电信市场上对外呼叫业务最多的运营商有权力与境外运营商谈判线路对接条件，而 Telmex 公司作为墨西哥对外呼叫业务最多的运营商，自然就享有了该项谈判权力，事实上就拥有了排除外部竞争者的权力，从而引发了希望大举进入墨西哥市场的美国电信业巨头的不满。

2000 年 8 月 17 日，美国以墨西哥的基础电信规则和增值电信规则违背了墨西哥在 GATT 中的承诺为由，向墨西哥提出磋商请求。之后，美墨双方进行了两次磋商，但未能达成共识。2002 年 4 月 17 日，根据 DSU(《关于争端解决规则与程序的谅解》)第 6 款，成立了专家组，因双方未能在规定期限内就专家组的组成达成一致，2002 年 8 月 26 日，WTO 总干事最终任命了以 Ernst-Ulrich Petersman 为首的三人专家组。另有澳大利亚、巴西、加拿大、欧共体、古巴、日本、印度、危地马拉、洪都拉斯和尼加拉瓜等 10 国提交了他们的书面意见。专家组分别于 2003 年 11 月 21 日和 2004 年 4 月 2 日提交了中期报告和最终报告。2004 年 6 月 1 日，经过再次磋商，墨西哥放弃了上诉，正式接受了专家组的最终报告，并最终就此电信服务争端与美国达成协议。协议中，墨西哥同意废除本国法律中引起争议的条款，并同意在 2005 年引进用于转售的国际电信服务；美国同意墨西哥继续对国际简式电信服务进行严格限制以组织非授权的电信传输。

第一节　国际服务贸易

第二次世界大战后国际服务贸易的发展速度超过了国际货物贸易的发展速度，服务贸易在各国国民经济中的地位日益上升，国际服务贸易已成为国际贸易的一个重要组成部分。随着国际性技术革命的发展和各国技术密集型产业的增长，技术进出口额迅速增长，超过了货物进出口额的增长，所占比重日趋增大，已成为国际贸易的重要方面。

一、国际服务贸易概述

1. 国际服务贸易的含义

到目前为止，国际上尚没有一个精确的、获得公认的关于国际服务贸易的定义。现有的一些定义都是用描述性语言从不同角度进行的表达，其中，关贸总协定“乌拉圭回合”谈判达成的《服务贸易总协定》(General Agreement on Trade in Services，GATS)对服务贸易所下的定义代表多数专家的意见。该协定从贸易方式的角度，确定国际服务贸易具体是指涉及下列范围的交易活动：过境交付、境外消费、商业存在、自然人流动。

(1) 过境交付(Cross-border Supply)：从一成员境内向其他成员境内的消费者提供服务，这种服务不构成人员、物资或资金的流动，而是通过电信、邮政或计算机网络实现的服务，如视听服务、金融服务、信息服务、远洋运输、民航运输等。

(2) 境外消费(Consumption Abroad)：在一成员境内向任何其他成员的服务消费者提供服务，如接待外国游客，为国外病人提供医疗服务，接收外国留学生。

(3) 商业存在(Commercial Presence)：一成员的服务提供者在任何其他成员境内通过商业存在提供服务，是一方的企业或经济实体到另一方提供服务，包括投资设立合资、合作和独资企业。

(4) 自然人流动(Movement of Personnel)：一成员的服务提供者在任何其他成员境内通过自然人存在提供服务，如一方的医生、教授或艺术家到另一方从事服务。

2. 国际服务贸易的特征

与国际货物贸易相比较，国际服务贸易具有如下特征：

(1) 国际服务贸易交易标的物具有无形性。无形性是服务贸易的最主要特征。由于服务产品大多都是无形的，服务产品在被购买之前，消费者不可能去品尝、感觉、触摸、观看或听见“服务”，所以大部分服务产品属于不可感知性产品。如运输服务、旅游服务、金融服务、保险服务，这类服务贸易的交易标的物不能看成提供运输服务的承运人或飞机、火车、汽车、轮船，也不能是旅游景点。

(2) 国际服务贸易标的物的使用权和所有权呈现复杂性。在国际服务贸易中，服务提供者与消费者原则上是一种标的物的所有权和使用权相分离的贸易。由于服务贸易的标的物存在无形性，很多国际服务贸易标的物很难用所有权与使用权的分离加以判定。如在国际旅游中，作为服务消费者的游客所消费的服务涉及旅游的各种服务内容，他在消费过程中实现和满足服务需求，人们难以用一种物化的媒介物说明该服务进口者获得了某种使用权或所有权。另外，国际服务贸易中还广泛存在服务进口者与服务出口者之间复杂的所有权和使用权关系。例如，在医生服务、律师服务、歌唱家服务、国际咨询服务中，呈现出复杂的所有权与使用权关系。

(3) 生产、交易和消费过程的一致性。货物贸易从生产到消费的过程，一般要经过一系列的中间环节。比如，卖方要将货物交给承运人进行托运，然后由承运人交给买方，这中间存在着一系列复杂的过程(如保险、装运、索赔等)。而服务贸易则不同，它具有不可分离的特征，即服务的生产过程与消费过程同时进行(如医生给患者看病)。服务发生交易时间，也就是消费者消费服务的时间，这两个过程同时存在，不可分割。这种一致性是服务贸易的另一个主要特征。

(4) 国际服务贸易标的物作价原则比较复杂。国际服务贸易标的物作价通常是由服务交换过程的实现可能给进口者带来的潜在经济利益决定的，受服务提供者的有关成本影响要小一些。如国际技术贸易技术引进方通常采用利润分成的原则作为技术贸易标的物作价原则，即技术引进方在使用该技术后的经济效益越高、利润越大，则技术使用费(价格)越高；反之则越低。此外，在国际服务贸易中也存在不受经济利益影响的作价。如国际旅游和娱乐服务，并未给服务消费者带来直接的经济利益。

(5) 国际服务市场具有高垄断性和高保护性。服务贸易市场垄断性强，很多服务部门如电信、交通运输、金融等都属于自然垄断部门。服务贸易中的道德风险和逆向选择使市场发生失灵，政府干预(制定法定标准、执业资格等措施)不可避免；同时服务贸易在国际上发展极不平衡，发展中国家处于严重的比较劣势，再加之许多服务领域的开放涉及国家的主权和经济安全，因此，服务贸易保护程度很高，各国往往采取非关税壁垒，即在市场准入方面予以限制或进入市场后不给予国民待遇等方式保护本国服务市场。

(6) 国际服务贸易难以进行统计。由于服务贸易的标的物(服务)是无形的，一个国家的海关不可能像统计货物贸易一样统计服务贸易，也就是说服务贸易额并不反应在海关的统计表中。此外，由于服务业产品的多样性和国内服务贸易与国际服务贸易的连续性，使得国际服务贸易更加难以进行准确统计，有专家认为现有的国际服务贸易的统计数字可能大大低于实际发生的数字。

3. 国际服务贸易分类

1) 以行业划分为标准

以行业划分为标准，国际服务贸易可分为：

(1) 银行和金融服务。银行和金融服务包括：

① 零星银行业服务，如储蓄、贷款、银行咨询服务等。

② 企业金融服务，如金融管理、投资管理等。

③ 与保险有关的金融服务。

④ 银行间服务，如清算和结算业务等。

⑤ 国际金融服务，如外汇交易等。

(2) 保险服务。保险服务是为保险单持有者提供特定时期内对特定风险的防范及其相关的服务，如风险分析、损害预测咨询和投资程序。

(3) 国际旅游服务。国际旅游服务主要指为国外旅行者提供旅游服务。

(4) 空运和港口运输服务。这类服务包括班轮运输、定程租船或定期租船运输、空运、陆运、邮购等。港口服务与空运服务密不可分，它包括港口货物装卸及搬运服务。

(5) 建筑和工程服务。这类服务包括工程项目的设计、建设、运营和维修服务等。

(6) 专业(职业)服务。这类服务主要包括律师、医生、会计师、艺术家等自由职业的从业人员提供的服务，以及在工程咨询和广告业中的专业技术服务。专业服务的形式多种多样，可以通过直接的面对面的服务提供者与消费者的交换，也可通过间接的销售渠道，如电信渠道进行交换，或通过某些机构把这种服务提供给消费者。

(7) 信息、计算机与通信服务。这类服务主要有：

① 计算机信息服务，如数据搜集服务、建立数据库和数据接口服务，并通过数据接口在电信网络中进行数据信息的传输等。

② 计算机服务，如数据处理服务，服务提供者使用自己的计算机设备满足用户的数据处理要求，并向服务消费者提供通用软件包和专用软件等。

③ 电信服务，包括基础电信服务，如电话、电传等，以及综合业务数据网提供的智能化的电信服务等。

2) 以生产过程为标准

以生产过程为标准，国际服务贸易可分为：

(1) 生产前服务。生产前服务主要包括可行性研究、风险资本筹集、市场调研、产品构思与设计等。这类服务在生产过程前完成，对生产规模及制造过程均有重要影响。

(2) 生产服务。它主要指在产品生产或制造过程中为生产过程的顺利进行提供的服务，如质量控制与检验、设备租赁、设备保养与维修、财会管理、人事管理、信息资料管理、不动产管理、安全保障等。

(3) 生产后服务。这种服务是连接生产者与消费者之间的服务，如广告、营销服务、包装与运输服务等。

3) 以要素密集度为标准

以要素密集度为标准，国际服务贸易可分为：

(1) 资本密集型服务贸易，如航运、通信、工程建筑等。

(2) 技术、知识密集型服务贸易，如银行、金融、法律、信息服务等。

(3) 劳动密集型服务贸易，如旅游、维修、消费服务、建筑等。

4) 以商品为标准

关贸总协定“乌拉圭回合”服务贸易谈判期间，谈判小组曾经提出依据服务在商品中的属性进行服务贸易分类，据此国际服务贸易可分为：

(1) 以商品形式存在的服务。这类服务以商品或实物形式体现，如电影、电视、音响、书籍、计算机及专用数据处理与传输装置等。

(2) 对商品实物具有补充作用的服务。这类服务对商品价值的实现具有补充、辅助功能，如商品储运、财务管理、广告宣传等。

(3) 对商品实物形态具有替代功能的服务。这类服务伴随有形商品的移动，但又不是一般的商品贸易，不像商品贸易实现了商品所有权的转移，只是向服务消费者提供服务，如技术贸易中的特许经营、设备和金融租赁及设备的维修等。

(4) 具有商品属性却与其他商品无关联的服务。这类服务具有商品属性，其销售并不需要其他商品补充才能实现，如通信、数据处理、旅游、旅馆和饭店服务等。

5) 以提供服务的目的性为标准

以提供服务的目的性为标准，国际服务贸易可分为：

(1) 生产型服务，即服务人员在境外直接参加物质生产过程的活动，如农业、矿业、渔业和林业生产等。

(2) 直接为生产服务型服务，即服务人员直接为与工农业生产紧密相关的行业提供的服务，如承担铁路、公路、机场、港口、水利工程、桥梁、厂房等项目的设计、施工等。

(3) 间接为生产服务型服务，即中介类服务，如金融、电信、商业、咨询服务等。

(4) 满足人们的物质消费需要型服务，即个人服务，如旅馆、饮食、医疗卫生、修理、家庭服务等。

(5) 提供非物质生活需要型服务，即文化艺术和体育服务，如电影、电视、音乐、舞蹈、戏剧、教育与体育等活动。

6) 按是否伴随有形商品贸易为标准

按是否伴随有形商品贸易为标准，国际服务贸易可分为：

(1) 国际追加服务。国际追加服务指随商品实体出口而提供的追加服务。对消费者而言，商品实体本身是其购买和消费的核心效用，服务则是提供或满足了某种追加的效用。

(2) 国际核心服务。国际核心服务指同有形商品生产和贸易无关，而作为消费者单独所购买，能为消费者提供核心服务效用的一类服务。该类服务根据提供者和消费者接触的不同情况，又可分为：

① 面对面服务，即服务提供者与消费者发生实际接触，通常会伴随着生产要素进行跨国境的服务流动。

② 远距离服务，即服务提供者与消费者不直接接触，而是通过一定的媒介来实现过境服务。

7) 按《服务贸易总协定》的规定

《服务贸易总协定》将国际服务贸易分为以下几种：

(1) 商业性服务。商业性服务指在商业活动中涉及的服务交换活动，服务贸易谈判小组列出的六类这种服务，其中既包括个人服务，也包括企业和政府消费的服务。六类服务包括以下内容。

① 专业性(包括咨询)服务。专业性服务涉及的范围包括法律服务、工程设计服务、旅游结构提供服务、城市规划与环保服务、公共关系服务，及涉及上述服务项目的有关咨询服务活动、安装及装配工程服务(不包括建筑工程服务)。

② 计算机及相关服务。这类服务包括计算机硬件安装的咨询服务、软件开发与执行服务、数据处理服务、数据库服务及其他。

③ 研究与开发服务。这类服务包括自然科学、社会科学及人类学中的研究与开发服务，在纪律约束下的研究与开发服务。

④ 不动产服务。不动产服务单指不动产范围内的服务交换，不包含土地的租赁服务。

⑤ 设备租赁服务。这类服务主要包括交通运输设备，如汽车、卡车、飞机、船舶等和

非交通运输设备，如计算机、娱乐设备等的租赁服务，但不包括其中有可能涉及的操作人员的雇佣或所需人员的培训服务。

⑥ 其他服务。其他服务包括生物工艺学服务，翻译服务，展览管理服务，广告服务，市场研究及公众观点调查服务，管理咨询服务，与人类相关的咨询服务，技术监测及分析服务，与农、林、牧、采掘业、制造业相关的服务，与能源分销相关的服务，人员的安置与提供服务，调查与保安服务，与科技相关的服务，建筑物清洁服务，摄影服务，包装服务，会议服务，其他服务等。

(2) 通信服务。通信服务主要是指所有有关信息产品、操作、储存设备和软件功能等服务，主要包括邮电服务、信使服务、电信服务、视听服务、其他电信服务等。

(3) 建筑服务。建筑服务主要指工程建筑从设计、选址到施工的整个服务过程。具体包括：选址服务；涉及建筑物的选址及国内工程建筑项目，如桥梁、港口、公路等的地址选择；建筑物的安装及装配工程；工程项目施工建筑；固定建筑物的维修服务；其他服务。

(4) 销售服务。销售服务是指产品销售过程中的服务。主要包括批发零售服务、与销售有关的代理、特许经营服务、其他销售服务等。

(5) 教育服务。教育服务是指各国间在高等教育、中等教育、初等教育、学前教育、继续教育、特殊教育和其他教育中的服务交往。如互派学生、访问学者等。

(6) 环境服务。环境服务是指污水处理服务、废物处理服务、卫生及相似服务等。

(7) 金融服务。金融服务主要是指银行和保险业及相关的金融服务活动，包括以下两种：

① 银行及相关的服务：银行存款服务；与金融市场运行管理有关的服务；贷款服务；其他贷款服务；与债券市场有关的服务，主要涉及经纪业、股票发行和注册管理、有价证券管理等；附属于金融中介的其他服务，包括贷款经纪、金融咨询、外汇兑换服务等。

② 保险服务：货物运输保险，其中含海运、航空运输及陆路运输中的货物运输保险等；非货物运输保险；人寿保险、养老金或年金保险、伤残及医疗费用保险、财产保险服务、债务保险服务；附属于保险的服务，如保险经纪业、保险类别咨询、保险统计和数据服务；再保险服务。

(8) 健康及社会服务。健康及社会服务主要是指医疗服务、其他与人类健康相关服务、社会服务等。

(9) 旅游及相关服务。旅游及相关服务包括旅馆、饭店提供的住宿、餐饮及相关服务、旅行社及导游服务等。

(10) 文化娱乐及体育服务。文化娱乐及体育服务是指不包括广播、电影、电视在内的一切文化、娱乐、新闻、图书馆、体育服务，如文化交流、文艺演出等。

(11) 交通运输服务。交通运输服务包括：货物运输服务，如航空运输、海洋运输、铁路运输、管道运输、内河和沿海运输公路运输服务、航天发射服务、船舶服务(包括船员雇佣)；附属交通运输的服务(如报关行、货物装卸、仓储、港口服务、起航前查验服务等)。

(12) 其他服务。

4. 与国际服务贸易容易混淆的几个概念

由于服务业的复杂性，国际上长期把服务贸易与无形贸易混为一谈，而实践证明国际服务贸易确实与劳务贸易、无形贸易、第三产业等概念有着密切的联系，但是它们之间的区别也是非常明显的。

1) *服务贸易与劳务贸易*

我国一直以来把服务称作劳务，因此，服务贸易也随之称作劳务贸易。这是概念上的误解，二者有着显著的区别。服务贸易中服务要素包括劳动力、资本和技术知识；而劳务贸易中服务要素仅指劳动力。所以，劳务贸易只是服务贸易中的一部分，是服务贸易中劳动力要素活动的结果。

2) *服务贸易与无形贸易*

根据交易实体的形态，国际贸易可分为有形贸易和无形贸易，其中无形贸易从严格意义上而言，比服务贸易的范围更广泛，除服务贸易的所有项目外，还包括国际直接投资、捐赠及赔款等活动，而后面这些是不属于服务贸易的。

3) *服务贸易与第三产业*

国内外学者习惯把产业分为第一产业(农业)、第二产业(工业)、第三产业(服务业)三类。第三产业根据服务对象的不同可分为四类：

(1) 消费者私人服务业，如旅游、饮食。

(2) 社会服务业，如文教、保健和福利等，这些服务往往由国家和事业公共团体资助或免费提供。

(3) 生产者服务业，也称中间服务业，如咨询、电信和金融等，这类服务常常包含于最终产品和服务的生产过程中。

(4) 分销服务业，如交通运输、批发零售业等。

对于上述四种类型的服务业，社会服务业多数是由国内提供，较少涉及贸易，其余三种多数与国际贸易有关。由此可见，第三产业的概念比服务贸易中服务业的概念要广，凡提供国际服务贸易的产业部门皆属于第三产业。

二、国际服务贸易的发展

国际服务贸易的发展大致可以分为三个时期。

1．作为货物贸易附属地位的服务贸易阶段(20 世纪 70 年代以前)

这一时期，世界各国还未意识到服务贸易作为一个独立实体的存在，在实际经贸活动中，服务贸易基本上是以货物贸易附属的形式进行，如仓储、运输、保险等服务。因此，当时尽管事实上存在着服务贸易，但它却独立于人们的意识之外，所以对服务贸易缺乏具体的数量统计。

2．服务贸易快速增长阶段(1970—1993 年)

这一时期，服务贸易从货物贸易附属地位逐渐开始独立出来，并得到快速发展。根据国际货币基金组织统计，1970 年至 1980 年间，国际服务贸易年均增长率为 17.8%，与同期货物贸易的增长速度大体持平。20 世纪 80 年代后，服务贸易开始超过货物贸易的增长速度。1980 年至 1990 年间，国际服务贸易年均增长率为 5.02%，而同期货物贸易年均增长率只有 3.69%，这一势头一直持续到 1993 年。

3. 服务贸易趋向自由化发展阶段(1994 年至今)

1994 年 4 月，规范服务贸易的多边框架体系——GATS 签署后，服务贸易的发展进入了一个新的历史时期。但服务贸易在高速发展的同时又有了一些反复。1994 年与 1995 年，服务贸易的增长速度分别为 8.03%和 13.76%，比同期货物贸易的增长速度低。但从 1996 年以来，服务贸易与货物贸易几乎是同步增长甚至服务贸易略高于货物贸易的增长速度，见表 9-1。

表 9-1　不同年份中国服务贸易进出口发展情况

项目 年份	金额/亿美元	同比增长/(%)	占世界比重/(%)
1982	44	—	0.6
1985	52	–3.7	0.7
1990	98	21.0	0.6
1995	430	33.5	1.8
2000	660	15.4	2.2
2005	1571	17.5	3.2
2006	1917	22.0	3.5
2007	2509	30.9	3.9
2008	3045	21.4	4.1
2009	2867	–5.8	4.5
2010	3624	26.4	5.1
2011	4191	15.6	5.2
2012	4706	12.3	5.6

注：① 遵循 WTO 有关服务贸易的定义，中国服务进出口数据不含政府服务。

② 数据来源：WTO 国际贸易统计数据库(International Trade Statistics Database)；中国商务部、国家外汇管理局。

【资料卡 9-1】

服务贸易是开曼群岛唯一的外汇净收入来源

开曼群岛发布 2012 年国际收支(经常项目)报告，服务贸易是该项目下唯一的外汇净收入来源。

报告指出，2012 年开曼群岛经常项目赤字为 4.856 亿开曼元(约合 5.85 亿美元)，其中货物贸易赤字为 6.034 亿开曼元，服务贸易顺差 5.291 亿开曼元，金融服务、旅游和其他商业服务(包括法律和财务)为服务业的主要盈余部门。

(资料来源：根据相关资料整理)

三、国际服务贸易壁垒与自由化

1. 国际服务贸易壁垒概述

1) 国际服务贸易壁垒概念

所谓国际服务贸易壁垒，一般是指一国政府对外国服务生产者或提供者的服务提供或销售所设置的有障碍作用的政策措施，即凡直接或间接地使外国服务生产者或提供者增加生产或销售成本的政策措施都有可能被外国服务厂商认为属于贸易壁垒。服务贸易壁垒当然也包括出口限制。

2) 国际服务贸易壁垒特征

国际服务贸易壁垒具有以下特征：

(1) 以国内政策为主。由于服务贸易自身的特性使得服务贸易在海关统计中很难准确地反映出来，这也决定了服务贸易保护政策更多表现为国内立法和规则等非关税壁垒的形式。

(2) 较多对“人”(自然人、法人及其他经济组织)的资格与活动的限制。

(3) 由国内各个不同部门掌握制定，庞杂繁复，缺乏统一协调。

(4) 灵活隐蔽，选择性强，保护力强。服务贸易壁垒难以体现为数字形式，通常规定在各国对国际服务贸易的管理性法规中，经常以对服务业的合法管理名义出现，因此隐蔽性很强。

(5) 除了商业贸易的利益外，还强调国家的安全与主权利益等作为政策目标。

2. 国际服务贸易的自由化

1) 国际服务贸易自由化的含义

正如前面所述，自由化是服务贸易的发展趋势，这也是 WTO 所倡导的原则和方向。国际服务贸易自由化则是指一国政府在对外贸易中，通过立法和国际协议，对服务和与服务有关的人、资本、货物、信息等在国家间的流动，逐渐减少政府的行政干预，放松对外贸易管制的过程。

2) 国际服务贸易自由化的进程

国际服务贸易自由化的进程包括：

(1) 早在关税及贸易总协定“东京回合”谈判中，美国就开始推动把服务贸易纳入多边贸易谈判的范畴。

(2) 1986 年 9 月开始的关税及贸易总协定“乌拉圭回合”多边贸易谈判中，服务贸易被列入了谈判议题，经过近八年的谈判，于 1994 年 4 月 15 日达成《服务贸易总协定》。

(3) “乌拉圭回合”后，世贸组织各成员方就一些服务行业的贸易自由化进行了进一步的磋商与谈判，作为 GATS 的后续谈判成果，于 1997 年通过了三项行业协议，即《全球基础电信协议》、《全球金融服务协议》和《信息技术产品协议》。上述协议文件规定了各国在国际服务贸易中应遵循的原则和规则，旨在解决服务业的开放和服务贸易自由化的问题。

3) 国际服务贸易自由化对发展中国家的经济影响

(1) 对经济效率的影响。外国服务提供者进入市场，发展中国家企业有更多的机会选择性价比更高的服务，提高企业经济效益；发展中国家能够进口经济发展急需而本国又不能满足需求的生产性服务，从而有利于解决生产发展与服务业滞后的问题；外国企业的竞争将迫使发展中国家的服务企业向国际先进水平看齐，吸收国外的先进服务技术与经验，努力降低成本，提高服务质量和竞争能力。所以，服务贸易自由化有利于发展中国家经济效率的提高。

(2) 对技术进步的影响。服务贸易本身可以成为技术转让的渠道，同时服务业的外国直接技术投资也往往伴随着某些技术转让。此外国际竞争的压力会迫使发展中国家的服务业加快技术进步，以提高竞争力，并由此带动其他部门的技术进步。

(3) 对劳动就业的影响。服务贸易自由化可能使本国服务业和与之相关的物质生产部门的就业状况恶化，而且对一些尚不成熟的高新技术服务部门可能造成损害，如远程通信服务、法律专业服务、信息咨询服务等。但随着服务贸易的扩大，也会带来一定的就业机会。

第二节 国际技术贸易

科学技术对经济和社会发展的作用是巨大的。“科学技术是第一生产力”、“科教兴国”，从这些口号中可以看出当前国与国之间的竞争在一定程度上取决于科技的竞争，科技强则国强，科技弱则国弱。然而事情总是动态发展的。如今，不从事高技术开发的国家也可以拥有这些高端技术。为什么会出现这种现象？因为随着国际贸易的发展，国与国之间的联系日益紧密，各国越发看到科学技术所蕴含的巨大经济利益，由此也带动了国与国之间技术贸易的发展，而且技术贸易占国际贸易总额的比重亦在日益增加。

一、国际技术贸易概述

1. 国际技术贸易的含义和特点

国际技术贸易是指不同国家企业、经济组织或个人之间，按一般商业条件，将其技术的使用权授予、出售给他方或购买他方的技术使用权的一种商业行为，是国际技术转让的重要组成部分。一个国家的技术进出口是其对外贸易的一部分，即通常所说的“无形贸易”中的主要部分。一国从别国引进技术的过程是技术进口；一国向别国转让技术的过程是技术出口。

规范技术进出口的国际公约有《联合国国际技术转让行动守则(草案)》。《关贸总协定》也把技术进出口纳入国际贸易的范围，并在 Trips(《与贸易有关的知识产权协议》)中对技术进出口作了规定。国际技术贸易和知识产权保护方面的国际规范到“乌拉圭回合”结束时已经比较齐全，在百余年的贸易实践中也形成了一些一般原则和特点：

第一，技术和知识产权同属无形财产权范围，具有专有性、地域性、时间性等特点。

第二，在国际技术贸易中知识产权保护越来越受到各国重视，国际公约、条约对各国国内立法有相当广泛的影响力。

第三，国际贸易中的贸易自由化、透明度、非歧视、公平竞争和技术贸易法律政策的统一性等基本原则也同样适用于技术贸易，但是技术贸易更加强调限制措施实施中的非歧视和透明度原则。

第四，在具体限制措施方面，国际通行惯例是采取国家许可和契约许可手段。

第五，在技术贸易中的知识产权保护方面，则呈现保护范围逐渐扩大、保护力度逐渐增强的特点。

这些原则和特点体现在关贸总协定的有关条文和“乌拉圭回合”达成的 Trips，以及其他国际公约中。

2. 国际技术贸易的主要形式

国际技术贸易采用的方式主要有许可贸易、特许专营、技术服务和咨询、合作生产，以及含有知识产权和专有技术许可的设备买卖等。

1) 许可贸易

许可贸易有时称为许可证贸易。它是指知识产权或专有技术的所有人作为许可方，通过与被许可方(引进方)签订许可合同，将其所拥有的技术授予被许可方，允许被许可方按照合同约定的条件使用该项技术，制造或销售合同产品，并由被许可方支付一定数额的技术使用费的技术交易行为。许可贸易是国际技术贸易中使用最为广泛的技术贸易方式。

许可贸易按其标的内容可分为专利许可、商标许可、计算机软件许可和专有技术许可等形式。在国际技术贸易实践中，一项许可贸易可能包括上述一项内容，如单纯的专利许可，也可能包括上述两项或两项以上内容，成为一揽子许可。

许可贸易实际上是一种许可方用授权的形式向被许可方转让技术使用权同时也让渡一定市场的贸易行为。根据其授权程度大小，许可贸易可分为如下五种形式：

(1) 独占许可。它是指在合同规定的期限和地域内，被许可方对转让的技术享有独占的使用权，即许可方自己和任何第三方都不得使用该项技术和销售该技术项下的产品。所以这种许可的技术使用费是最高的。

(2) 排他许可，又称独家许可。它是指在合同规定的期限和地域内，被许可方和许可方自己都可使用该许可项下的技术和销售该技术项下的产品，但许可方不得再将该项技术转让给第三方。排他许可是仅排除第三方而不排除许可方。

(3) 普通许可。是许可方给予被许可方在规定的区域内使用某项技术制造和销售相关产品的权力，但对许可方和任何第三方没有任何限制。普通许可是许可方授予被许可方权限最小的一种授权，其技术使用费也是最低的。

(4) 可转让许可，又称分许可。它是指被许可方经许可方允许，在合同规定的地域内，将其被许可所获得的技术使用权全部或部分地转售给第三方。通常只有独占许可或排他许可的被许可方才能获得这种可转让许可的授权。

(5) 互换许可，又称交叉许可。它是指交易双方或各方以其所拥有的知识产权或专有技术，按各方都同意的条件互惠交换技术的使用权，供对方使用。这种许可多适用于原发明的专利权人与派生发明的专利权人之间。

2) 特许专营

特许专营是近二三十年迅速发展起来的一种新型商业技术转让方式。它是指由一家已经取得成功经验的企业，将其商标、商号名称、服务标志、专利、专有技术以及经营管理的方式或经验等全盘地转让给另一家企业使用，由后一企业(被特许人)向前一企业(特许人)支付一定金额的特许费的技术贸易行为。

特许专营的受方与供方经营的行业，生产和出售的产品，提供的服务，使用的商号名称和商标(或服务标志)都完全相同，甚至商店的门面装潢、用具、职工的工作服、产品的制作方法、提供服务的方式也都完全一样。例如，美国的“麦当劳”在世界各地几乎都有它的被授人，他们所提供的服务同美国的一样，所生产和销售的汉堡包的味道也完全一样。

特许专营类似许可，但它的特许方和一般的许可方相比要更多地涉入对方的业务活动，从而使其符合特许方的要求。因为全盘转让，特别是商号、商标(服务标志)的转让关系到他自己的声誉。

特许专营的被特许方与特许方之间仅是一种买卖关系。各个特许专营企业并不是由一个企业主营的，被特许人的企业不是特许人企业的分支机构或子公司，也不是各个独立企业的自由联合。它们都是独立经营、自负盈亏的企业。特许人并不保证被特许人的企业一定能盈利，对其盈亏也不负责任。

特许专营合同是一种长期合同，它可以适用于商业和服务业，也可以适用于工业。

特许专营是发达国家的厂商进入发展中国家的一种非常有用的形式。由于风险小，发展中国家的厂商也乐于接受。

3) 技术服务和咨询

技术服务和咨询是指独立的专家或专家小组或咨询机构作为服务方应委托方的要求，就某一个具体的技术课题向委托方提供高知识性服务，并由委托方支付一定数额的技术服务费的活动。技术服务和咨询的范围和内容相当广泛，包括产品开发、成果推广、技术改造、工程建设、科技管理等方面，大到大型工程项目的工程设计、可行性研究，小到对某个设备的改进和产品质量的控制等。企业利用“外脑”或外部智囊机构，帮助解决企业发展中的重要技术问题，可弥补自身技术力量的不足，减少失误，加速发展自己。我国“二汽”委托英国的工程咨询公司改进发动机燃烧室型腔设计，合同生效半年内就取得了较好的技术经济效果。

技术服务和咨询与许可贸易不同。首先许可贸易是以技术成果为交易对象的，而技术服务和咨询则是以技术性劳务为交易对象的。其次许可贸易的技术供方所提供的技术是被其垄断的新的独特的技术，这些技术属于知识产权或专有技术。而在技术服务和咨询中，服务方所提供的技术多是一般技术，即知识产权和专有技术以外的技术。

在国际技术贸易实践中，许可贸易特别是专有技术许可中常含有技术服务和咨询(如设备安装调试、人员培训)的内容。而在技术服务和咨询活动中，也有提供服务的供方以其专利或专有技术完成其服务任务的。

许可贸易与技术咨询服务是国际技术贸易的两种基本的贸易方式，其他技术贸易形式一般都是这两种方式在特殊情况下的运用或是包含了这两种方式。

4) 合作生产

对于合作生产，有多种不同的理解。从国际技术贸易的角度来看，合作生产是指分属不同国家的企业根据他们签订的合同，由一方提供有关生产技术或各方提供不同的有关生产技术，共同生产某种合同产品，并在生产过程中实现国际技术转让的一种经济合作方式。

合作生产中的一方或各方拥有生产某种合同产品的特别技术，在合作生产过程中通过单向许可或双向的交叉许可的方式，可能再辅以一定的技术服务咨询，从而实现国际技术转让。

合作生产作为一种国际技术贸易方式，它并不是一种独立的基本的技术贸易方式，实际上它只不过是建立在各方合作生产目的之上的许可贸易和技术服务咨询而已。这种技术贸易的目的与单纯的技术贸易不同，它是为各方的合作生产服务的。

5) 设备买卖

在国际贸易实际业务中，在购买设备特别是关键设备时，有时也会含有知识产权或专有技术的转让内容。这种设备买卖也属于技术贸易的一种方式。但是，单纯的设备买卖，即不含有知识产权和专有技术许可的设备的买卖属于普通商品贸易，不是技术贸易。

含有知识产权和专有技术转让的设备买卖，其交易标的包含了两方面的内容：一是硬件技术，即设备本身；二是软件技术，即设备中所含有的或与设备有关的技术知识。这些技术知识又分为两部分：一部分属于一般的技术知识，另一部分是专利技术和专有技术。这种设备的成交价格中不仅包括设备的生产成本和预得利润，而且也包括有关的专利或专有技术的价值。在这种设备的买卖合同中含有专利和专有技术许可条款以及技术服务和咨询条款。

这种方式的技术转让在发达国家与发展中国家的技术贸易中占有相当大的比重。它也常用于工程承包中。

除上述五种情形外，许可贸易的做法还常出现在补偿贸易中，一方提供的设备中含有专利或专有技术，该方以设备出口和技术许可的综合方式向对方提供技术设备，对方以该项设备生产的产品或其他产品补偿其技术和设备的价款。许可贸易的做法也常出现在合资经营方式中。或者拥有专利和专有技术的一方直接转让其技术，实行技术作价入股；或经过许可方式获得他人专利或专有技术使用权的一方，经技术产权方的允许后，以分许可的方式向合资企业进行技术的再转让。

3. 国际技术贸易的特点

国际技术贸易与货物贸易有着明显的区别：

1) 交易标的

货物贸易的标的是有形的物质商品，易计量、论质和定价；而技术贸易的标的是无形的知识，其计量、论质和定价的标准都很复杂。

2) 交易双方

一方面，货物贸易双方当事人一般不是同行，而技术贸易双方当事人则一般都是同行。因为只有双方是同行，引进方才会对转让方的技术感兴趣，引进方才有能力使用这种技术。另一方面，货物贸易中的卖方始终是以销售为目的，而技术贸易中的卖方(转让方)，一般并不是为了转让而是为了自己使用才去开发技术的，只是在某些特定情况下才转让技术。

3) 交货过程

货物贸易的交货是实物移交，其过程较简单。技术贸易的“交货”则是传授技术知识、经验和技艺的复杂而又漫长的过程。

4) 法律

技术贸易涉及的问题多、复杂、特殊。如技术贸易涉及工业产权保护、技术风险、技术定价、限制与反限制、保密、权利和技术保证、支持办法等问题。技术贸易中涉及的国内法律和国际法律、公约也比货物贸易多。因而从事技术贸易远比从事货物贸易难度大。

5) 政府干预

政府对技术贸易的干预程度大于对货物贸易的干预程度。由于技术出口实际上是一种技术水平、制造能力和发展能力的出口，所以为了国家的安全和经济利益上的考虑，国家对技术出口审查较严。由于在技术贸易中，技术转让方往往在技术上占优势，为了防止其凭借这种优势迫使引进方接受不合理的交易条件，也为了国内经济、社会、科技发展政策上的考虑，国家对技术引进也予以严格的管理。

二、我国政府对国际技术贸易的管理

为确保技术贸易工作与本国发展目标的一致性，减少合同中的不合理的限制性条款，引进和掌握本国所急需的先进技术，发展中国家普遍对本国的技术引进实行政府管理。管理的方式一般有两种：一种是制订管理技术贸易工作的专门立法，依法进行管理，目前采用这一方式的国家和地区较为普遍；另一种是虽然没有管理技术贸易的专门立法，但国家授权有关政府部门对技术贸易合同予以行政审查，包括对引进技术的价格和先进性、合同期限、合同中的限制性条款等方面。

本章小结

国际服务贸易是随着商品经济的出现而产生的，是国际贸易的重要组成部分。它的发展从不被重视的地位到逐渐与货物贸易发展速度匹敌，甚至在二战后发展速度超过货物贸易的发展。随着经济全球化的深入发展，国际服务贸易也朝着自由化方向发展。但同时各国从本国利益出发，难免会出现保护倾向，设置种类繁多的服务贸易壁垒。

国际贸易的发展也离不开国际技术贸易的贡献。国际技术贸易由技术出口和技术引进两方面构成，具体可表现为许可证贸易、特许经营、咨询服务、合作生产和设备买卖等。

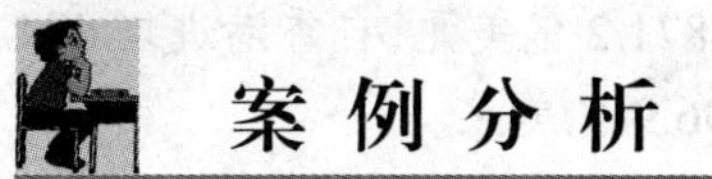

案例分析

2012 年我国服务进出口总额跻身世界前三

2012 年，我国服务进出口延续增长态势，规模再创历史新高。进出口总额首次超过 4700 亿美元，跃居世界第三。

1. 服务进出口总额保持较快增长

2012 年，我国服务进出口总额(按国际收支口径统计，不含政府服务，下同)达 4705.8 亿美元，比上年增长 12.3%；超过世界服务进出口平均增幅 10.3 个百分点，占世界服务进出口总额的 5.6%；占我国对外贸易总额的比重为 10.8%，同比提升 0.5 个百分点。

1) 进口增长明显快于出口

2012 年，我国服务进口继续保持较高增速，进口 2801.4 亿美元，同比增长 18.2%；出口 1904.4 亿美元，同比增长 4.6%，低于进口增速 13.6 个百分点。

2) 服务贸易逆差继续扩大

2012 年，我国服务贸易逆差达 897 亿美元，同比增长 1.6 倍。逆差主要集中于旅游、运输服务、保险服务、专有权利使用费和特许费领域，逆差额分别为 519.5 亿美元、469.5

亿美元、172.7 亿美元、167.1 亿美元。

3) 进出口世界排名提升

2012 年，我国服务进出口总额居世界第三位，位于美国和德国之后；出口居世界第五位；进口居世界第三位。

2. 高附加值服务进出口增势迅猛

1) 高附加值服务进出口快速增长

高附加值服务中的咨询、计算机和信息服务、广告宣传、金融服务、专有权利使用费和特许费出口快速增长，分别比上年增长 17.8%、18.6%、18.2%、122.5%、40.1%；专有权利使用费和特许费、金融服务、通信服务进口增势显著，增幅分别为 20.7%、158.4%、38.6%。

2) 传统服务进出口占比提高

传统服务运输和旅游在服务进出口总额中的占比达 58.8%，比上年增加 2.2 个百分点。旅游进出口总额首破 1500 亿美元，居各类服务之首，同比增长 25.6%；出口和进口分别为 500.3 亿美元和 1019.8 亿美元，同比分别增长 3.2%和 40.5%。运输服务进出口总额达 1247.7 亿美元，位居第二，同比增长 7.5%；出口和进口分别为 389.1 亿美元和 858.6 亿美元，同比分别增长 9.4%和 6.7%。运输服务和旅游分别实现贸易逆差 469.5 亿美元和 519.5 亿美元，为我国前两大服务贸易逆差来源领域。

3. 对主要贸易伙伴服务进出口呈现平稳增势

2012 年，中国香港、欧盟、美国、东盟和日本为我国前五大服务贸易伙伴。我国与上述国家(地区)实现的服务进出口额超过 3100 亿美元，占我国服务进出口总额的近三分之二。

香港继续为我国最大服务出口目的地、进口来源地和顺差来源地。双边服务进出口额达 1345.5 亿美元，同比增长 19.9%，占我国服务进出口总额的比重为 28.6%，较上年提高 1.8 个百分点。我国对香港出口 871.2 亿美元，自香港进口 474.3 亿美元，同比分别增长 18.8%和 22%；实现服务贸易顺差 396.9 亿美元。

中欧服务进出口总额达 607.4 亿美元，同比增长 7.6%，占我国服务进出口总额的 12.9%，比上年略有缩减。其中，我国对欧出口 216 亿美元，增长 5.5%；自欧进口 391.4 亿美元，增长 8.7%。中欧服务贸易逆差 175.5 亿美元，同比扩大 20 亿美元。

中美双边服务进出口保持较快增长，我国对美服务贸易逆差规模进一步扩大。中美服务进出口总额为 415.1 亿美元，比上年增长 9.2%，增幅回落 11.8 个百分点。其中，我国对美出口 122.8 亿美元，同比增长 8.4%；自美进口 292.3 亿美元，同比增长 9.5%。中美服务贸易逆差规模继续扩大，由上年的 153.7 亿美元增至 169.5 亿美元，同比增长 10.3%。

京沪粤服务进出口总额领先

2012 年，我国服务进出口仍集中于东部省份。其中，京、沪、粤三地服务进出口总额远超其他省份。上海服务进出口总额达 1515.6 亿美元，位居全国第一；北京服务进出口总额首次突破千亿美元，位列第二；广东服务进出口总额为 713.1 亿美元，排名第三。三省市服务进出口总额同比分别增长 17.2%、11.7%、15%。中西部地区的江西、云南、贵州、宁夏等省(自治区)服务进出口增幅显著，均在 40%以上；湖北、陕西、新疆、广西、内蒙古、河南等省(自治区)服务进出口保持较快增长，增速均超过 20%。

(资料来源：根据相关资料整理)

思考题：

1. 我国服务进出口总额与货物进出口总额一样，规模都很大，但二者最大的不同是什么？

2. 从材料中可知，我国服务贸易存在哪些主要问题？

练　习　题

1. 国际服务贸易的形式和特征是怎样的？
2. 简述国际技术贸易的含义和表现形式。

第十章　国际贸易组织

本章教学目标

通过本章的学习，读者应了解WTO的基本知识，包括GATT以及WTO的产生、发展、宗旨、职能和WTO争端解决机制，并充分了解加入世贸组织对我国的影响以及我国享有的权利和应尽的义务。

章首阅读

如何看待世界贸易组织

WTO秘书处在其编著的《贸易走向未来》一书中指出："世贸组织有时被称为'自由贸易'组织，但这并不完全准确——更确切地说，这是一个致力于开放、公平和无扭曲竞争的规则体制。"这就是对世贸组织的定位。WTO开宗明义地提出自由贸易宗旨，把贸易自由化作为世贸组织的基本目标，有关世贸组织建立和负责实施管理的贸易协定与协议中的基本原则都体现了自由贸易的思想。然而，这里的自由贸易是"有节制的自由贸易"。从GATT到WTO的历史进程中我们看到，贸易自由与贸易保护在矛盾斗争与协调中谈判了近半个世纪，不断消除与解决贸易壁垒，又不断产生新的贸易壁垒，不断推进贸易自由的原则，又不断规定有关的例外条款和保障措施。在WTO的思维逻辑、谈判过程、具体规则的实际运用中，体现了自由贸易与保护贸易这对矛盾的有效统一和共存，体现了市场开放与适度保护相统一的基本理念。WTO框架内的国际贸易自由和贸易保护是二元博弈、相互制衡与相互兼容的关系。世贸组织正是在这种博弈中向前发展推动贸易自由化的，各成员也是在此中探寻必要对策、维护国家利益的。

第一节　关贸总协定与"乌拉圭回合"

一、关贸总协定

关贸总协定即关税及贸易总协定(General Agreement on Tariff and Trade，GATT)，是关于关税和贸易准则的多边国际协定和组织。世界贸易组织正式运行之前，关贸总协定是协调和规范缔约方之间关税与贸易政策方面相互权利和义务的主要多边协定。

关贸总协定的产生可以追溯到20世纪30年代，当时世界经济陷入危机，国际经济严重萧条，国际贸易秩序混乱。1944年7月在美国的布雷顿森林召开的国际货币与金融会议(44个国家参加)建议成立国际货币基金组织、国际复兴开发银行(即世界银行)和国际贸易组织，作为支撑全球经济的三大支柱来调节世界经贸关系，推动全球经济的复苏和发展。1946年，联合国经济和社会理事会决定召开一次国际贸易与就业会议，并成立了一个筹备委员会，着手起草国际贸易组织章程。1947年4月至10月，在日内瓦召开的第二次筹委会会议，同意将正在起草的国际贸易组织宪章草案中涉及的关税与贸易的条款抽取出来，构成一个单独的协定，并把它命名为《关税及贸易总协定》，于1948年1月1日起正式生效。23个国家和地区签署了这份"临时适用"议定书，并根据该文件成立了相应机构，其总部设在日内瓦。

关贸总协定从1947年至1994年共举行了8轮多边贸易谈判。据不完全统计，在前7轮谈判中达成关税减让的商品就近10万种。第8轮谈判(即"乌拉圭回合"谈判)取得了更为重大的进展，不仅就逐步取消进口许可证或配额、减让关税等方面达成了一系列多边协议，而且最终于1994年4月15日在摩洛哥签署了《世界贸易组织协定》。1995年1月1日，世界贸易组织正式成立，关贸总协定的历史使命随即宣告结束。关贸总协定从1948年1月1日开始实施到1995年1月1日世界贸易组织正式运行后与之并行一年，共存续了48年。

二、关贸总协定的多边贸易谈判

关贸总协定在48年中积极致力于国际贸易致策的协调，成功主持了8轮世界范围的多边关税与贸易谈判。

第一轮多边贸易谈判于1947年4月至10月在瑞士日内瓦举行，主要进行削减关税的谈判。关贸总协定的23个创始缔约方参加了谈判，并正式创立了关贸总协定。谈判共达成双边减让协议123项，使占应税进口值约54%的商品平均关税降低了35%。

第二轮多边贸易谈判于1949年4月至10月在法国安纳西进行，有19个成员参加。谈判达成了约5000项关税减让。

第三轮多边贸易谈判于1950年9月至1951年4月在英国托奎举行，有38个成员参加。谈判达成了约8700项关税减让，从而把1948年确定的关税下调了25%。

第四轮多边贸易谈判于1956年1月至1956年5月在瑞士日内瓦进行，28个成员参加了谈判。由于美国国会对美国政府的授权有限，使谈判受到严重影响。谈判达成的关税减让只涉及25亿美元的贸易额。

第五轮多边贸易谈判(亦称"狄龙回合"谈判)于1960年9月至1962年7月在瑞士日内瓦举行，26个成员参加了这一回合的谈判。谈判达成的关税减让涉及49亿美元的贸易额。

第六轮多边贸易谈判(亦称"肯尼迪回合"谈判)于1964年5月至1967年6月在瑞士日内瓦进行，有62个成员参加。这轮谈判确定了削减关税采取"一刀切"的办法，在经济合作组织成员间工业品一律平均削减35%的关税。

第七轮多边贸易谈判(亦称"东京回合"谈判)于1973年9月至1979年11月在日本东京举行，102个成员参加了这一回合的谈判。谈判的最终结果是将世界9个主要工业品市场的关税平均削减 1/3，制成品的平均关税由关贸总协定成立时的 40%左右降至 4.7%，另外“东京回合”还产生了一系列关于非关税壁垒的协议。

第八轮多边贸易谈判(亦称“乌拉圭回合”谈判)是 1986 年 9 月在乌拉圭的埃斯特角城开始举行的，关贸总协定部长级会议旨在全面改革多边贸易体制，经过近 8 年的艰苦的谈判，于 1994 年 4 月 15 日在摩洛哥的马拉喀什结束。下面将重点介绍“乌拉圭回合”谈判。

三、“乌拉圭回合”谈判

参加“乌拉圭回合”谈判的国家和地区从最初的 103 个，增加到 1994 年谈判结束时的 117 个。中国全面参加了所有议题的谈判。这次谈判的内容包括传统议题和新议题。传统议题涉及关税、非关税措施、热带产品、自然资源产品、纺织品服装、农产品、保障条款、补贴和反补贴措施、争端解决等。新议题涉及服务贸易、与贸易有关的投资措施、与贸易有关的知识产权等。

“乌拉圭回合”原定进行 4 年，最终经过近 8 年的谈判，取得了一系列重大成果。

1. 参加方的关税水平进一步降低

在工业制成品上，发达国家承诺总体关税削减幅度在 37%左右，对工业品的关税削减幅度达 40%。加权平均税率从 6.3%降至 3.8%。发达国家承诺关税减让的税号占其全部税号的 93%，涉及约 84%的贸易额。其中，承诺减让到零关税的税号占全部关税税号的比例，由“乌拉圭回合”前的 21%提高到 32%，涉及的贸易额从 20%上升至 44%；税率在 15%以上的高峰税率占全部关税税号的比例由 23%下降为 12%，涉及贸易额约 5%，主要是纺织品和鞋类等。从关税约束范围看，发达国家承诺关税约束的税号占其全部税号的比例，由 78%提升到 99%，涉及的贸易额由 94%增加为 99%。

发展中国家承诺总体关税削减幅度在 24%左右。工业品的关税削减水平低于发达国家，加权平均税率由 20.5%降至 14.4%；约束关税税号比例由 21%上升为 73%，涉及的贸易额由 13%提高到 61%。“乌拉圭回合”后，大部分发展中国家扩大了约束关税的范围，如印度、韩国、印度尼西亚、马来西亚、泰国等约束关税的比例在 90%左右。

关于削减关税的实施期，工业品从 1995 年 1 月 1 日起 5 年内结束，减让表中另有规定的除外。无论发达国家还是发展中国家，均全面约束了农产品关税，并承诺进一步减让。农产品关税削减从 1995 年 1 月 1 日开始，发达国家的实施期为 6 年，发展中国家的实施期一般为 10 年，也有部分发展中国家承诺 6 年的实施期。

2. 农产品贸易和纺织与服装贸易重新纳入全球自由贸易轨道

农产品协议为农产品贸易建立了一套新规则，明确规定在农产品上通过关税化取消全部非关税措施，对于关税化形成的新关税和其他关税进行约束，在 2002 年前应削减关税 36%，发展中国家可只削减 24%。协议规定减少使用补贴，发达国家在 1986 年至 1988 年基期年份内国内支持的平均水平上，在 6 年内削减补贴总量的 20%。发展中国家在 10 年内削减补贴总量的 13.3%。这些规则为最终建立一个公平的以市场为导向的农产品贸易体制创造了条件。

纺织品与服装贸易协议的基本目标是实现贸易自由化。经过 10 年的努力，到 2005 年 1 月 1 日，任何成员都不能再对纺织品和服装进口实施限制(能依据保障条款说明设限的合理性除外)。协议规定，1995 年 1 月 1 日、1998 年 1 月 1 日、2002 年 1 月 1 日和 2005 年 1 月 1 日分四个阶段分别取消 16%、17%、18%和 49%的纺织品配额限制，为纺织品提供更大的市场准入机会。协议还要求双边纺织品协议中每一类产品配额确定的年增长率必须不断递增。“乌拉圭回合”在农产品和纺织品与服装方面形成的新机制框架，有助于保证关税及贸易总协定反对实行数量限制，只通过关税手段保护国内生产规则的实施。

3. 达成了《服务贸易总协定》

“乌拉圭回合”之前，关税及贸易总协定谈判只涉及货物贸易领域。随着服务贸易不断扩大，服务贸易在国际贸易中的重要性日益增强，但许多国家在服务贸易领域采取了不少保护措施，明显制约了国际服务贸易的发展。为推动服务贸易的自由化，在“乌拉圭回合”中，发达国家提出，将服务业市场准入问题作为谈判的重点。经过 8 年的讨价还价，最后达成了《服务贸易总协定》，并于 1995 年 1 月 1 日正式生效。

《服务贸易总协定》首次确立了有关服务贸易规则和原则的多边法律框架。在服务贸易总协定中明确了国际服务贸易的四种形式。《服务贸易总协定》包括最惠国待遇、透明度原则、发展中国家更多的参与、国际收支限制、一般例外、安全例外、市场准入、国民待遇、逐步自由化承诺等主要内容。《服务贸易总协定》还承认发达国家和发展中国家之间服务业发展水平的差距。服务贸易总协定将推动各国服务贸易的发展，并通过服务贸易的发展促进货物贸易的发展。

4. 达成了与贸易有关的知识产权协定

“乌拉圭回合”达成了《与贸易有关的知识产权协定》。该协定明确了知识产权国际法律保护的目标；扩大知识产权保护范围，即专利、商标、工业品外观设计、集成电路布图设计、未公开信息包括商业秘密、地域标志包括原产地标志；加强相关的保护措施，强化了对仿冒和盗版的防止与处罚；强调限制垄断和防止不正当竞争行为，减少对国际贸易的扭曲和阻碍；做出了对发展中国家提供特殊待遇的过渡期安排；规定了与贸易有关的知识产权机构的职责，以及与其他国际知识产权组织之间的合作事宜。《与贸易有关的知识产权协定》将有助于促进创造性活动与发明，有助于控制假冒和盗版产品的生产和贸易。从中长期来看，这一协定对发展中国家成员科学技术的发展将产生积极的影响。

5. 决定成立世界贸易组织以取代关贸总协定

1994 年 4 月 15 日，“乌拉圭回合”参加方在摩洛哥马拉喀什通过了《马拉喀什建立世界贸易组织协定》，简称《建立世界贸易组织协定》。该协定规定，任何国家或在处理其对外贸易关系等事项方面拥有完全自主权的单独关税区都可以加入世界贸易组织。世界贸易组织的建立，为“乌拉圭回合”各项协定的贯彻实施提供了组织上的保障，并为世界经济贸易合作开创了新纪元。

第二节　世界贸易组织

《建立世界贸易组织协定》在其序言中指出，世界贸易组织就是“建立一个完整的、更可行的和持久的多边贸易体制，以包含关税及贸易总协定以往贸易自由化努力的结果以及乌拉圭回合谈判的全部成果”。

一、世界贸易组织的地位、宗旨和职能

1．世界贸易组织的地位

世界贸易组织(Word Trade Organization，WTO)成立于1995年1月1日，是关贸总协定(GATT)第八轮多边贸易谈判“乌拉圭回合”的一项重要成果，也是自关贸总协定后世界多边贸易体制的一次飞跃。

在法律地位上，与关贸总协定是一个临时适用的政府多边贸易协定相比，世界贸易组织是常设的永久性国际组织，在国际上具有独立的法人资格，享受联合国机构的权利和义务。

2．世界贸易组织的宗旨与目标

根据《建立世界贸易组织协定》序言的基本内容，世界贸易组织的宗旨是：

(1) 提高生活水平，保障充分就业，大幅度稳步增加实际收入与有效需求，扩大货物和服务的生产和贸易量。

(2) 遵循可持续发展的目标和不同经济发展水平国家各自需要，最佳利用世界资源，保护和维护环境。

(3) 通过切实的努力，确保发展中国家在国际贸易增长中获得与其经济发展水平相适应的份额。

世界贸易组织的目标是建立一个完整的包括货物、服务、与贸易有关的投资及知识产权等更具活力、更持久的多边贸易体系，以巩固包括关贸总协定贸易自由化的成果和乌拉圭回合多边贸易谈判的所有成果。

为了有效地实现上述宗旨和目标，世贸组织规定各成员应通过互惠互利的安排，大幅度地降低关税，减少其他贸易壁垒，消除在国际贸易交往中的歧视性待遇，对发展中国家给予特殊和差别待遇，扩大市场准入程度及提高贸易政策和法规的透明度，以及实施通知与审议等原则。

3．世界贸易组织的职能

根据《建立世界贸易组织协定》的规定，世界贸易组织的职能有：

(1) 组织实施世贸组织负责管辖的各项贸易协定、协议，积极采取各种措施努力实现各项协定、协议的目标。

(2) 为成员提供多边谈判的场所，并为多边贸易谈判结果提供框架草案。

(3) 按争端解决规则与程序解决各成员之间的贸易争端。

(4) 定期对各成员的贸易政策与措施进行评议。

(5) 协调与国际货币基金组织和世界银行及其附属机构的合作，以保障全球经济政策的一致性。

(6) 提供技术援助和培训计划，促进发展中国家成员，尤其是不发达国家成员的发展。

二、世界贸易组织的组织结构

世界贸易组织的各项职能都由其成立的各类组织机构来实施，这些组织机构的设置和

运作，对于促进 WTO 宗旨的实现，充分、有效地履行 WTO 的职能，具有十分重要的意义。WTO 的机构主要有部长级会议、总理事会、专门委员会、秘书处和总干事等。

1．部长级会议

部长级会议是世界贸易组织的最高决策机构，由世界贸易组织的所有成员组成，是各成员方最重要的谈判场所，下设贸易与发展委员会、国际收支限制委员会，以及预算、财务和管理委员会。《WTO 协定》第 4 条第 1 款规定，部长级会议应每两年召开一次，履行 WTO 的职能，并为此采取必要的行动。其工作内容包括：负责任命总干事并制定有关规则；确定总干事的权力、职责、任职条件和任期，以及秘书处工作人员的职责及任职条件；对《建立世界贸易组织协定》及其附件作出解释和修改；豁免某成员方在特定情况下承担的义务，并对超过 1 年的豁免按规定进行审议，决定对豁免的延长、修改或终止；审议成员方提出对《建立世界贸易组织协定》或多边贸易协定进行修改的动议；决定将某一贸易协定补充进诸边贸易协定或将其从该协定之中删除；决定加入世界贸易组织的国家或具有单独关税区地位的地区；审议互不适用多边贸易协定的执行情况并提出适当建议；决定《建立世界贸易组织协定》、多边贸易协定生效的日期，以及这些协定在经过生效后 2 年可继续开放接受的决定。

2．总理事会

总理事会由世界贸易组织全体成员的代表组成，主要是在部长级会议休会期间履行部长会议的职责。总理事会是仅次于部长级会议的次级权力机构，负责日常对世界贸易组织的领导与管理。为充分、有效地履行《WTO 协定》赋予的职能，总理事会下设 3 个分理事会，分别是：

(1) 货物贸易理事会(Council for Trade in Goods)：下分设 12 个委员会，包括市场准入、农产品、动植物检疫、与贸易有关的投资措施、原产地、补贴与反补贴措施、海关估价、贸易技术壁垒、反倾销、进口许可、保障措施、纺织品监督等委员会，具体负责各专项协议的执行。

(2) 服务贸易理事会(Council for Trade in Services)：主要负责管理、监督《服务贸易总协定》的实施，下设 3 个谈判小组、1 个委员会和 1 个工作小组，分别为基础电信谈判小组、自然人移动谈判小组、海上运输服务谈判小组和金融服务委员会以及专业服务工作小组。

(3) 与贸易有关的知识产权理事会(Council on Trade-related Aspects of Intellectual Property Rights)：主要负责管理、监督《与贸易有关的知识产权协定》的执行情况。

3．专门委员会

部长会议下设立专门委员会，以处理特定的贸易及其他有关事宜，各专门委员会直接向总理事会负责。WTO 已成立的专门委员会主要包括：

(1) 贸易与发展委员会(Committees on Trade and Development)：负责定期审议有关给予最不发达国家成员优惠待遇的执行情况，并向总理事会提出报告，以便采取适当的行动。

(2) 国际收支限制委员会(Committees on Balance-of-Payments Restrictions)：负责审议以国际收支困难为理由而采取的贸易限制措施。

(3) 预算、财务与行政委员会(Committees on Budget，Finance and Administration)：负

责世界贸易组织财政和预算方面的事务。

(4) 贸易与环境委员会等十多个专门委员会：委员会中的委员应当从所有成员方的代表中产生。

(5) 区域贸易协议委员(Committee on Regional Trade Agreemcnts)：职能为审视所有双边的、区域和诸边优惠贸易协定，并审视此类协定和区域性倡议对多边贸易体制的影响。

4．秘书处和总干事

世界贸易组织成立由一位总干事领导的世界贸易组织秘书处(下称秘书处)，秘书处工作人员由总干事指派，并按部长会议通过的规则决定他们的职责和服务条件。其职能是为WT0的各种机构提供秘书性工作：秘书处要为WTO的各种会议进行会务安排；应理事会和各委员会要求准备背景资料；出版各种文件；秘书处中的经济学家要对国际贸易和世界经济增长以及贸易政策进行分析，其法律专家主要是起草文件，协助组织会议、谈判以及向代表团提供法律咨询，并协助 WTO 争端解决机制解决贸易争端。世贸组织秘书处设在瑞士日内瓦，大约有500人。

总干事是世贸组织的最高行政长官，由部长会议选定，并明确总干事的权力、职责、服务条件及任期规则。世贸组织总干事主要以下列身份参与世贸组织活动：

(1) 世贸组织的捍卫者(监护人)。他可以最大限度地向各成员施加影响，要求它们遵守世贸组织规则。

(2) 引导人。总干事要考虑和预见世贸组织的最佳发展方针。

(3) 调停人。其职责之一是帮助各成员解决它们之间所发生的争议。

(4) “经理”。负责秘书处的工作，管理预算和所有成员有关的行政事务。

(5) 主持协商和非正式谈判，避免争议。世贸组织总干事的正常任期为4年，可以连任。

三、世界贸易组织的基本原则

在世贸组织负责实施和管理的贸易协定与协议中，贯穿了一系列基本原则，它由若干规则和一些规则的例外条款组成。归纳起来，这些基本原则主要包括非歧视原则、公平贸易原则、透明度原则、自由贸易原则、鼓励发展和经济改革原则、例外与免责原则等。

1．非歧视原则

非歧视贸易原则又称无差别待遇，是世界贸易组织及其法律制度的一项首要的基本原则。根据非歧视原则，世界贸易组织一成员方在实施某种限制或禁止措施时，不得对其他成员方采取歧视待遇。非歧视原则由最惠国待遇和国民待遇条款体现出来。

最惠国待遇是指 WTO 任一成员方在货物、服务贸易和知识产权领域给予任何其他国家的优惠待遇，应立即和无条件地给予其他各成员方。最惠国待遇原则可以保证各国间非歧视地开展贸易，从而实现世贸组织的宗旨。例如，中国、日本、美国都是WTO的成员，美国对从日本进口的汽车征收15%的关税，那么这一税率也适用从中国进口的汽车。

最惠国待遇实际上是保证市场竞争的机会均等。在1947年的GATT中，最惠国待遇已经适用于缔约方之间的货物贸易，而世贸组织将其扩张到服务贸易和知识产权领域。最惠国待遇的要点是：

(1) 自动性。这是最惠国待遇的内在机制，体现在“立即和无条件”的要求上。当世界贸易组织一成员方给予其他国家的优惠超过 WTO 其他成员方享有的优惠时，其他成员方便自动地享有了这种优惠。

(2) 同一性。当一成员方给予其他国家某种优惠自动适用于其他成员方时，受惠标准必须相同。

(3) 相互性。任何一个成员方既是给惠方，又是受惠方，在承担最惠国待遇义务的同时，也在享受着最惠国待遇的权利。

国民待遇是指一成员给予本国的产品、服务或服务的提供者及知识产权所有者和持有者所提供的待遇不低于本国相同产品、服务或服务提供者及知识产权所有者和持有者所享受的待遇。例如，某成员方对某国内商品征收税率为5%的营业税，那么对进口产品征收的税率应不高于这个税率。再如，我国对内资企业征收 25%的所得税，那么对外资企业就不能征收高于 25%的所得税，但可以低于这一税率。实际上，长期以来为了吸引外资，我国一直对外资企业征收较低的所得税，形成了外资企业的“超国民待遇”。最惠国待遇和国民待遇是非歧视原则的保证。

2. 公平贸易原则

世界贸易组织是建立在市场经济基础上的多边贸易体制，公平竞争是市场经济顺利运行的重要保障，公平贸易原则体现于世界贸易组织的各项协定和协议中。在世界贸易组织框架下，公平贸易原则是指成员方应避免采取扭曲市场竞争的措施，纠正不公平贸易行为，在货物贸易、服务贸易和与贸易有关的知识产权领域，创造和维护公开、公平、公正的市场环境。

3. 透明度原则

透明度原则是指世界贸易组织要求所有成员方的贸易政策(包括法律、法规、政策及司法裁决和行政裁决等)保持透明，未公布的不得实施，同时还应将这些贸易措施的变动情况及时通知世界贸易组织秘书处，以此来提供和维护一个稳定的、可预见的贸易环境。

4. 自由贸易原则

世界贸易组织倡导并致力于推动贸易自由化，自由贸易原则是指通过多边贸易谈判，要求各成员方尽可能地取消不必要的贸易障碍，例如：达到实质性的关税降低，减少非关税贸易壁垒，分阶段地逐步放宽服务贸易的市场准入条件等。

自由贸易原则的要点是：以共同规则为基础，以多边谈判为手段，以争端解决机制为保障，以贸易救济措施为“安全阀”，以过渡期方式体现差别待遇。

5. 鼓励发展和经济改革原则

“乌拉圭回合”的谈判结果表明发展中国家准备承担大部分与发达国家同样的义务。为使其适应更陌生或者更困难的贸易组织条款，发展中国家特别是最不发达国家仍被允许有一段过渡期。另外，关于帮助最不发达国家的部长决议同意这些国家在实行《WTO 协定》时拥有特别的弹性，并呼吁加快实施对这些国家出口商品的市场准入承诺，以及努力增加对它们的技术援助。

鼓励发展和经济改革原则体现在三个方面：

(1) 允许发展中国家方用较长的时间履行义务，或者有较长的过渡期。

(2) 允许发展中国家方在履行义务时有较大的灵活性。

(3) 规定发达国家成员对发展中国家成员提供技术援助，以使后者得以更好地履行义务。

6．例外与免责原则

世界贸易组织在要求各成员履行义务的前提下，在某些方面也给予了成员方例外和免责原则，又称“不实施非歧视原则”。根据世界贸易组织的规定：

(1) 例外包括一般例外、安全例外、发展中国家特殊待遇(1979 年，关贸总协定“东京回合”通过了《关于有差别与更优惠待遇、对等与发展中国家充分参与的决定》)、地区经济一体化、知识产品和边境贸易等。

(2) 世贸组织协定和协议中的免责规定，包括紧急限制进口措施即保障措施(《1994 年关税与贸易总协定》第 19 条规定)、保护幼稚产业措施(《1994 年关税与贸易总协定》第 18 条规定，即所谓的“保护幼稚产业条款”)和国际收支限制措施、有关承诺修改或撤回(《1994 年关税与贸易总协定》第 28 条的规定)和义务豁免(豁免申请须向世界贸易组织有关理事会提出，有关理事会在 90 天内进行讨论，并提交部长级会议作出决定)。

四、世界贸易组织的运行机制

1．决策机制

世界贸易组织在决策机制上继承了原关贸总协定的“一致原则”，即“在做出决定的会议上，如果一个与会成员方对拟通过的决议不正式提出反对”，就意味着达成一致意见。根据《世界贸易组织协定》第 9 条的规定，如果未能形成一致意见，则通过投票来决定，每一会员国在部长会议和理事会上各拥有一票，一般以获得多数为通过，除非另有规定。

2．贸易政策审议机制

贸易政策审议制度是世界贸易组织对各成员所实施的贸易政策及其对多边贸易体制运行所产生的影响进行定期审议。目的在于促进各成员遵守多边贸易协议及诸边贸易协议所指定的规则、纪律和承诺。通过审议机制，敦促和鼓励各成员方政府更加严格地履行义务，进而更好地享受其权利。

审议内容是世界贸易组织各成员的全部贸易政策和措施，审议范围包括与贸易有关的政策、法律、规定、条例及其他措施。其审议时间是定期的，目前，按各成员在世界贸易中所占份额决定对其审议的时间间隔，所占份额越大，接受审议的次数就越多。

3．争端解决机制

于 1947 年在“乌拉圭回合”上达成的《关于争端解决规则与程序的谅解》，是世界贸易组织关于争端解决的基本法律文件。与 GATT 相比，世界贸易组织的争端解决机制更具有权威性和有效性。

世界贸易组织争端解决的基本程序如下所述。

第一阶段：磋商。这一阶段最长可达 60 天。按照《关于争端解决规则与程序的谅解》的规定，在采取任何行动之前，争端国家之间必须进行磋商，以寻求自行解决彼此间分歧的方案。如果磋商失败，也可寻求 WTO 总干事进行调解或以其他方式提供帮助。

第二阶段：专家组程序。根据《关于争端解决规则与程序的谅解》第 8 条的规定，如果磋商未果，或经斡旋、调解和调停仍未能解决争端时，申诉方可向争端解决机构(DSB)提出成立专家组的请求，由专家组审理争端。

第三阶段：上诉机构审理。《关于争端解决规则与程序的谅解》条款中规定，任何一方均可就专家组的裁决提出上诉。上诉机构只审理专家组报告所涉及的法律问题和专家组所作的法律解释，而不能重新审查现有证据或审查新的证据。

第四阶段：专家组裁决的执行。争端解决程序规定贸易争端各方可以由以下三种形式执行专家组的报告。

(1) 履行。违背义务的一方必须立即履行专家组或以上机构的裁决。若无法立即履行，可向争端解决机构申请一个合理的履行期限。

(2) 提供补偿。根据《关于争端解决规则与程序的谅解》第22条第1款的规定，补偿只是一种临时性的措施。如果给予补偿，应该与世贸组织有关协定或协议一致。若违背义务的一方未能在合理的期限内执行争端解决机构的建议和裁决，则另一方可对其要求补偿。

(3) 授权报复。当违背义务的一方未能履行建议且拒绝提供补偿时，受侵害的一方可以要求争端解决机构授权采取报复措施，中止协议项下的关税减让或其他义务。争端解决程序规则规定此类报复行为应由争端解决机构授权，并尽可能在专家组或上诉机构判定的违背义务的货物贸易总协定、服务贸易总协定或知识产权总协定的同一部门内采取。当争端解决机构认为在同一部门内采取报复行为不可能，则可以授权在同一协定项下的其他部门采取报复措施。只有在极个别的情况下，并且作为最后的办法，争端解决机构才能授权采取跨协定的报复行为。

但是，提供补偿和争端解决机构授权采取报复行为都是临时性的措施，最终结果应该是违背义务的一方实施建议和裁决。

除以上基本程序外，在争端各方自愿的基础上，也可采用仲裁、斡旋、调解和调停等方式解决争端。仲裁是指争端当事方共同指定仲裁员并议定相应的程序后由仲裁员来审理争端。斡旋是指第三方促成争端当事方开始谈判或重开谈判的行为。调解是指争端当事方将争端提交一个由若干人组成的委员会，该委员会通过查明事实，提出争端解决的建议，促成当事方达成和解。调停是指第三方以调停者的身份主持或参加谈判，提出谈判的基础方案，调和、折中争端当事方的分歧，促使争端方达成协议。世界贸易总干事可以以其职务身份进行斡旋、调解和调停，以协助成员解决争端。

4. 加入退出机制

1) WTO的加入

世界贸易组织允许任何国家申请加入。要成为世界贸易组织成员，必须按照同世界贸易组织成员谈判商定的条件加入，不同的申请加入方根据自己的经济发展水平进行有关谈判。因此，它们加入世界贸易组织的条件是不一样的。新成员加入世界贸易组织的条件，具体体现在加入协议书和减让表中。

加入世界贸易组织从申请谈判到正式加入，大致可以分为四个阶段。

第一阶段：提出申请和受理。

申请加入方首先应向世界贸易组织总干事递交正式申请加入信函，表明加入世界贸易组织的愿望。世界贸易组织秘书处负责将申请函发给全体成员，并把审议加入申请列入总理事会会议议程。

总理事会负责审议加入申请并设立相应的工作小组。所有对申请加入方感兴趣的世界贸易组织成员都可以参加工作组。总理事会经与申请加入方和工作组成员磋商后，任命工作组主席。

第二阶段：对外贸易制度的审议和双边市场准入谈判。

申请加入方应向工作组提交现行关税税则备忘录及有关法律、法规，由工作组进行审议。工作组成员通常会要求申请加入方进一步以书面形式说明和澄清对外贸易制度的运作情况，申请加入方必须做出回答。

工作组将根据需要召开若干次会议，审议申请加入方的对外贸易制度及作出有关答复。

在对外贸易制度审议的后期，申请加入方同有关成员开始双边货物贸易和服务贸易的市场准入谈判：凡是提出双边市场准入谈判要求的成员，申请加入方都要与其进行谈判。一般情况下，谈判双方需要在申请加入方加入前达成双边市场准入协议。

第三阶段：多边谈判和起草加入文件。

在双边谈判的后期，多边谈判开始，工作组着手起草“工作组报告书”和“加入议定书”。工作组报告书包括工作组讨论情况总结；加入议定书包括申请加入方与工作组成员方议定的加入条件，并附有货物贸易和服务贸易减让表。

在工作组举行最后一次正式会议上，工作组成员协商一致通过上述文件，达成关于同意申请加入方加入世界贸易组织的决定，并提交部长级会议审议。

第四阶段：表决和生效。

世界贸易组织部长级会议对加入议定书表决，须经 2/3 的多数成员同意方可通过。

申请加入方以签署或其他方式向世界贸易组织表示接受加入议定书。

在世界贸易组织接到申请加入方表示接受的文件之日起第 30 天，有关加入文件开始生效，申请加入方成为世界贸易组织正式成员。

2) 退出 WTO

任何成员都可以退出世界贸易组织。在世界贸易组织总干事收到书面退出通知之日起的 6 个月期满后，正式退出。退出应同时适用于《加入世界贸易组织协定》和其他多边贸易协定。

第三节　世界贸易组织与中国

一、中国复关与入世的历程

中国与 WTO 的关系可以追溯到原关税与贸易协定(GATT)的创建时期。1948 年 2 月 21 日，中国政府签订了《GATT 临时协议书》，成为 GATT 的 23 个原始缔约国之一。1948 年至 1949 年，中国政府连续两届派出代表参与了 GATT 最初的两轮多边贸易谈判。但 1949 年中华人民共和国成立后却未能取得联合国席位，当时中国的社会主义计划经济体制与关贸总协定的基本原则不符，所以关贸总协定的中国席位由台湾当局占据。1950 年，台湾当局退出关贸总协定，随后再次盗用中国政府的名义，获得 GATT 观察员国地位。1971 年，联合国大会通过决议承认中华人民共和国政府为代表中国的唯一合法政府，并驱逐了台湾国民党政府的代表，同年 11 月召开的第 27 届 GATT 缔约国大会立即取消了台湾国民党政府的观察员资格。但是此后，由于各种原因，中国的 GATT 缔约方地位依然空缺。

1986 年 7 月，在“乌拉圭回合”开始前夕，中国政府正式提出恢复中国缔约方地位的申请。1987 年 3 月，GATT 成立一个专门处理中国缔约方地位的工作组，即 GATT 中国缔约方地位工作组，这标志着中国复关、入世谈判进程的开始。

第一阶段：从 1986 年中国提出复关申请开始，到 1989 年结束，是谈判顺利推进阶段。1986 年，中国提出复关申请后不久，即在次年 2 月向 GATT 递交了《中国对外贸易制度备忘录》。正式复关谈判从 1987 年 6 月开始，直到 1989 年 5 月，谈判非常顺利。中国与 GATT 三个最大的缔约方美国、欧盟和日本进行数十次磋商，并就中国贸易政策的透明度、贸易政策统一、价格改革时间表以及选择性保障条框等议题进行广泛探讨，基本达成了谅解。同一时期，GATT 中国工作组连续召开七次会议。

第二阶段：从 1989 年到 1992 年底，是复关谈判的反复与突破时期。尽管中国经济体制改革始终是朝着市场化方向发展的，但在理论上和市场经济的概念上，国内还存在着比较大的争议，政府改革的目标仍然是建立“社会主义有计划的商品经济”体制。这一原因造成了 GATT 其他缔约方对中国经贸体制——究竟是市场经济还是计划经济存在质疑，迫使谈判一度停滞乃至逆转。

直到 1992 年春，邓小平南方谈话和十四大召开，正式确立了社会主义市场经济体制的总体目标，从而有力地推动了中国的复关谈判。同年 10 月召开的关贸总协定第 11 次中国工作组会议，正式结束了对中国经贸体制长达 6 年的审议。

第三阶段：从 1992 年 10 月至 2001 年 9 月，进行“复关/入世”协定内容的实质性谈判，即双边市场准入谈判。

1994 年 4 月 12 日至 15 日，关贸总协定部长级会议在摩洛哥的马拉喀什举行，乌拉圭回合谈判结束，与会各方签署了《乌拉圭回合多边贸易谈判结果最后文件》(以下简称《最后文件》)和《建立世界贸易组织协定》。中国代表团参会并签署《最后文件》。鉴于世贸组织将取代关贸总协定形成新的多边贸易体制，并负责“乌拉圭回合”一揽子协议的实施，中国希望尽快结束谈判，成为世贸组织的创始成员。但到 1994 年底，复关谈判仍因各边立场差距太大而未能达成协议，中国成为世贸组织创始国的愿望最终没能实现。

1995 年 6 月 3 日，中国获得 WTO 观察员身份。同年 7 月，中国政府照会 WTO 总干事鲁杰罗，将 GATT 中国缔约方地位工作组更名为 WTO 中国工作组。同年 11 月，WTO 中国工作组成立，中国的复关谈判自此转为入世谈判。根据世贸组织的要求，中国与贸易组织的 37 个成员继续进行拉锯式的双边谈判。1997 年 5 月，中国与匈牙利最先达成协议；1999 年 11 月 15 日，中国完成了最艰难的也是最重要的中美入世谈判；2001 年 5 月 19 日，中欧谈判几经周折也正式达成双边协议；2001 年 9 月 13 日，中国与墨西哥签署《入世双边协议》，从而完成了与 WTO 所有成员的双边谈判。

第四阶段：2001 年 9 月至 2001 年 11 月，进行中国入世法律文件的起草、审议和批准。与双边谈判的复杂与艰难相比，多边谈判较为容易和顺利，主要议题是中国入世的法律文件(包括协定书和工作组报告书)起草问题。2001 年 9 月 17 日，世贸组织中国工作组第 18 次会议通过中国加入世贸组织法律文件，中国加入世贸组织多边谈判结束。2001 年 11 月

10 日，在卡塔尔首都多哈举行的 WTO 第四次部长级会议上以全票通过接纳中国为 WTO 成员的决议。2001 年 11 月 10 日，中国代表团团长、外经贸部部长石广生与 WTO 总干事穆尔签署中国加入 WTO 的一揽子法律文件，并向总干事交存了中国立法机构——全国人大常委会批准书。2001 年 12 月 11 日，中国正式成为 WTO 第 143 个成员。

二、中国加入世贸组织后的权利与义务

按照中国加入世界贸易组织谈判的原则，入世后，中国在享受一定权利的同时，也应尽一定的义务。

1．中国加入 WTO 所享受的权利

(1) 享有多边贸易体制确立的非歧视待遇原则。加入 WTO 意味着中国将享受多边的、无条件的、稳定的最惠国待遇和国民待遇，即非歧视性待遇，中国在原有的双边贸易中受到的不公平待遇将会被取消或逐步取消。主要表现在以下几个方面：美国国会 2001 年通过对华永久正常贸易(PNTR)法案，结束对华正常贸易关系(最惠国待遇关系)的年度审议制度；根据《中华人民共和国加入协议书》附件 7 的规定，欧盟、阿根廷、匈牙利、墨西哥、波兰、斯洛伐克、土耳其等成员对中国出口商品实施的与 WTO 规则不相符的数量限制、反倾销措施、保障措施等将在中国加入 WTO 后 5 年到 6 年内取消；根据 WTO《纺织品和服装协议》规定，WTO 成员应在 2005 年之前分阶段逐步削减进口配额制度，我国将充分享受 WTO 纺织品一体化的成果，改变我国纺织品受限严重的局面；美国、欧盟等在反倾销问题上对中国使用的“非市场经济国家”标准将在规定的期限，即 15 年内取消。

(2) 享受全面参与多边贸易体制的权利。入世后，我国将充分享受正式成员的权利，这包括全面参与 WTO 部长级会议、总理事会和各委员会的所有正式和非正式的会议，维护我国的经济利益；全面参与贸易政策评审机制，对美、欧、日、加等重要贸易伙伴的贸易政策进行咨询和监督，敦促其他 WTO 成员更好地履行多边义务；充分利用 WTO 争端解决机制，比较公平地解决贸易争端，维护贸易利益；全面参与 WTO 的新一轮谈判，参与各个议题的谈判和贸易规则的制定，有利于维护中国在世界贸易中的地位和合法权益，并在建立和维护公正合理的国际经济秩序等方面发挥更大的作用；对于现在或者将来与我国有重大贸易关系的申请加入方，将要求与其进行双边谈判，解决一些双边贸易中的问题。

(3) 享受作为发展中国家的权利。除一般 WTO 成员所能享受的权利外，我国作为发展中国家还将享有一些特殊与差别待遇，例如，我国经过谈判，获得了对农业提供占农业生产总值 8.5%的“黄箱补贴”的权利；在涉及补贴与反补贴、保障措施等问题时，享有协议规定的发展中国家待遇，包括在保障措施和补贴问题上享受发展中国家的微量允许标准，即只要我国的补贴在该标准之下，其他成员不得对我国采取保障措施或反补贴措施；在争端解决中，有权要求 WTO 秘书处提供法律援助；在对本国产品采用国际标准方面，可以根据本国的经济发展水平享受一定的灵活性等。

(4) 获得市场开放和法规修改的过渡期。为了使我国相关产业在加入 WTO 后获得调整和适应的时间和缓冲期，并对有关法律、法规进行必要的调整，经过谈判，我国在市场开放和遵守规则的一些方面获得了过渡期。例如，在放开外贸权的问题上，享有 3 年的过渡

期；关税减让的实施期最长到2008年。

(5) 对国内产业提供WTO规则允许的补贴。我国承诺遵守WTO《补贴与反补贴协定》，逐步取消与规则不符的补贴措施。与此同时，经过谈判，我国保留了与WTO有关规则相符的对国内产业和地区进行补贴的权力。如经济特区和经济技术开发区的优惠政策，地方预算提供给某些亏损国有企业的补贴等。

(6) 享受世界贸易组织成员利用各项规则采取例外、保证措施等促进本国经贸发展的权利。

2. 中国加入WTO应履行的基本义务

1) 遵守非歧视原则

我国已经在加入WTO前对与我国签订双边贸易协定的国家实施了双边最惠国待遇，因此，加入法律文件中有关非歧视原则的问题主要是指对进口产品的国民待遇问题。我国承诺在进口货物、关税、国内税等方面，给予外国产品的待遇不低于给予国产同类产品的待遇，对仍在实施的违反国民待遇原则的做法和政策进行必要的修改和调整。目前，除个别情况外，我国已基本上实现了对进口产品的国民待遇。

2) 统一实施贸易制度

1994年，经全国人大通过的《中华人民共和国外贸易法》已经确立了实行统一的外贸政策的原则。据此，我国承诺在整个中国关税领土内统一实施外贸政策，承诺《WTO协定》及我国加入WTO议定书，包括经济特区和各级政府。

3) 确保贸易政策透明度

实施和遵守透明度原则，有利于在我国建立公开、公正的市场竞争环境。实际上，我国从1993年开始已经逐步做到对外公布涉及外经贸的法律、法规以及部门规章。此外，除涉及国家安全的法律法规外，国家在制定经济法律法规时，也应在法律法规实施之前提供一段时间使公众有机会向有关主管机关提出意见。

4) 扩大知识产权的保护范围

世贸组织实施管理的《与贸易有关的知识产权协议》要求各成员方扩大对知识产权的保护范围。

本章小结

1948年1月1日生效的《1947年关税与贸易总协定》是世界上协调、处理各缔约方关税和贸易的主要多边协定。中国是缔约方之一。GATT共主持召开了8轮多边贸易谈判，在关税减让方面取得了巨大的成就。1986年召开的“乌拉圭回合”历时8年，是GATT成立以来谈判时间最长、涉及范围最广的一次谈判，取得了一系列重大成果。

世界贸易组织的基本原则是非歧视原则、公平贸易原则、透明度原则、自由贸易原则、鼓励发展和经济改革原则、例外与免责原则。

世界贸易组织的组织机构有部长级会议、总理事会、专门委员会、秘书处和总干事。

中国加入世界贸易组织享有一定的权利，同时也应履行基本义务。

案例分析

材料一：

2009年中美轮胎特保案

2009年4月20日，美国钢铁工人协会宣布，依据美国1974年贸易法第421条款，向美国国际贸易委员会提出对中国输美商用轮胎的特殊保障措施案申请，要求美政府对中国出口的用于客车、轻型卡车、迷你面包车和运动型汽车的2100万个轮胎实施进口配额限制。

就美国对中国轮胎产品发起特保调查，中国商务部新闻发言人姚坚2009年4月30日发表谈话指出，中国政府对此表示强烈不满和坚决反对。

美国国际贸易委员会(ITC)于2009年6月29日，就对中国轮胎采取特保措施，提出了对乘用车、轻型货车用中国制轮胎征收3年特别关税的方案，第1年至第3年额外征收的关税分别为55%、45%、35%。

2009年9月11日，美国总统奥巴马决定，对从中国进口的所有小轿车和轻型卡车轮胎实施为期3年的惩罚性关税。最终的惩罚性关税税率为第1年35%，第2年30%，第3年25%。

中国政府2009年9月14日正式就美国限制中国轮胎进口的特殊保障措施启动了世贸组织争端解决程序。中国常驻世贸组织代表团在一项声明中说，中方当日正式就美相关措施提出世贸组织争端机制框架内的磋商要求。

世界贸易组织2010年12月13日宣布，美国对从中国进口的轮胎采取的过渡性特保措施并未违反该组织规则。

2010年12月14日，中国商务部表示对这一仲裁结果表示遗憾，并指出，中方对专家组仲裁可能产生的负面影响深表关注，将仔细研究专家组报告，并适时提起申诉，以维护中方产业的合法权益。

2011年5月24日，世界贸易组织发表的一份公报显示，中国已经通知WTO仲裁机构，决定对中美轮胎特保措施世贸组织争端案的专家组裁决提出上诉。

2011年9月5日，世界贸易组织上诉机构在日内瓦发布关于中美轮胎贸易纠纷案的裁决结果，判定美国对中国输美轮胎征收惩罚性关税符合世贸规则。中国驻世贸组织代表团当天发表声明，对这一裁决结果表示遗憾，认为美国这一举措扭曲国际贸易，意在转嫁国内政治压力。

(资料来源：根据相关资料整理)

材料二：

WTO争端解决机制已成为解决国际经贸争端重要平台

WTO争端解决机制由独立的专家组和上诉机构按照确定的规则和程序审理成员之间的经贸纠纷案件，从法律和技术角度和平解决国际经贸争端，可以避免贸易摩擦给双边政治和经贸关系带来的冲击，已经成为 WTO 成员之间解决贸易纠纷、维护贸易权益的有效平台。

自 1995 年 WTO 成立至 2014 年初，已经有 471 起案件诉诸争端解决机制，涉及成员采取的 345 项争端。迄今为止，WTO 争端解决专家组共发布 153 份专家组报告，上诉机构共发布 91 份上诉机构报告。WTO 争端解决裁决的结果，不仅有利于厘清双方争议的事实和法律问题，及时有效化解当事方之间的经贸纠纷，也从法律角度澄清了相关国际贸易规则，促进了国际贸易环境和多边贸易体制的稳定性和可预见性。

(资料来源：根据相关资料整理)

思考题：

1. 材料一中中美轮胎贸易纠纷的裁定结果，是否说明了世界贸易组织作为具有法人地位的国际组织，其争端解决机制具有强制性和约束力?

2. 结合材料一与材料二，说明世界贸易组织在解决国际贸易摩擦过程中所起的重要作用。

3. 你认为国际贸易组织在解决所有国家或地区之间的贸易纠纷时一定能做到平等、公平、公正吗?

练　习　题

1. 比较关贸总协定与世贸组织的不同。
2. 简述非歧视原则，对比国民待遇原则和最惠国待遇原则有何不同?
3. 中国作为世贸组织的成员享有的权利和应尽的义务是什么?